松江丛书

姜维公 主编

东亚历史与学术思想论集

刘喜涛 编

长春出版社

全国百佳图书出版单位

图书在版编目（CIP）数据

东亚历史与学术思想论集/刘喜涛编.—长春：长春出版社，2024.1
（松江丛书/姜维公主编）
ISBN 978-7-5445-7321-4

Ⅰ.①东… Ⅱ.①刘… Ⅲ.①东亚-历史-文集 Ⅳ.①K310.7-53

中国国家版本馆 CIP 数据核字（2024）第 005726 号

东亚历史与学术思想论集

编　者　刘喜涛
责任编辑　孙振波　闫　伟
封面设计　宁荣刚

出版发行　长春出版社
总 编 室　0431-88563443
市场营销　0431-88561180
网络营销　0431-88587345
地　　址　吉林省长春市长春大街309号
邮　　编　130041
网　　址　www.cccbs.net

制　　版　荣辉图文
印　　刷　三河市华东印刷有限公司

开　　本　710毫米×1000毫米　1/16
字　　数　270千字
印　　张　16.25
版　　次　2024年1月第1版
印　　次　2024年1月第1次印刷
定　　价　88.00元

版权所有　盗版必究
如有图书质量问题，请联系印厂调换　联系电话:13933936006

目 录

第一部分 古代东亚的历史文化互动

试论新罗昭圣王金俊邕诏册事件始末/续一杰 …… 003

浅析汉字在契丹境内的传播情况/孙垚鑫 …… 014

凭信与秩序：明朝洪武年间下赐琉球印章新探/李 健 …… 030

主随客便：论明日勘合贸易演变中的日本因素/周 越 …… 047

十六世纪朝鲜对瘟疫的认识与应对/付小轩 …… 061

明初文字狱在中朝外交文书上的表现/褚馨一 …… 070

论张晚在晚明中朝关系中的作用/王 哲 …… 077

试论唐中后期御史台官衔流变/高瑞泽 …… 094

狂欢与失序：辽代"放偷"日探析/王燕霞 …… 121

第二部分 近代东亚的学术思想交流

江户以降《论语》在日的译介与传播
——以1603—1945年《论语》日译本的变化为例/潘 呈 …… 137

儒学仁本论下涩泽荣一东亚近代资本主义发展观再反思/孙煜人 …… 151

《游学译编》呈现的日本人对华认识观研究/朱婧维 …… 164

性别视域下"王道乐土"幻境分析
——以《盛京时报·妇女周刊》为对象/霍树婷 …………… 175

第三部分 日本侵华时期的东亚社会

近代日本对中国东北水电资源的掠夺/魏仕俊 孙艳新 …………… 189
二战时期东北"开拓团"中的日本女性移民探究/秦茵科 …………… 204
制造侵华借口：日本自导自演"水户事件"发微/邱佳敏 …………… 217
中日甲午战争时期的日本社论研究/王馨滢 张晓刚 …………… 232
昭和初期元老与军部势力消长
——以日本退出国联为中心/张小健 魏仕俊 …………… 242

第一部分
古代东亚的历史文化互动

试论新罗昭圣王金俊邕诏册事件始末

公元800年唐朝对新罗昭圣王进行册封，册封使到达山东时听到昭圣王去世的消息，根据唐中央的指令，册封使韦丹带着诏册返回长安，808年哀庄王又遣使到唐廷取回诏册。在古代朝贡册封体系下，皇帝通过诏册的形式对藩属国国王进行册封，唐册封权的使用是维系两国关系的关键环节，从昭圣王金俊邕的诏册被唐带回，后又被新罗取回的结果来看，当时唐与新罗间出现了问题，导致唐对昭圣王的诏册时隔8年后才返回新罗。目前，国内外关于新罗昭圣王金俊邕诏册事件的研究较少，相关研究主要是从唐与新罗使者往来、哀庄王与日本往来原因、哀庄王时期改革的视角进行探讨。[①] 综观国内外研究情况，关于金俊邕诏册问题研究得还不够深入，本文在前人研究的基础上，对新罗昭圣王金俊邕诏册事件的始末进行梳理和探讨。

一、安史之乱之后的东北亚局势

安史之乱（755—763）导致"唐朝失去了北部与西部边境的防御体系"[②]，形成藩镇割据局面，是唐朝由盛转衰的标志。由是，唐朝在东北亚政

[①] 拜根兴：《唐与新罗关系史论》，北京：中国社会科学出版社，2009年，第212页。马遥：《新罗哀庄王聘日原因探微》，《哈尔滨学院学报》2016年第9期，第96—99页。崔红潮：《新罗哀庄王时代的政治变动与金彦升》，《韩国古代史研究》2004年6月第34期，第329—371页。崔红潮：《新罗哀庄王时代的政治改革及其性格》，《韩国古代史研究》2009年6月第54期，第301—366页。蔡美荷：《新罗的册封仪礼及其功能》，《史学研究》2017年9月第127期，第55—96页。

[②] 石见清裕著，吴志宏译：《唐代的国际关系》，上海：中西书局，2019年，第127页。

局中的整体实力与威慑力有所下降，为应对这一情况，唐朝对其东北方进行了新的战略部署。"'押新罗渤海两蕃使'是中国历代朝廷有史以来第一次设立的职位，也是驻山东半岛的地方政府首次承担中国中央政府授权的对朝鲜半岛诸国的外交事务。"① 目前史书关于"押新罗渤海两蕃使"最早的记载是在《旧唐书·列传第七十四》中，"永泰元年（765），（侯希逸）因与巫者夜宿于城外，军士乃闭之不纳"②。"会军人逐希逸，希逸奔走，遂立正己为帅，朝廷因授平卢淄青节度观察使、海运押新罗渤海两蕃使、检校工部尚书，兼御史大夫、青州刺史。"③ 即永泰元年（765）李正己获得了平卢、淄青节度使侯希逸的权力和地位，被授为"押新罗渤海两蕃使"，然而侯希逸担任的官职中并没有"两蕃使"，且其他史料中也未见在此之前有关于"两蕃使"的记载，因而唐朝设立"押新罗渤海两蕃使"的最早时间为765年，第一位担任此官职的是李正己。在此之前，唐朝中央对渤海和新罗没有统一的官方职位进行沟通和协调管理，显然，唐朝中央政府选择在这一时期设置"两蕃使"存在新罗的因素影响。

姜清波先生和刘凤鸣先生均认为，唐王朝以及整个东亚国际秩序受到"安史之乱"的影响，唐朝中央权力削弱且国际地位受到冲击，唐朝试图恢复对东亚诸国的宗主地位。④ "安史之乱"后唐朝对北方的政权和势力较为关注与担忧。在政治上对两大长期处于对立状态的地方政权渤海和新罗进行地位和观念上的调整。762年，升渤海为国，封大钦茂为渤海王，使得渤海与新罗在政治地位上相同。这样做的原因，一方面，当时唐朝整体实力衰弱而渤海实力正值高峰期，提高渤海的地位有拉拢和示好的意思。另一方面，在一定程度上有助于渤海与新罗间的相互抗衡，进而有利于东北亚政局的稳定。

---

① 刘凤鸣：《山东半岛与古代中韩关系》，北京：中华书局，2010年，第222页。
② 《旧唐书》卷124《侯希逸传》，北京：中华书局，1975年，第3533页。
③ 《旧唐书》卷124《李正己传》，第3534页。
④ 参见姜清波：《试论唐代的押新罗渤海两蕃使》，《暨南学报》2005年第1期，第90—94页、第140页。刘凤鸣：《山东半岛与古代中韩关系》，北京：中华书局，2010年，第222页。

二、金俊邕诏册事件的发生

朝贡册封是中原王朝处理与周边政权关系时使用的较为悠久的方法和模式,① 唐代对朝贡册封的使用比之前朝代更加普遍。② 从唐代东北亚关系的角度来看,册封一方面体现着新罗对唐的臣属,另一方面标志着唐对于新罗的权威性。对新罗进行册封,是安史之乱后衰弱的唐王朝继续维持以自己为中心的东北亚政局以及稳定东北边境最重要的方式。

在朝贡册封体制下,新罗王去世后,新罗需要遣使到唐朝进行告哀并请求册封新王,唐朝在接到新罗王去世的消息后,会派遣使者对其进行吊祭并册封新王,③ 这是双方关系有序运转的必要程序。798 年年末,新罗昭圣王金俊邕即位,在位一年半后便于 800 年去世。《旧唐书》记载:"(贞元)十六年(800),授俊邕开府仪同三司、检校太尉、新罗王。令司封郎中、兼御史中丞韦丹持节册命。丹至郓州,闻俊邕卒,其子重兴立,诏丹还。"④ 由这段文献记载可以看出,唐朝在昭圣王即位的第二年便遣使进行册封,但听到昭圣王去世的消息后,令册封使返回长安,没有真正完成对昭圣王的册封。针对使节韦丹返回长安一事,拜根兴先生认为,这是"鉴于吊祭册封的对象不复存在,赴新罗已失去实际意义"⑤。韦丹一行在郓州听到昭圣王去世的消息,应是来源于新罗向唐告哀的使节,按照惯例新罗的告哀使身兼两事,一是告哀,二是请求册立新王。故而,唐朝在接到昭圣王去世消息的同时也接到了新即位的哀庄王请求册立的消息。如下表所示,唐朝对新罗王的册封时间主要集中于新王即位的当年到第二年,而针对哀庄王的册封却推延到哀庄

---

① 学界一般认为这种方式起始于秦汉之际(韩昇:《东亚世界形成史论》,上海:复旦大学出版社,2009 年,第 31—33 页;程妮娜:《汉唐东北亚封贡体制》,北京:中国社会科学出版社,2014 年,第 26 页)。

② 管彦波:《唐朝与边疆民族政治联系的两种主要途径:册封与和亲》,《黑龙江民族丛刊》2006 年第 2 期,第 67—71 页。

③ 李大龙:《唐王朝与新罗互使述论》,《黑龙江民族丛刊》1996 年第 2 期,第 57—65 页。

④ 《旧唐书》卷 199 上《新罗传》,第 5338 页。

⑤ 拜根兴:《唐朝与新罗关系史论》,第 212 页。

王即位的第六年。因此，使节韦丹返回长安除拜根兴先生所指出的原因外，还应同唐朝对哀庄王的册封时间较晚相联系。

表1 唐代册封新罗王时间汇总表

时间	册封对象	册封时新罗王在位时长	文献出处	时间	册封对象	册封时新罗王在位时长	文献出处
624年（武德七年）	真平王（金真平）	四十六年	《三国史记·新罗本纪第四·真平王》	768年（大历三年）	惠恭王（金乾运）	四年	《三国史记·新罗本纪第九·惠恭王》
635年（贞观九年）	善德王（金德曼）	四年	《三国史记·新罗本纪第五·善德王》	785年（贞元元年）	宣德王（金良相）	六年	《三国史记·新罗本纪第九·宣德王》
647年（贞观二十一年）	真德王（金胜曼）	元年	《三国史记·新罗本纪第五·真德王》	786年（贞元二年）	元圣王（金敬信）	二年	《三国史记·新罗本纪第十·元圣王》
654年（永徽五年）	武烈王（金春秋）	元年	《三国史记·新罗本纪第五·太宗王》	800年（贞元十六年）	昭圣王（金俊邕）	元年	《三国史记·新罗本纪第十·昭圣王》
662年（龙朔二年）	文武王（金法敏）	二年	《三国史记·新罗本纪第六·文武王上》	805年（永贞元年）	哀庄王（金清明）	六年	《三国史记·新罗本纪第十·哀庄王》
681年（开耀元年）	神文王（金政明）	元年	《资治通鉴·唐纪十八》	809年（元和四年）	宪德王（金彦升）	元年	《三国史记·新罗本纪第十·宪德王》
693年（长寿二年）	孝昭王（金理洪）	二年	《资治通鉴·唐纪二十一》	827年（宝历三年）	兴德王（金秀宗）	二年	《三国史记·新罗本纪第十·兴德王》
702年（长安二年）	圣德王（金兴光）	元年	《旧唐书·卷一九九上·东夷·新罗传》	841年（会昌元年）	文圣王（金庆膺）	三年	《三国史记·新罗本纪第十一·文圣王》
738年（开元二十六年）	孝成王（金承庆）	二年	《三国史记·新罗本纪第九·孝成王》	865年（咸通六年）	景文王（金膺廉）	五年	《三国史记·新罗本纪第十一·景文王》
743年（天宝二年）	景德王（金宪英）	二年	《三国史记·新罗本纪第九·景德王》	878年（乾符五年）	宪康王（金晸）	四年	《三国史记·新罗本纪第十一·宪康王》

由表1可以看出，安史之乱前（755），唐朝共册封十代新罗王。唐朝除了第一次册封新罗王是在真平王四十六年，以及对新罗第一位女王善德王的

册封在善德王四年外，① 其余八代王的册封时间都在新王即位的当年到第二年之间。而安史之乱后（763），唐朝对新罗册封了十代王，除兴德王外，相比于之前册封的八代王，在时间上，并没有都在新王即位的两年内完成册封，其中惠恭王是在即位后的第四年被唐朝册封，宣德王和哀庄王是在即位后的第六年被册封。通过对时局形势的分析，能够得出这三个被唐朝延后册封的新罗王的相关共性。

765年，新罗景德王去世，年仅8岁的太子惠恭王即位，大臣反叛不断。按《三国史记》记载，景德王在位23年，对唐朝贡有10次，次数较多。且在玄宗出逃四川时，新罗仍不远万里"遣使入唐，溯江至成都朝贡"②。可以看出，景德王同唐王朝间的情谊较为深厚。《旧唐书》记载："大历二年，宪英卒，国人立其子乾运为王，仍遣其大臣金隐居奉表入朝，贡方物，请加册命。"③ 景德王去世后，新罗及时遣金隐居到唐进行告哀并请求册封。但是，唐朝直到惠恭王四年（768）才"遣仓部郎中归崇敬兼御史中丞，持节赍册书，册王为开府仪同三司新罗王"④。至于唐朝是否对景德王有过吊祭，史书中没有记载，依据之前新罗王去世唐朝会遣使一同进行吊祭和册封的惯例看，唐朝没有对景德王进行吊祭，且对惠恭王的册封推迟至其即位后的第四年进行。唐在这一时期国内状况相对稳定，也没有影响两国关系的事件发生，因而，唐不顾及与景德王之间的情谊，不对其进行吊祭以及不对惠恭王进行册封，只能与景德王去世后幼童即位导致新罗政局不稳有关。

780年，上大等金良相和伊飡金敬信发动兵变，推翻惠恭王政权，结束了太宗武烈王王系的统治，由奈勿王十世孙金良相担任国王即宣德王。虽然文献中没有记载宣德王即位之初王位是否稳定，但通过其以兵变的方式结束

---

① 当时在中国古代尚没有女性执政称王的例子，且中国古代认为"牝鸡无晨"，认为女子不能执政。当新罗对唐表达被高句丽和百济侵略时，唐太宗回答道："尔国以妇人为主，为邻国轻侮，失主延寇，靡岁休宁。"可见，唐太宗是对新罗善德女王执政持不看好的态度，因而对善德女王的册封在第四年进行。（《三国史记》卷5《新罗本纪第五·善德王》，第68页）

② 金富轼编，孙文范等校勘：《三国史记》卷9《新罗本纪第九·景德王》，长春：吉林文史出版社，2003年，第124页。

③ 《旧唐书》卷199上《新罗传》，第5338页。

④ 《三国史记》卷9《新罗本纪第九·惠恭王》，第128页。

了太宗武烈王系127年的王位世袭结果看，新罗国内不会没有反对势力。虽然唐朝在783年爆发"泾原兵变"导致长安失守，与唐朝在宣德王即位的第六年才对其进行册封有关，但是在长安失守前的783年，已经是宣德王即位的第四年，唐也没有向宣德王册封。可见，唐对宣德王的延迟册封与新罗国内王权不稳和唐长安失守均有关。

与景德王和惠恭王去世时一样，昭圣王去世后，新罗政局不稳。在昭圣王的上一代王元圣王时期，元年所立的王太子仁谦于七年去世，八年立王子义英为太子，义英又于十年去世，十一年立其孙金俊邕为太子，根据"八年八月，侍中俊邕病免"①的记载以及其即位一年左右便去世的事实来看，金俊邕的身体健康状况不是很乐观。因而，在国内政治反对势力仍旧存在，两位继承人接连去世，新太子又是孙辈且健康状况不佳的情况下，元圣王为维持自己及嫡系后代的统治地位，重用另一个孙子金彦升，"元圣王六年，奉使大唐受位大阿飡。七年诛逆臣为迎飡。十年为侍中。十一年以伊飡为宰相。十二年为兵部令"②。结合金俊邕的履历"五年奉使大唐，受位大阿飡。六年以波珍飡为宰相，七年为侍中，八年为兵府（部）令，十一年为太子"③。可见，元圣王中后期给予两个孙子的权力较大，形成金俊邕是法定的王位继承人，金彦升掌大权而辅之的政治局面，兄弟二人共同延续元圣王夺得的统治地位。然而，金俊邕在位一年半便去世，刚立的太子金清明（重熙）即位"时年十三岁，阿飡兵部令彦升摄政"④，使得金彦升成为延续和稳定元圣王血脉统治的最为关键的人物，逐渐成为当时新罗政权的核心领导人。加之，昭圣王掌权以及太子被立的时间较短，且哀庄王年龄较小，没有时间和机会形成自己的势力集团，这便形成了新罗王朝中哀庄王势力薄弱的局面，进而哀庄王的王权并不稳固。这一时期唐朝相对稳定，从昭圣王即位第二年，唐朝便对其进行册封看，这一时期也未发生破坏两国关系的事件。因而，只能与当时新罗政局不稳有关。

综上所述，在安史之乱后的一段时间内，唐朝对新罗进行册封时，存在

---

① 《三国史记》卷10《新罗本纪第十·元圣王》，第135页。
② 《三国史记》卷10《新罗本纪第十·宪德王》，第139页。
③ 《三国史记》卷10《新罗本纪第十·昭圣王》，第136页。
④ 《三国史记》卷10《新罗本纪第十·哀庄王》，第137页。

先观望新罗政局的稳定与否,再决定什么时候进行册封的情况。当新罗政局不稳定时,唐朝不会行使册封权。因而,当昭圣王去世后,新罗政局不稳,导致唐朝没有将昭圣王的诏册颁给新罗。

三、金俊邕诏册事件的解决

800年昭圣王去世后,自身势力薄弱的哀庄王在权臣金彦升摄政的情况下即位,在这种情况下,巩固自己的统治地位、收回王权、消除权臣成为哀庄王主要的目的和追求。808年,哀庄王遣使金力奇到唐请求带回昭圣王金俊邕诏册。《三国史记》记载:"遣金力奇入唐朝贡。力奇上言:'贞元十六年,诏册臣故主金俊邕为新罗王,母申氏为大妃,妻叔氏为王妃。册使韦丹至中路,闻王薨却回,其册在中书省,今臣还国,伏请授臣以归。'敕:'金俊邕等册,宜令鸿胪寺于中书省受领。至寺,宣授与金力奇,令奉归国。'"① 可见,新罗是较为顺利地带回了昭圣王金俊邕的诏册。从这一结果来看,还有两个问题需要解释,一是新罗为什么要在808年取回诏册,二是唐朝又为什么答应新罗带回诏册的请求。

(一) 哀庄王取回诏册的前提

哀庄王在其即位后的第六年(805)实现了王权的初步巩固。哀庄王面对金彦升对王权独立的阻碍,根据《三国史记》的记载显示,其即位的第五年,采取了各种方式巩固王权,试图摆脱金彦升的政治集权干涉,巩固王权。哀庄王五年"秋七月,大阅于阏川之上"。反映出哀庄王在这一年便已经同军队相接触,国王检阅军队象征着他作为军队领导者的权威,② 即其产生了独立掌权的迹象。六年"春正月,封母金氏为大王后,妃朴氏为王后"③。根据《三国史记》记载,对母和妃进行册封是已经独立掌权的新罗王才能够进行的活动。同年,"唐德宗崩,顺宗遣兵部郎中兼御史大夫元季方告哀,且册王为开府仪同三司检校大尉使持节大都督鸡林州诸军事鸡林州刺

---

① 《三国史记》卷10《新罗本纪第十·哀庄王》,第139页。
② 崔红潮:《新罗哀庄王时代的政治变动与金彦升》,第329—371页。
③ 《三国史记》卷10《新罗本纪第十·哀庄王》,第138页。

史兼持节充宁海军使上柱国新罗王"①。唐对哀庄王进行了册封,说明当时的哀庄王能够稳定住新罗政局及与唐朝的关系。因而,能够看出哀庄王六年(805),是其权力大增和政治地位提高的关键一年,虽然王权得到了巩固,但金彦升仍然是新罗权臣,哀庄王的权力并未全部收回。因而,其还需进一步实施夺权行动,直至将金彦升势力从新罗政局中完全剔除。

(二)哀庄王取回诏册的原因

1. 巩固王权,反攻金彦升势力

哀庄王九年(808)是哀庄王在初步巩固王权的基础上,为进一步巩固自身地位,彻底剔除金彦升对王权的威胁,开始对金彦升政治干涉进行大反攻的重要一年。哀庄王时期对外关系最引人注目的是和日本使者的频繁往来,②哀庄王四年(803)"秋七月,与日本国交聘结好"。五年(804)"夏五月,日本国遣使进黄金三百两"。七年(806)"春三月,日本国使至,引见朝元殿"。九年(808)"春二月,日本国使至,王厚礼待之"③。通过上述史料可以看出,808年的这次日本使者到新罗,哀庄王"厚礼待之",明显要比前三次更加重视日本使者的到来及其与日本的关系。哀庄王这一举动无疑在日本使者面前展现了自己较为重视与日本的关系,彰显了自己是新罗政权的实际领导者,进而在国际环境中获得日本对其的认可和支持,或是不使日本介入其与金彦升间的权力斗争。同年,《三国史记》记载:"(哀庄王)发使十二道,分定诸郡邑疆境。"④ 关于这一举动,正如韩国学者认为的那样,是为了解决先代以来积累的社会矛盾,恢复完善的地方统治力,也可能是为了

---

① 《三国史记》卷10《新罗本纪第十·哀庄王》,第138页。值得注意的是,唐朝这一次册封使的官职是兵部郎中,"唐代兵部郎中一职会设置两人,一人掌兵马名帐、武官阶品及选授之事。另一人掌兵马调遣,包括边疆兵马的补充和临时军团的屯驻"。可见,这一时期唐中央对新罗的战略地位较为看重,特派与唐军队建设和发展有关的兵部郎中出使新罗。也反映出,当时新罗政局仍然存在较大的矛盾,此次唐朝来新罗除了向新罗告哀和对哀庄王进行册封,还有观察新罗政局实际情况的目的。(张国刚:《唐代官制》,西安:三秦出版社,1987年,第71页)

② 崔红潮:《新罗哀庄王时代的政治改革及其性格》,《韩国古代史研究》2009年6月第54期,第301—366页。

③ 《三国史记》卷10《新罗本纪第十·哀庄王》,第139页。

④ 《三国史记》卷10《新罗本纪第十·哀庄王》,第139页。

地方势力的重组。[①] 很明显,这有利于哀庄王集团势力在地方的掌权,并使地方中金彦升的势力缩减,进而有助于哀庄王在彻底剔除金彦升势力时,获得地方支持。虽然唐朝在805年已经册封哀庄王为新罗王,却没有影响哀庄王的名位。但是,在与金彦升权力对抗的紧要时期,国内缺少了唐朝对其父亲昭圣王金俊邕的册封诏册,则显得昭圣王王权没有获得唐朝中央的认可,进而影响在朝贡册封体制下哀庄王王位继承的正当性与国际认可性。取回昭圣王的诏册则使得哀庄王王位继承在朝贡册封体制下具有完整性,进而在王位继承的正当性方面树立了自己的正统性。

2. 维护唐与新罗的关系

唐与新罗在哀庄王时期前后发生了一些不和谐的事件,使双方关系出现了波动。一是唐朝册封使在知道昭圣王去世、新王已立的情况下竟然返回了长安,既没有继续吊慰元圣王,也没有吊慰昭圣王以及将其诏册送到新罗,且对哀庄王政权采取观望态度,迟迟没有对哀庄王进行册封。二是800—807年间,双方人员往来有7次,但新罗向唐遣使朝贡仅有2次[②],这与之前新

---

① 崔红潮:《新罗哀庄王时代的政治改革及其性格》,《韩国古代史研究》2009年6月第54期,第301—366页。

② 800年,昭圣王金俊邕去世,新罗遣使向唐告哀,这是一次。《全唐文》记载:"淮南节度观察处置等使,敕赐《贞元广利方》五卷。右臣得新罗贺正使朴如言状称:请前件方状一部,将归本国者。……谨录奏闻。"新罗贺正使朴如言在返回新罗的途中向淮南节度使请求《贞元广利方》,刘禹锡代杜佑向唐中央写了朴如言这一请求的奏状。根据陶敏、陶红雨、拜根兴等人的考证,奏状写于贞元十七年九月,即801年,反映出在801年朴如言已经完成了向唐朝贺正的任务。贺正即"皇帝正月一日受百官、府州朝集使、蕃客朝贺,是自西汉王朝时期就已经形成的重要的礼仪制度"。贺正使到唐的时间"多数是在十二月至次年一、二月间",大多在唐滞留三个月左右的时间便会返程回国,根据金光明的论证,唐新两国遣使到对方的单程需要三到四个月时间,可得出,朴如言从新罗出发最早应是在800年七月份之后,当时哀庄王已经继位。则朴如言作为贺正使遣唐是哀庄王时期唐新间第二次联系。《册府元龟》记载:804年"十一月,新罗遣使来朝"。这是双方第三次联系。805年,唐德宗去世,"季方……以兵部郎中使新罗……新罗闻中国丧,不时遣,供馈乏,季方正色责之,闭户绝食待死,夷人悔谢,结欢乃还"。可看出从最初新罗没有及时遣使到唐吊祭,经过季方的斗争,最终结欢而还的结果看,新罗是遣使到唐吊了祭的。同时,唐顺宗又于元和元年(806)正月去世,新罗也遣使到唐吊祭。可见,这一时期唐新有三次往来,即唐遣季方到新罗和新罗两次遣使到唐吊祭。第七次联系根据《三国史记》的记载是哀庄王七年(806)"秋八月,遣使入唐朝贡"。

罗几乎每年或隔年入唐朝贡的频率[①]相比大为减少,反应了这一时期双方关系较冷淡。三是据《新唐书》记载,805年唐德宗去世,"季方……以兵部郎中使新罗……新罗闻中国丧,不时遣,供馈乏,季方正色责之,闭户绝食待死,夷人悔谢,结欢乃还"[②]。反映出唐使与新罗间产生过矛盾,虽然问题最后得到解决,但也影响了双方的感情。唐与新罗双方关系并不融洽的状态,既不利于双方关系健康有序发展,也不利于哀庄王在国内进行的夺权运动。从双方关系发展的视角看,808年哀庄王遣使到唐请求取回其父的诏册,意在向唐中央表明其是唐与新罗朝贡册封体制的忠诚跟随者和守卫者,有利于修补双方之前的不和谐状态,进而继续维护与唐的关系,使哀庄王获得唐中央的信任,使新罗在以唐为中心的东亚秩序中保持不被外部侵犯。加之,这一时期,新罗与日本往来较多,唐也需同新罗维持友好关系,防止日本与新罗的联合构成对唐朝的威胁,因而,这也促使唐朝答应新罗取回诏册。

结　语

安史之乱后,唐朝北方边防安全的薄弱和藩镇割据局面的形成,在唐朝重新部署其东北方战略的大背景下,结合新罗的外部威胁仍然存在的现实情况,使得唐与新罗均需要在朝贡册封体制下维持两国关系。安史之乱后,唐在对新罗行使册封权时,会对新罗政局的情况进行观察。新罗政局不稳时,唐会暂缓对新罗王的册封,待到政局相对稳定后再进行。在这样的时代背景下,798年昭圣王即位时,新罗政局平稳且昭圣王政治履历丰富,能够保持唐与新罗关系的有序运行,故唐在其即位的第二年就对其进行册封。然而,800年昭圣王去世后,新罗政局出现了权力失衡,哀庄王势力薄弱而金彦升权力较大,新罗政局存在不稳定的因素,因而唐使没有将昭圣王金俊邕的诏册带去新罗。

哀庄王即位后,不断巩固自己的政治地位。805年后王权得到一定的回

[①] 付百臣:《中朝历代朝贡制度研究》,长春:吉林人民出版社,2008年,第18—22页。

[②] 《新唐书》卷201《文艺上》,第5745页。

归,政权相对比较稳定,但金彦升的势力并未完全清除。808年是哀庄王与金彦升权力斗争的大反攻阶段,取回昭圣王金俊邕的诏册是其巩固政治地位的策略之一。加之,这一时期唐与新罗出现不友好的现象,各自均需弥补双方关系。因而,808年哀庄王主动遣使要求请回诏册,唐廷答应了这一请求。

(作者:续一杰 单位:延边大学人文社会科学学院)

浅析汉字在契丹境内的传播情况

清人赵翼已注意到"辽族多好文学",对部分契丹人的汉文创作给予了评价。毛汶是较早以"汉化"为题研究契丹文化的学者,他从"帝王汉化""后妃汉化""族人汉化""制度汉化"(包括官制、仪卫、礼乐、食货)等入手做分析,最后评价辽代汉化,有利于将"华夏文明传播于东北西北诸民族也",可谓十分中肯。目前,关于汉语、汉字以及其他语言文字在契丹王朝使用方面的研究很少见。其中关于"汉文"在辽境的使用,北京大学傅林的博士论文《契丹语和辽代汉语及其接触研究——以双向匹配材料为基础》,从语言学的角度出发,论述了辽代语言状况以及关于契丹大字、契丹小字的性质、使用等;中央民族大学陈文俊的硕士论文《辽代契丹境内语言文字使用情况探析》,依据语言学的理论,对契丹境内使用的语言、文字做了分析,通过研究辽境内语言、文字使用情况,考察了契丹人的"汉化"程度,对本文颇有帮助。

辽朝,是由契丹人建立的北方王朝之一,极盛时,其国"南北开疆五千里,东西四千里,戎器之备,战马之多,前古未有"[①]。稳定时期的辽国疆域,东界至日本海,南界沿今天津塘沽海河入海口,经河北霸州市、容城县等直至山西五台山、雁门关等地,西界至今俄罗斯阿尔泰边疆区巴尔瑙尔至新库兹涅茨克一线,北界经今俄、蒙边界至外兴安岭一带,强大的辽帝国一度是东北亚地区的主导者。1125年,辽帝国走向了终结,但"契丹"这一词语,却代表"中国"的含义,在欧洲延续了数百年之久,其中原因值得深思。

众所周知,我们现在谈论的中华文化圈,自然包括了契丹族在内的所有

[①] 晁公武著,孙猛校证:《郡斋读书志校证》卷7,"北辽遗事"条,上海:上海古籍出版社,2011年,第285页。

少数民族对中华文化的贡献。在历史上，中华文化圈的概念是不断发展的，其内涵也是逐步扩展的，如张博泉认为中华一体可分为"前天下一体""天下一体""前中华一体""中华一体"几个阶段，秦与元的统一意义重大。其中秦的统一是对华夏的统一，依然区分华夏与诸夷，而元的统一则是建立了一个包含各民族在内的"中华一体"的国家。在五代宋辽时期，契丹被当作中华文化圈影响下的一个边境政权来看待。契丹政权实质上经历了不断接受中原文化，并逐渐融入"中华文化圈"的过程，而这一过程的结果，便是"契丹"得以代表"中国"，最终建立起了中国与西方世界的联系。

一、汉字在契丹的使用场合

作为鲜卑人后裔的契丹人开始并无自己的文字，"契丹本无文记，唯刻木为信"，这种记录方式无法表达复杂信息，只能表示一些数字或简单的内容。因而在建国之前契丹已开始利用汉字与汉语，而在辽政权成立后，为了更好地统治日益庞大的帝国以及保留自己的文化，契丹人创制了两种自己的文字："汉人陷番者，以隶书之半，就加增减，撰为胡书。"[1]《辽史》载："神册五年春正月乙丑，始制契丹大字。"至九月"壬寅，大字成，诏颁行之"[2]。即以汉字为主要参考对象创制了契丹大字，然而属于阿尔泰语系的契丹语毕竟与属于汉藏语系的汉语不同，这种以汉字为模板、记录契丹语的文字在使用中出现了诸多不便，因此契丹人迭剌在学习回鹘语后，结合回鹘语的语法以及汉字的结构，创制了更合适于记录契丹语的契丹小字。清格尔泰认为，契丹文字的创制开了中国北方少数民族制字的先河，为同时期的西夏以及继后的北方少数民族所借鉴。不过，对于契丹人而言，不论是小字还是大字，要掌握它们也并非易事。

（一）外交领域

在与外族交往中，契丹人大量使用汉语、汉字，如契丹早期，耶律阿保机在云中与李克用会盟时，"时（耶律）曷鲁侍，克用顾而壮之曰：'伟男子

---

[1] 王溥：《五代会要》卷29《契丹》，北京：中华书局，1998年，第349页。
[2] 脱脱等：《辽史》卷2《太祖本纪下》，北京：中华书局，2016年，第18页。

为谁？'太祖曰：'吾族曷鲁也'"①。李克用与耶律阿保机双方直接使用汉语交流。五代时期诸政权与契丹交流时，一般使用汉语、汉字，如辽景宗曾亲自撰写"与刘继元书，辞意卑逊"，正好被耶律喜隐撞见，认为"书旨如此，恐亏国体"，最终景宗修改了国书②；契丹王朝也曾与南唐、吴越交往，而契丹人派往这些政权的使节，也都以汉人为主。如南唐嗣主时期前来的契丹使节，"言语通于中国"，其人是石晋时期"割幽州五城之地"后入番的中原人。③

宋与契丹之间的交流，除却兵戎相见，澶渊之盟后多以和平交流为主，双方的外交活动主要通过各种名目的使节往返来体现，熙宁年间沈括出使辽国，与契丹大臣梁颖、高思裕唇枪舌剑，商议两国分界："'太平四年二月十二日牒，于天池子西北，过横岭子批却签子木一株，其签木南至南界约三里。如此文字瞭多，但一件文字可用后，其余更何必援引？'颖审听之，便向坐旁与高思裕番语数句，如有共记之意。"④ 前文均用汉语记录了双方谈话，"番语"反而成为契丹人的一种"加密"手段；如果说上述活动是在朝廷中的正式外交活动，那么宋、辽双方使节在私人场合的对话中，所用语言为何？仁宗年间来宋的契丹使节萧蕴、杜防曾与馆伴程琳之间，就序位问题展开争论，双方均使用汉语。⑤ 由此可见，宋辽交往中汉语是主要交流语言。

辽朝对外的正式公文，朝廷的诏令奏议，对中原的一切国书，对地方上南北边郡的文牒，对西夏的所有文件，都用的是汉文。《宋史》载："国家与契丹常有往来书。"⑥ 宋辽两国之间的正式文书为汉文，而契丹文在特殊情况下才会出现，如宋神宗时期，契丹有意重新划定双方边界，多次派遣萧禧前往宋朝商议，在双方初步谈妥后，宋方欲"请萧禧承领"两国分界，但没想到在宋人将这些内容翻译后萧禧反悔，"要退还宋方的诏书"，僵持后，宋方

---

① 《辽史》卷73《耶律曷鲁传》，第1346页。
② 《辽史》卷72《宗室传》，第1338页。
③ 龙衮：《江南野史》卷2《嗣主》，载《金陵全书·乙编史料类6》，南京：南京出版社，2011年，第35页。
④ 李焘：《续资治通鉴长编》卷265，熙宁八年六月壬子条，北京：中华书局，1995年，第6508页。
⑤ 《续资治通鉴长编》卷105，天圣五年四月辛巳条，第2439页。
⑥ 《宋史》卷110《礼志》，北京：中华书局，1977年，第2641页。

考虑到"北朝不知得本朝边臣久来凭用照证地界文字,及萧素等昨来自住留滞,并萧禧在此逐次降去圣旨文字,不肯承受朝辞因依",派遣沈括等"将朝廷数次札与馆伴所文字等事,候到北朝,备录与馆伴所,一一闻达"①。

(二)经济领域

在辽代经济活动中,无论是榷场贸易还是朝贡,均使用汉语,通行汉字,主要活跃者亦为汉人,如胡峤在上京所见"西楼有邑屋市肆,交易无钱而用布……有绫、锦诸工作……皆中国人,而并、汾、幽、蓟之人尤多"②。这些汉人可能是被契丹俘虏至此的,而在这种情况下,商业活动中自然使用汉语。最重要的是,辽铸造的货币,以汉文为主,罕有契丹文字。据《中国钱币大辞典》记载:太祖时铸天赞通宝,太宗时铸天显通宝、会同通宝,世宗时铸天禄通宝,穆宗时铸应历通宝,景宗时铸保宁通宝,圣宗时铸统和元宝、铁统和元宝,兴宗时铸景福元宝、重熙通宝,道宗时铸清宁通宝、咸雍通宝等,天祚帝时铸乾统元宝、天庆元宝。③ 此外,《辞典》对于所有的契丹文字钱币均持保留态度,研究契丹文字的学者认为,只有中国历史博物馆收藏的两枚契丹小字铭文寿昌钱和考古发现并释义为"天朝万顺"或"天朝万岁"的契丹大字银币为真品。爱新觉罗·乌拉熙春指出"天朝万顺"释义不可取,认为应该改为"天神千万",其作用是一种压胜钱④,笔者认为较为可信。如果按照这种说法来看,契丹文钱币一般不用于流通,更多是一种礼俗的体现,辽境一般流通的还是汉文钱币。

(三)石刻碑文

虽然契丹在神册年间便有了自己的文字,但在墓志中契丹文出现的时间很晚,至少要到穆宗时期,即960年左右。圣宗及以前诸帝的墓志铭,皆用

---

① 《续资治通鉴长编》卷263,熙宁八年闰四月丙申条,第6428—6429页。

② 叶隆礼著,贾敬颜、林荣贵点校:《契丹国志》卷25《胡峤陷北记》,北京:中华书局,2014年,第266页。

③ 《中国钱币大辞典》编纂委员会:《中国钱币大辞典·宋辽西夏金编·辽西夏金卷》,北京:中华书局,2005年,第3页。

④ 爱新觉罗·乌拉熙春:《"天朝万顺(岁)"臆解可以休矣:辽上京出土契丹大字银币新释》,《宋史研究论丛》第11辑,保定:河北大学出版社,2010年,第237—255页。

汉文写成，如耶律阿保机死后，"契丹王遣使持书求碑石，欲为其父表其葬所"①。后唐明宗同意了其请求并派出使者参加葬礼。圣宗的墓志铭已经出土，只有汉文而无契丹文。兴宗朝以后，随着辽人"多元一体"中国观念的形成，正统意识逐步增强，意欲高于宋朝的观念凸显，契丹文字在墓志铭上的使用才逐渐多了起来，但汉字墓志铭并未消失，可见汉语影响依然很大。截至目前大量出土的辽代墓志铭中，一般汉人与契丹人的墓志铭均用汉语撰写，而一部分契丹人以及少数契丹化的汉人如被赐姓耶律的韩德让后裔，还会使用契丹文另撰写一份墓志铭，内容与汉文墓志铭并不完全一致，此类双语墓志中契丹人习惯在汉文墓志中记述仕宦经历，而在契丹文墓志中记录家庭成员。

在契丹王朝时期，除了墓志铭外，各种形式的纪功碑也是后代传达自身功德的媒介，有着非凡的意义。如《辽史》记载：开平五年（911）"三月，驻兵于滦河，刻石纪功"②，即滦河纪功碑，建于契丹文字创制之前，以汉文书写；天赞三年（924）九月"二十九日，诏令磨去辟遏可汗故碑，以契丹文、突厥文、汉字纪其功"③，即契丹碑；"（祖）州西五里，天显中太宗建"，"东偏有圣踪殿，立碑述太祖游猎之事，殿东有楼，立碑以纪太祖创业之功"④，即太祖纪功碑，同时以契丹文汉文书写；以上碑文内容及名称考证均参考景爱所著《辽碑偶记》⑤。

二、契丹人对汉语的掌握情况

在契丹境内除契丹语外，汉语应是第二重要的语言。其原因有三：一是契丹早在北魏时期就有部分内迁与汉族杂处，至五代及宋，连续的战争、朝

---

① 爱新觉罗·乌拉熙春：《"天朝万顺（岁）"臆解可以休矣：辽上京出土契丹大字银币新释》，《宋史研究论丛》第11辑，保定：河北大学出版社，2010年，第237—255页。
② 《辽史》卷1《太祖本纪上》，第5页。
③ 《辽史》卷2《太祖本纪下》，第22页。
④ 《辽史》卷37《地理志》，第501页。
⑤ 景爱：《辽碑偶记》，载中国文物研究所编：《出土文献研究》第4辑，北京：中华书局，1998年，第155页。

贡、边境贸易使得各民族联系更加紧密；二是在战争中契丹掳掠了大量汉族人口，辽太宗时期又占据了幽云地区，契丹与汉族接触更加频繁；三是汉族人建立的"宋"是当时文化水平最高的国家，汉文化的丰富发达对其他民族有着天然的吸引力。因此一方面基于契丹民族自身的发展需要，特别是辽政权建立之后政治、经济、文化迅速发展的需要；另一方面迫于各方政权分立和斗争的复杂局面，汉语作为通用语言，成为契丹民族学习的重要内容。下文从四类具有特殊身份的契丹人身上来看待辽境内汉语的应用情况，以期对契丹民族的汉语水平做一简单了解。

（一）辽帝

辽历九帝，均有汉名，且多以汉名及庙号流传于世，其中不乏熟练掌握汉语、通晓儒家典籍者，辽朝统治者还经常命臣下在朝廷上写诗作赋，诗赋也成为契丹科举的重要内容，辽廷亦聘请了很多汉族学者作为皇子的老师，辽国史也常常委派汉族的饱学之士来修撰，所以皇族中对于汉语的学习还是较为积极的。现梳理各史料中辽帝汉文水平如下：

表 1　辽帝汉文水平一览表

辽　帝	汉文水平	史料出处
耶律阿保机	吾能汉语，然绝口不道于部人，惧其劲汉而怯弱也	（宋）欧阳修《新五代史·四夷附录》卷72
耶律倍（追封）	工辽、汉文章，尝译《阴符经》。东丹王耶律倍初市书至万卷，藏于医巫闾绝顶之望海堂	（元）脱脱《辽史》卷72《宗室传》
耶律德光	翰林学士张砺进拟延寿中京留守、大丞相、录尚书事、都督中外诸军事。德光索笔，涂其"录尚书事、都督中外诸军事"，止以为中京留守、大丞相	（宋）欧阳修《新五代史·四夷附录》卷72
耶律阮	其自契丹归中国，载书数千卷。枢密使赵延寿每假其异书、医经，皆中国所无者	（宋）欧阳修《新五代史·四夷附录》卷72
耶律贤	与刘继元书，辞意卑逊	（元）脱脱《辽史》卷72《宗室传》
耶律隆绪	喜吟诗，出题诏宰相已下赋诗，诗成进御，一一读之。亲以契丹字译白居易《讽谏集》，召番臣等读之	（宋）叶隆礼《契丹国志》卷7《圣宗天辅皇帝》

续　表

辽　帝	汉文水平	史料出处
耶律宗真	以《日射三十六熊赋》《幸燕诗》试进士于廷。赐冯立、赵徽四十九人进士第	（元）脱脱《辽史》卷18《兴宗本纪一》
耶律洪基	御制《放鹰赋》赐群臣，谕任臣之意	（元）脱脱《辽史》卷21《道宗本纪一》
耶律浚（追封）	幼而能言，好学知书	（元）脱脱《辽史》卷72《宗室传》
耶律延禧	（对汉臣马人望）手书"宣马宣徽"四字诏之	（元）脱脱《辽史》卷105《马人望传》

注：史料中尚有单独记录"善属文"者，因难以区分为汉文或契丹文，所以此表未收录。北辽皇帝耶律雅里（天祚帝次子），曾"取唐《贞观政要》及林牙资忠所作《治国诗》，令侍从读之"①，辽代萧韩家奴曾经翻译《贞观政要》为契丹语，无法确定耶律雅里所读的是哪种文字，因而未录。

由上表可见，契丹王朝自景宗后，整体汉语水平日渐提高，后期的契丹君主常令臣子赋诗、和诗，而这些诗句从题名来看都是汉语。关于圣宗亲自翻译白居易《讽谏集》，康鹏曾有详细考证，认为确有其事，并举出清宁间辽进士所撰《涿州白带山云居寺东峰续镌成四大部经记》中语句是仿效白居易《苏州重玄法华院石壁经碑文》以及《大横帐、宿直官耶律迪烈太保娘子箫（萧）氏墓志铭并序》直接仿效白居易《唐河南元府君夫人荥阳郑氏墓志铭并序》一文，来论证白居易文集在辽代的流行，基本可信。②另外，在一些契丹人的传记中，描述其"能诗文"的说法，理应也是指汉语。契丹帝王均能使用汉语，景宗后诸帝更能作汉语诗，甚至译书。而没有直接证明材料的穆宗，为通晓汉文的辽太宗长子，故其汉语水平应该不差。

---

① 《辽史》卷30《天祚皇帝本纪四》，第400页。
② 康鹏：《白居易诗文流传辽朝考——兼辨耶律倍仿白氏字号说》，《中国史研究》2015年第4期，第103—116页。

(二) 后妃及贵族女子

表 2　后妃及贵族女子汉文水平一览表

称号	汉文水平	史料出处
太祖贞烈皇后	上与人皇王朝皇太后。太后以皆工书，命书于前以观之	（元）脱脱《辽史》卷 3《太宗本纪上》
兴宗仁懿皇后	帝以《君臣同志华夷同风诗》进皇太后	（元）脱脱《辽史》卷 21《道宗本纪一》
道宗宣懿皇后	随道宗出猎，命后赋诗，后应声曰："威风万里压南邦，东去能翻鸭绿江。灵怪大千俱破胆，那教猛虎不投降。"作《回心院》词，以寓望幸之意	（辽）王鼎《焚椒录》
天祚文妃萧氏	作歌讽谏天祚	（元）脱脱《辽史》卷 71《后妃传》
耶律氏常哥（太师适鲁妹）	能诗文，不苟作。读《通历》，见前人得失，历能品藻	（元）脱脱《辽史》卷 107《列女传·耶律氏常哥》
秦晋国妃（母圣宗之妹）	座客常满，日无虚席。每商榷今古，谈论兴亡，坐者耸听。撰《见志集》若干卷	向南《辽代石刻文编》
萧㧑兰（耶律中妻）	中尝谓曰："汝可粗知书，以前贞淑为鉴。"遂发心诵习，多涉古今	（元）脱脱《辽史》卷 67《列女传·萧㧑兰》

由于史料缺失，辽朝女子留下的诗文记录较为稀少，无法完全揭示辽代女子对汉语的掌握情况，但可以作为一种参考。辽朝宫帐中日常用语为契丹语，但仍有后妃及贵族女子通晓汉语，甚至出现受儒家思想影响的妇女殉节现象，史官亦将其纳入《列女传》作为礼教典范予以表彰，可见汉文化在辽境内传播范围之广、影响之深。

(三) 契丹贵族

契丹贵族中通晓汉语者不在少数，如利用汉字创制契丹大字的耶律突吕不和耶律鲁不古。此外，还有许多汉人权贵与契丹皇室通婚，这些生活于汉人家庭的契丹人，想必能够通晓一些汉语，而且随着时间的流逝，其汉语水平必定会逐渐提高。仅《辽史》记载契丹贵族中通晓汉语者便达三十余人。

表3 贵族臣属汉文水平一览表

姓名	汉文水平	史料出处
耶律隆先	博学能诗,有《阆苑集》行于世	(元)脱脱《辽史》卷72《宗室传》
耶律喜隐	适见上与刘继元书,辞意卑逊,认为"书旨如此,恐伤国体"	(元)脱脱《辽史》卷72《宗室传》
耶律只没	通契丹、汉字,能诗	(元)脱脱《辽史》卷64《皇子表》
耶律合住（耶律琮）	尝领数骑径诣雄州北门,与郡将立马陈两国利害	(元)脱脱《辽史》卷86《耶律合住传》
耶律羽之	儒、释、庄、老之文,尽穷旨趣	向南、张国庆、李宇峰辑注《辽代石刻文续编》
萧朴	以善属文,为圣宗诗友……博学多智	(元)脱脱《辽史》卷80《萧朴传》
耶律斜轸	至蔚州,敌不敢出,斜轸书帛射城上,谕以招慰意	(元)脱脱《辽史》卷83《耶律斜轸传》
耶律英	举大觞以属汉使曰:"两朝通欢千万年,今日也,愿饮此酒记英姓名耳。"	(宋)路振:乘轺录,载贾敬颜主编:《五代宋金元人边疆行记十三种疏证稿》
耶律颇德	译南京所进律文	(元)脱脱《辽史》卷10《圣宗本纪一》
耶律学古	颖悟好学,工译鞮及诗	(元)脱脱《辽史》卷83《耶律学古传》
萧阳阿	识辽、汉字,通天文、相法	(元)脱脱《辽史》卷82《萧阳阿传》
萧柳	多知,能文……耶律观音奴集柳所著诗千篇,目曰《岁寒集》	(元)脱脱《辽史》卷85《萧柳传》
萧孝穆	著文曰《宝老集》	(元)脱脱《辽史》卷87《萧孝穆传》
耶律国留	在狱著《兔赋》《寤寐歌》	(元)脱脱《辽史》卷88《耶律资忠传》
耶律资忠	博学,工辞章。每怀君亲,辄有著述,号《西亭集》	(元)脱脱《辽史》卷88《耶律资忠传》

续　表

姓名	汉文水平	史料出处
耶律庶成	幼好学，书过目不忘。善辽、汉文字，于诗尤工；译方脉书	（元）脱脱《辽史》卷89《耶律庶成传》
耶律庶箴	尝寄（子浦鲁）《戒谕诗》，浦鲁答以赋，众称其兴雅	（元）脱脱《辽史》卷89《耶律浦鲁传》
耶律浦鲁	能诵契丹大字，习汉文	（元）脱脱《辽史》卷89《耶律浦鲁传》
耶律弘世	尝选名儒以伴学，更择端士以训德。通京氏之易传，善申公之诗义	向南、张国庆、李宇峰辑注《辽代石刻文续编》
耶律玦	重熙初，召修国史	（元）脱脱《辽史》卷91《耶律玦传》
耶律阿思	监修国史	（元）脱脱《辽史》卷96《耶律阿思传》
萧韩家奴	博览经史，通辽汉文字……译《通历》《贞观政要》《五代史》	（元）脱脱《辽史》卷103《萧韩家奴传》
耶律谷欲	工文章……奉诏与林牙耶律庶成、萧韩家奴编辽国上世事迹及诸帝实录	（元）脱脱《辽史》卷104《耶律谷欲传》
耶律韩留	工为诗，曾进《述怀诗》	（元）脱脱《辽史》卷89《耶律韩留传》
萧乐音奴	貌伟言辨，通辽、汉文字	（元）脱脱《辽史》卷96《萧乐音奴传》
耶律敌烈	好学，工文词	（元）脱脱《辽史》卷96《耶律敌烈传》
耶律良	进秋游赋……作捕鱼赋……奏请编御制诗文，目曰《清宁集》；上命良诗为《庆会集》，亲制其序	（元）脱脱《辽史》卷96《耶律良传》
萧孝恭	译缀史册，添辽汉之风；定礼删诗，执投壶之刃	向南、张国庆、李宇峰辑注《辽代石刻文续编》
耶律陈家奴	（道宗出猎，中鹿），陈家奴应制进诗	（元）脱脱《辽史》卷95《耶律陈家奴传》
耶律孟简	父晨出猎，俾赋《晓天星月诗》，孟简应声而成；作《放怀诗》二十首	（元）脱脱《辽史》卷104《耶律孟简传》
耶律昭	命林牙耶律昭作赋，以述（萧挞凛）其功	（元）脱脱《辽史》卷85《萧挞凛传》
耶律大石	通辽、汉字	（元）脱脱《辽史》卷30《天祚皇帝本纪四》

从上表可知，通晓汉语的契丹大臣以五院部、六院部以及四帐皇族为主，这些人均是辽肃祖的子孙，可见贵族对于汉字及汉文化的掌握要高于一般契丹人。从人物关系上看，似乎通晓汉语的契丹人有一定的家族传承，如萧柳与萧孝穆同为淳钦皇后弟阿古只五世孙；耶律国留与耶律资忠兄弟均有较好的汉文素养，有自己的汉文诗文集；耶律庶成、耶律庶箴与其子浦鲁能同时使用两种文字，耶律庶成甚至可以翻译方脉书，这对于一般汉人而言，也是较为晦涩难懂的书籍。

（四）通事群体

胡三省在对《资治通鉴》所作的注中说："契丹置通事以主中国人，以知华俗、通华言者为之。"[①] 由于辽代契丹境内多民族的复杂状况，使得辽朝统治者不得不面对和适应领土内存在多种语言的状况，在此情况下一种特殊的官职应运而生。宋白曰：契丹主能华言者曰通事，谓其洞达庶务。[②] "通事"在五代时期便已随契丹使团来往于中原，如后梁开平三年九月癸卯，曾有"赐契丹朝贡使曷鲁、押进将军污鹿、副使夫达、通事王梅落及首领等银绢有差"[③] 的记录。

通常情况下，契丹方面"馆伴"或"出使"宋朝的人员，或者是汉人，或者是能够说汉语的契丹人以及奚人，"藩、汉官子孙有秀茂者，必令学中国书篆，习读经史。自与朝廷通好以来，岁选人材尤异、聪敏知文史者，以备南使"[④]，如契丹人萧奥只在其馆伴宋使张昇时，"与昇论谈移日，曲尽其欢"。张昇感叹："侍中，北朝仪表也。"并"深敬异之"[⑤]。但在与宋廷的正式外交活动中，契丹通事仅作为随行人员受到皇帝接见，不参与翻译活动，而由宋方人员承担双方的翻译。《宋史》载："次舍人引差来通事，从人东西

[①] 《资治通鉴》卷281，天福二年二月戊子条，北京：中华书局，2011年，第9170页。

[②] 《资治通鉴》卷281，天福二年二月戊子条，第9170页。

[③] 王钦若等：《册府元龟》卷976《外臣部·褒异》，北京：中华书局，1960年，第11299页。

[④] 王曾：《上契丹事》，贾敬颜主编：《五代宋金元人边疆行记十三种疏证稿》，北京：中华书局，2004年，第75页。

[⑤] 《契丹国志》卷15《萧奥只传》，第179—180页。

分班入，合班，喝两拜，随拜万岁，喝就坐，分引赴两廊。"① 此处"差来通事"，即是契丹的通事，其出使宋朝时在朝见、宴会等正式外交活动中似乎并无重要作用。同理可知，宋方出使契丹时"通事"的翻译作用也很有限，如苏辙所言："况已有译语殿侍，别具语录，足以关防。"②

三、契丹王朝语言政策的变化及评价

《辽史·国语解》云："故史之所载，官制、宫卫、部族、地理，率以国语为之称号。"③ 这是对契丹语言使用范围的一种泛指，实际上辽代语言使用情况非常复杂，就场合来说，需考虑生活、外交、军事、祭祀等；就人员来说，需考虑契丹人、奚人，还有汉人、高丽人、西夏人、渤海人等。相对而言，契丹普通民众在日常生活中自然以契丹语为主要交流语言，对上层统治者而言，使用何种语言关系到治国理政，甚至影响到"大辽中国"正统观的构建，因而契丹对汉文化的态度也是不断变化的。

（一）契丹的国语政策

在主观愿望上，契丹人极力保持说契丹语，这是由辽太祖耶律阿保机所推崇的，他在与后唐使节姚坤谈话时，曾提及自己能说汉语："又谓坤曰：'吾能汉语，然绝口不道于部人，惧其效汉而怯弱也。'"④ 从此处不难推测，阿保机与其族人在日常生活中使用契丹语，即契丹语是契丹宫帐的必要语言。阿保机倡导的这一传统在辽代后期的道宗时代也得到了体现，典型的事例是辽兴宗生母萧耨斤为了陷害圣宗齐天皇后，而以契丹文字书写告密信给圣宗："齐天善琵琶，通琵琶工燕文显、李有文，元妃屡言其罪，隆绪不治。又为蕃书投隆绪寝中，隆绪得之，曰：'此必元妃所为也。'命焚之。"⑤ 契丹人还力推在契丹境内生活的其他民族也说契丹语，甚至还教外宾学习契丹

---

① 《宋史》卷119《宾礼四》，第2806页。
② 苏辙：《栾城集》卷42《北使还论北边事札子五道·乞罢人从内亲从官》，曾枣庄等：《全宋文》卷2059，第94册，上海：上海辞书出版社，2006年，第362页。
③ 《辽史》卷116《国语解》，第1689页。
④ 《新五代史》卷72《四夷附录》，北京：中华书局，2016年，第1006页。
⑤ 《续资治通鉴长编》卷110，天圣九年六月丁丑条，第2559—2560页。

语。契丹字创制之后被辽朝官民使用并在境内外通行，至金朝时仍在使用。《金史·完颜希尹传》载"金人初无文字，国势日强，与邻国交好乃用契丹字"①；元代耶律楚材《湛然居士集》收有《醉义歌》一首，自序说"辽朝寺公大师"所作，原作为契丹字，楚材在西域遇到西辽前郡王李世昌，学习契丹字，乃作此歌②；明代云南契丹人墓碑上共发现十二个契丹小字，最晚出现在天启元年（1621）；清代云南契丹人墓碑上共发现八个契丹小字，所刻时间最晚的在道光癸卯年（1843）。可见契丹推行国语之策颇见成效，契丹语已成为一门颇具系统性的成熟语言，并且影响到了后世的金和清代文字的创制。

（二）契丹的书禁政策

书禁政策并非辽的专属，辽王朝存立于多个中华民族政权并立的特殊历史阶段，宋在文化上有明显的优势，辽、金、夏在军事上具有阶段性的强势，为了在竞争中取胜，各政权之间都采取了某些政策措施来保存并强大自我。书禁政策就反映了各政权对于语言文字所采取的态度，当时的宋、金、夏都有类似的措施。

沈括在《梦溪笔谈》中说："契丹书禁甚严，传入中国者，法皆死。"③沈括于宋神宗熙宁八年（1075）出使契丹，因而笔者认为其言可信；《四库全书》载：辽道宗清宁十年冬十月戊午发布了"禁民私刊印文字"的法令。④以上法令表明辽代书禁政策主要有两点：一是辽朝所刊印的书籍严禁传入别国，尤其不得入宋朝；二是辽政府禁止民间私自刊印书籍。

今人对于辽代书禁政策看法不一，如冯永谦认为辽代实行严格的书禁政策，不允许任何书籍传入中原，擅自向汉人传递契丹文字书籍者将被问斩；黄震云认为从现存辽代文史著作中无法找到严禁书籍出境的法律，所以很有可能是误传。禁止民间私自刊印是因为当时儒家经典流传广而杂，国家有必要统一整理和刊行，同时表明道宗十年之前是不禁民间私自刻印书籍的。笔

---

① 脱脱等：《金史》卷73《完颜希尹传》，北京：中华书局，2016年，第1788页。
② 蔡美彪：《中国通史》第六册，北京：人民出版社，1979年，第137页。
③ 厉鹗：《辽史拾遗·自序》，清光绪广雅丛书本，第1页。
④ 永瑢等：《四库全书简明目录》卷5《史部一·正史类·辽史一百十六卷》，上海：上海古籍出版社，1985年，第188页。

者认为，辽代关于严禁书籍出境的政策应该是存在的，这是由当时的社会所决定的，宋辽之间常有战事发生，书籍出境涉及有关国家或军事上的机密外泄，宋朝亦曾禁止书籍传入辽境，而且契丹字用于军事上本就带有"加密"性质。禁止民间私印图书也是存在的，辽统治者为了维护国家统一，在思想文化上制约民众是必然之举，因此由政府刊印书籍以建立国内统一的文化价值取向也是必然之举，不过书籍刊印售卖存在收益，因而民间私印并未完全停止。毋庸置疑的是，辽的书禁政策对于契丹语言文字以及文化的传播是有阻碍作用的。

（三）契丹对汉文化的学习

"重武轻文"的国策并不影响契丹统治者对于汉文化的选择，入主中原的南进政策始终为其追求，汉化与农业已成为辽帝国的两大支柱。对儒家典籍的学习，自然是追求汉化的主要方式，同时基于实用性来看，学习儒家典籍对于统治辽帝国境内的汉人也无往不利。因此，耶律阿保机与诸臣在讨论应当祭祀哪位有功德的人物时，否决了诸臣提出的"佛"，而采纳长子耶律倍提出的祭祀"孔子"的说法，即"建孔子庙，诏皇太子春秋释奠"[①]。神册四年（919），孔子庙完工后，阿保机即"谒孔子庙，命皇后、皇太子分谒寺观"[②]。

相较于中原方面对契丹的不甚了解，契丹人对于中原方面的了解要深入得多，对于中原典籍的收集与阅读这方面，契丹人可以说是做到了"细致与全面"，宋人杨亿曾提及"北虏中，多有图籍，亦有文雅相尚"[③]。五代时期，东丹王投奔后唐，一次便带了数千卷书籍，其中一部分"异书、医经"，连中原地区都已经不存在了。苏辙出使契丹时，发现契丹境内存在大量中原典籍，而且契丹人对此毫不讳言，因此他在回宋后上书称："本朝民间开版印行文字，臣等窃料北界无所不有。臣等初至燕京，副留守邢希古相接送，令引接殿侍元辛传语臣辙云：'令兄内翰（谓臣兄轼）《眉山集》已到此多时，内翰何不印行文集，亦使流传至此？'及至中京，度支使郑颛押宴，为臣辙言：先臣洵所为文字中事迹，颇能尽其委曲。及至帐前，馆伴王师儒谓臣

---

① 《辽史》卷72《宗室传》，第1333—1334页。
② 《辽史》卷2《太祖本纪下》，第17页。
③ 杨亿：《杨文公谈苑》，上海：上海古籍出版社，1993年，第165页。

辙：'闻常服伏苓，欲乞其方。'盖臣辙尝作《服伏苓赋》，必此赋亦已到北界故也。臣等因此料本朝印本文字多已流传在彼，其间臣僚章疏及士子策论，言朝廷得失，军国利害，盖不为少。"从苏辙上书来看，契丹境内流传的中原书籍的时效性非常之高，一些宋人的诗文，在创作不久后便传至契丹境内，甚至饮食亦仿宋人。若遇民间无法搜集完全的典籍，契丹人还会直接向宋廷索取，如平民魏野"为诗精苦，有唐人风"，著有《草堂集》，契丹人只得半部，出使宋时还特意索要另一半。

汉文化在契丹影响深远，儒家经典成为辽代科举考试进士科的主要内容。元人王恽在论述金代科举考试时，曾提到"词赋之初，以经传子史内出题，次又令逐年改一经，亦许注内出题，以《书》《诗》《易》《礼》《春秋》为次，盖循辽旧也"①。道宗清宁元年（1055），下诏"设学养士，颁《五经》传疏，置博士、助教各一员"②，大安二年（1086），召权翰林学士赵孝严、知制诰王师儒等讲《五经》大义等。③ 这些都表明辽朝最高统治者越来越看到汉文化的重要作用及其对于国家统治的意义，这也代表契丹的汉化程度进一步加深。

辽代虽然从最高统治者到普通的契丹人民都极力保持着本民族的语言，然而随着契丹民族的壮大，掠夺的人口和土地不断增加，契丹从部落联盟发展到封建国家，境内民族构成逐渐复杂，对多民族人民尤其是汉人的征服与治理已经提到了议事日程，政府早期推行的坚守契丹语的政策已经不能满足现实国情，甚至影响到国家机器的正常运转。为了生存的需要，为了辽政权政治、经济、文化的发展，汉语的学习和使用对于契丹民族来说是必然的，因此皇族和契丹上层的有识之士皆精通契丹语和汉语，而汉字的使用则更为广泛，太祖太宗时期甚至有"诏则呼汉儿"的说法。契丹人本无避讳，却在汉文化影响下开始避讳，在礼学影响下褒扬妇女殉节的贞烈行为，甚至用汉诗表达情感。契丹文字创制初衷是记录契丹语和保存契丹最具特质的民族文化，然而契丹大字、小字学习起来并不容易，虽由国家强令颁行，却并未普

---

① 王恽：《玉堂嘉话》卷5，北京：中华书局，1985年，第56页。
② 《辽史》卷21《道宗本纪一》，第287页。
③ 《辽史》卷24《道宗本纪四》，第329页。

及开来，加之受契丹的书禁政策的影响，流传于世的文字资料几乎都是汉文的，契丹文字寥寥无几，本意是为了保护自己的民族文化，却导致自己的文化之路走得更短暂，不得不让人唏嘘。

樊树志先生在其《国史概要》一书中认为，"为了抵制汉化，契丹人尽力保持自己的制度、礼仪乃至生活方式，他们自觉地不说汉话，以免被淹没在汉族的汪洋大海之中"[①]。而国学大师钱穆先生则说，"辽国是一个汉族分化的国家"[②]。两位学者的意见都是准确的，却体现了一个充满矛盾的现实：不希望被完全汉化的契丹民族，反而在诸多方面表现出浓厚的"汉化"色彩，成为"中华文化圈"的一部分，甚至在辽朝灭亡后，"契丹"这一词语代表"中国"的含义，在欧洲延续了数百年之久，甚至15世纪的航海家哥伦布与达·伽马，在出发时也心心念念想要寻访位于东方的"契丹"。总体来说，辽代统治者对于汉文化存在一种矛盾的仰慕，他们不自觉地被优秀的汉文化吸引，又担心无法保持自己的民族特色，不只契丹，在中国历史上的很多少数民族都面临着这样一个困境：想要保持自己的民族特质，却又不免被汉民族的文化吸引，与之融合，这就是中华文化的魅力所在吧！

（作者：孙垚鑫　单位：长春师范大学历史文化学院）

[①] 樊树志：《国史概要》，上海：复旦大学出版社，2000年，第246页。
[②] 钱穆：《国史大纲》，北京：商务印书馆，1996年，第517页。

凭信与秩序：明朝洪武年间下赐琉球印章新探

根据《明朝开国文献》记载，洪武十六年（1383）正月，明朝派遣内使监丞梁民、奉御路谦携带着三通敕谕前往琉球，分别发给中山、山南、山北三王。其中，在给中山王的敕谕中有"赍符赐王镀金银印一颗"① 之语，这成了明朝向琉球赐印的嚆矢。对于这枚印章，史籍中并无过多记载，只知是"镀金银印"。学者们参考明代的印章制度和下赐海外国家印章的事例，认为此印章应该是"驼钮镀金银印"，"方三寸"，印文为"琉球国中山王之印"。②对于此次赐印，学界多从"册封"的视角加以解读，将之视为明朝册封琴琉球的重要标志。③ 然而，围绕赐印尚有两点疑问：首先，琉球中山是在入贡 11

---

① 吴相湘主编：《明朝开国文献》第 3 册，台北：学生书局，1966 年，第 1829 页。

② 小葉田淳：《中世南島通交貿易史の研究》，東京：刀江書院，1968 年，第 118 頁；宮城榮昌：《琉球の歷史》，東京：吉川弘文館，1996 年，第 56 頁；原田禹雄：《册封使録からみた琉球》，宜野湾：榕樹書林，2000 年，第 5 頁；上里隆史：《古琉球期の印章》，載黑島敏、屋良健一郎編：《琉球史料學の船出——いま、歷史情報の海へ》，東京：勉誠出版社，2017 年，第 4 頁。

③ 代表性的研究成果有三國谷宏：《明と琉球との関係について》，《東洋史研究》1938 年第 3 卷；郑樑生：《明代中琉两国封贡关系的探讨》，《中日关系史研究论集（一）》，台北：文史哲出版社，1990 年，第 125 页；谢必震：《明清册封琉球论略》，《海交史研究》1991 年第 1 期，第 13 页；佐久間重男：《日明関係史の研究》，東京：吉川弘文館，1992 年，第 175 頁；米庆余：《琉球历史研究》，天津：天津人民出版社，1998 年，第 33—37 页；赤嶺守：《琉球王國——東アジアのコーナーストーン》，東京：講談社，2004 年，第 172 頁；赵连赏：《明代赐赴琉球册封使及赐琉球国王礼服辨析》，《故宫博物院院刊》2011 年第 1 期，第 11 页；檀上寛：《明代海禁＝朝貢システムと華夷秩序》，京都：京都大學學術出版會，2013 年，第 277—316 頁；万明：《明代历史叙事中的中琉关系与钓鱼岛》，《历史研究》2016 年第 3 期，第 20 页；村井章介：《明代「册封」の古文書學的檢討》，《史學雜誌》2018 年第 127 卷等。

年后才被赐印的，较之他国，间隔时间过长。① 若只为册封，似无延宕至此的必要。长期未将赐印之事提上日程，更像是明朝的一种"既定方针"。此时改变立场，断行赐印，表明在洪武十六年这一时间点明朝理应认识到了赐印的紧迫性和必要性。其次，洪武时期明朝派往海外国家的赐印使者，只有对琉球中山派遣的是内官，其余国家皆为朝臣。② 如果参照洪武十一年（1378）"朕恐待王之礼薄，专命内臣与阮士谔亲往安南"③一事，派遣内官赐印无疑体现了明朝的重视程度。综合此两点考虑，赐印背后或许另有考量。基于此，本文尝试转换一下研究思路，拟以明初东亚海域局势演进的整体视角，从印章的凭信功能出发，探讨赐印与明琉通交体制变革、明朝"东海"治理之间的内在联系，并兼及其与明朝对"南海"政策的联动效应和对琉球国内一体化进程的影响。

一、赐印与明琉通交体制的变革

中国古代王朝向周边国家赐印滥觞于西汉时期，汉高祖刘邦向南越王赵佗赐印为其开端。④ 此后，赐印作为中国古代外交的重要政策传统为后世王朝所继承。洪武二年（1369）六月，明朝向安南下赐印章，由此开启了明朝向海

---

① 在洪武十六年（1383）以前，明朝已向安南、高丽、占城、暹罗、三佛齐五国赐印。其中，安南和高丽是在首次入贡后就被赐印，占城是在首次入贡3个月后被赐印，暹罗和三佛齐是在入贡6年后被赐印，琉球中山则是在入贡11年后被赐印，较之他国来说，间隔时间过长。

② 明朝在洪武时期向海外国家赐印9次。其中，除三佛齐、真腊的情况不明外，派往安南（翰林侍读学士张以宁、典簿牛谅）、高丽（符宝郎偰斯）、占城（中书省管勾甘桓、会同馆副使路景贤）、暹罗（礼部员外郎王恒）、琉球山南和山北（行人蔡英夫）的赐印使者皆为朝臣，唯独对琉球中山派遣的是内官。

③ 朱元璋：《明太祖御制文集》卷8，台北：学生书局，1965年，第256页。

④ 陈尚胜：《朝贡制度与东亚地区传统国际秩序》，《中国边疆史地研究》2015年第2期，第17页。

外国家赐印的序幕。有明一代，共向 24 个海外国家赐印，总计下赐 29 次。①明朝下赐给海外国家的印章，就其用途和功能来说，主要体现在四个方面：其一，印章是一种赏赐物品，具有用于国交馈赠的礼仪功能；② 其二，"蕃王始封，则赐印"，表明印章具有册封蕃王的政治功能；③ 其三，明朝下赐的印章主要有金印和镀（涂）金银印两种，受赐国蕃王的爵位等级被分别比拟于亲王和郡王，说明印章具有标识蕃王王爵身份高低的等差功能。④ 除此之外，印章还具有明显的凭信功能，这主要体现在"表文钤印"上。

明朝与海外国家往来主要通过使臣传送外交文书的形式展开。这些外交文书种类繁多，根据发受方的不同，可大致分为皇帝下达的下行文书、海外国家上呈皇帝的上行文书和官厅间的平行文书三类。⑤ 表文属于上行文书，最早出现在汉代，是一种"标著事绪使之明白，以告乎上"⑥ 的文体，多用于臣下向皇帝的庆贺、进献、陈乞、慰安等。明朝将表文纳入对外关系中，规定："四夷入贡中国，必奉表文。"⑦ 这样，"奉表"就成了各国遣使入明的必备手续和前提条件。

---

① 有明一代向海外国家赐印的情况如下：安南（1次）、高丽（1次）、朝鲜（3次）、占城（1次）、暹罗（1次）、三佛齐（1次）、琉球中山（2次）、琉球山南（1次）、琉球山北（1次）、真腊（1次）、爪哇西王（1次）、日本（2次）、爪哇东王（1次）、苏门答剌（2次）、满剌加（1次）、古里（1次）、浡泥（1次）、锡兰山（1次）、喃渤利（1次）、柯枝（1次）、苏禄东王（1次）、苏禄西王（1次）、苏禄峒王（1次）、古麻剌朗（1次）。

② 孙薇：《「貢品」と「下賜品」に見る中琉関係》，《沖縄文化研究》2003年第29期。

③ 按照万历《大明会典》的记载，"蕃王受封，则赐印"。但是，这一表述并不十分严谨。从类型上说，明朝对海外国家蕃王的册封可分为"始封"和"袭封"两种。按照明朝制度，"外夷袭封，例赐皮弁冠服及诰敕等项。惟始封，例有印章"。因此，更严谨地说，应是"蕃王始封，则赐印"。

④ 檀上宽：《明代海禁＝朝貢システムと華夷秩序》，第368頁。

⑤ 荒木和憲：《中世日本往復外交文書をめぐる様式論の検討》，《国立歴史民俗博物館研究報告》2021年第224集。

⑥ 徐师曾：《文体明辨粹抄》卷下，早稻田大学图书馆藏逍遥文库，史料番号：6-1038-2。

⑦ 郑舜功：《日本一鉴·穷河话海》卷7，东北师范大学图书馆馆藏民国二十八年影印版。

表文制作"皆颁有定式，不敢逾越"①。单洪武一朝，就曾5次条定表文撰写规范。②如果表文违制失当，轻则却贡不受，重则会引发严重的外交事端。为了确保"奉表"顺利进行，明朝专门制定《蕃国进贺表笺仪》，并将之颁发给海外国家遵照执行。

根据《蕃国进贺表笺仪》的规定，表文成文后，需在蕃国内举行由国王、使者、众官等参加的隆重仪式。之后，才能交付使者进呈明朝。仪式中有一项内容，即在表文上钤盖印章：

> 是日侵晨，司印者陈印案于殿中。涤印讫，以表笺及印，俱置于案。王具冕服，众官具朝服，诣案前。用印毕，用黄袱裹表，红袱裹笺，各置于匣中，仍各以袱裹之。③

表文上钤盖的就是明朝下赐的印章，郑舜功指出："其贡使必奉表文，原赐印钤者。"④当然，没有被赐印的海外国家是不用在表文上钤印的。以朝鲜为例，称这种未加盖印章的表文为"白文"⑤。"表文钤印"的规定基本为相关海外国家所遵从。例如，朝鲜将之作为表文制撰的最后一道程序，并美称之为"安宝"或"踏宝"⑥。日本室町幕府也有"遣唐疏上，被押金印，仍读诵之"⑦的明确要求。因史籍记载有限，加之实物资料匮乏，本文无法详尽论述表文钤印的具体方式。如果参考《荫凉轩日录》中收录的成化十一年（1475）十月日本国王源义政上呈明朝的表文样式，表文中应该有三处需要钤印，即封面一处，正文开头一处，结尾一处。⑧

---

① 谢肇淛：《五杂俎》卷4，上海：上海书店出版社，2009年，第86页。
② 陈学霖：《明太祖文字狱案考疑》，《明史研究论丛》1991年第5辑。
③ 《明太祖实录》卷45，洪武二年九月壬子条，台北："中央研究院"历史语言研究所，1962年，第902页。
④ 郑舜功：《日本一鉴·穷河话海》卷7。
⑤ 《光海君日记》卷1，万历三十六年二月戊辰条，金日成综合大学藏鼎足山刻本。
⑥ 李善洪：《朝鲜对明清外交文书研究》，长春：吉林人民出版社，2009年，第43页。
⑦ 季琼真蕊、龟泉集正：《荫凉轩日录》宽正六年六月十四日，《大日本佛教全书》第134册，东京：佛书刊行会，1922年，第539页。
⑧ 季琼真蕊、龟泉集正：《荫凉轩日录》延德四年七月，《大日本佛教全书》第137册，东京：佛书刊行会，1922年，第2333—2334页。

琉球中山在洪武五年（1372）初次入贡之时便"奉表"而来，表明其业已熟知明朝的朝贡规范。实际上，琉球中山极重"奉表"之事，将其专称为"上表渡"。① 为确保表文质量，还设置"汉字笔者"一职。② 被赐予印章后，琉球中山将"表文钤印"作为"奉表"的必备一环加以执行。对此，《琉球国旧记》有载：

> 此日辰时，两长史捧表章进国殿，法司官题奏。至巳时，王出御下库里。即长史侍讲表文，而打御印。既而移置其文于庭上，圣主亦出御唐玻丰，众官拜礼。礼毕，法司授表文于耳目官，耳目官授都通事，都通事拜受，赴那霸津上船。时众官跟送表章，而赴那霸拜礼。③

文中详细叙述了表文从裁定到交付使臣入贡的经过，其中的"打御印"就是指在表文上钤盖镀金银印。对此，《中山世鉴》有明确记载：

> 镀金银印ト申スハ、尔来代々、国王ノ御宝物ト成テ、大明ヤ日本ナドヘ往来ノ、表文ニ押ス金印、是也。④

琉球上呈明朝的表文原件至今尚未被发现。《历代宝案》中收录有16通表文的原文，但没有标注钤印的具体方式。⑤ 小叶田淳认为应该与前述日本表文的钤印方式相同。⑥

"表文钤印"不只是一项礼仪规范，也是一种极具凭信功能的实用技术手段。海外国家使臣抵达明朝后，照例由所到地的市舶司"辨其使人表文"。

---

① 池宫正治：《上表渡しと敕書迎えの儀式》，载《第六届中琉历史关系学术研讨会文集》，北京：中国第一历史档案馆，1996年，第296页。

② 伊波普猷、東恩納寬惇、横山重編：《琉球史料叢書》第3卷，東京：東京美術，1973年，第45頁。

③ 伊波普猷、東恩納寬惇、横山重編：《琉球史料叢書》第3卷，第70頁。

④ 伊波普猷、東恩納寬惇、横山重編：《琉球史料叢書》第5卷，東京：東京美術，1973年，第35頁。譯文爲："鍍金銀印者，爾來歷代國王之寶物，對大明、日本等往來表文所押之金印是也。"

⑤ 孫薇：《明代における琉球の表文・箋文——『歷代寶案』より》，《史料編集室紀要》2001年第26號。

⑥ 小葉田淳：《中世南島通交貿易史の研究》，第203—204頁。

市舶司被裁撤后，则由布政司负责"查照表文方物，事理明白，然后遣使驱驿"①。到达京师后，需将表文呈送礼部，由主客司负责查验。② 因下赐的印章是由礼部的附属机构铸印局铸造的，故而如果遇到钤盖印章的表文还需将之"悉送该局，辨其真伪"③。对明朝来说，印章的有无、印文的真假自然就成了辨验表文和来使的重要依据和凭证。洪武二十九年（1396）三月，朱元璋在发给朝鲜的圣旨中就说：

> 今朝鲜每遇时节，遣人进贺表笺，似乎有礼。然文辞之间，轻薄肆侮。近日，奏请印信诰命状内，引用纣事，尤为无礼。或国王本意，或臣下戏侮。况无印信所拘，或赍奉使臣中途改换，皆不可知。④

可见，朱元璋判断朝鲜表文真实性的依据之一，便为是否加盖印章。

在洪武十六年（1383）以前，琉球中山只要上呈符合"定式"的表文就可入贡，但印章下赐后，必须"表文钤印"，并经明朝查验无伪方可入贡，这体现出明朝在制度层面规范琉球中山朝贡的积极意志。由此，随着印章下赐，明朝与琉球中山之间逐步确立起基于信用模式的通交新体制。

二、明朝对琉球中山的塑造与"东海"治理

在明朝官方话语中，大明为"四海"所环绕，这是传统的华夷观念和天下秩序解说下的海洋认知体系的延续。⑤ 但实际上，早在宋代就已认识到"四海"中的"西海""北海"只是想象中的概念，并非实指，真正成为中国边海的只有"东海""南海"，这一认识为元明清三代所承袭。当然，"东海""南海"所指并非固定不变，而是一个变动中的笼统的空间概念，可以认为是对中国"以东之海"和"以南之海"的大略称呼。南宋时期，首次划定

---

① 郑舜功：《日本一鉴·穷河话海》卷7。
② 孙巍：《明代外交机构研究》，北京：中国书籍出版社，2019年，第112页。
③ 龙文彬：《明会要》卷24，北京：中华书局，1956年，第389页。
④ 《朝鲜太祖实录》卷9，洪武二十九年三月丙戌条，首尔大学奎章阁藏太白山刻本。
⑤ 黄纯艳：《中国古代官方海洋知识的生成与书写——以唐宋为中心》，《学术月刊》2018年第1期，第10页。

"东海"和"南海"的地理分界,即福建路以北为"东海",广东路以南为"南海"。① 具体到明代,陆楫认为:"四海之边中国者,在山东则为东海,在广南则为南海。"② 另据徐应秋所言:"东渐吴越,则云东海。"③ 由此,在明人的观念里,山东、南直隶、浙江临"东海",广东临"南海"。从明朝建立后在山东莱州、广东广州分别祭祀"东海""南海"④ 和洪武二年(1369)四月命翁德前往江浙沿海捕倭时特地遣使祭祀"东海之神"⑤ 两事件分析,朱元璋也认为山东至浙江临"东海",广东临"南海"。此外,朱元璋在赐给福建布政司参政瞿庄的玺书中说:"敕卿南行,以辖八闽,然其地利尽南海,势控诸番。"⑥ 据此推知,朱元璋将福建定位在南海。因此,在朱元璋的认识中,"东海"和"南海"应该分别是指山东至浙江以东的海域和福建至广东以南的海域,这与今天的东海和南海的范围并不完全相同。

在元末群雄中,方国珍起事最早,而其倡乱之地就在"东海",王祎有言:"方国珍材器雄毅,识虑深远,知世道将不可为,乃奋于东海之滨。"⑦ "东海"也就成了元末内乱的始发地。朱元璋对此也持有同样的看法,他在历数方国珍罪过时说:"当尔起事之初,元尚承平天下,谁敢称乱,惟尔倡兵海隅。"⑧ 自韩山童以"复宋"为名起兵后,其一手炮制的"蕴玉玺于海东,取精兵于日本"⑨ 的谣言便在民间广为流布。朱元璋久事龙凤政权,对此说当有所知。综合这两点考虑,一方面,朱元璋对"东海"应该有着一种"乱源"的潜在认识;另一方面,从他在平定张士诚、方国珍后随即设置市舶司和招徕以朱道山为首的海外群商看,朱元璋眼中的"东海"也有作为

---

① 黄纯艳:《宋元海洋知识中的"海"与"洋"》,《学术月刊》2020年第3期,第13页。
② 陆楫:《古今说海》,成都:巴蜀书社,1988年,第93页。
③ 徐应秋:《西海北海》,《玉之堂谈荟》第10册,上海进步书局民国影印本。
④ 王元林:《明清国家礼制中的四海祭祀》,《探索与争鸣》2011年第4期,第73—78页。
⑤ 《明太祖实录》卷41,洪武二年四月戊子条,第824页。
⑥ 《明太祖实录》卷108,洪武九年八月条,第1802页。
⑦ 应再泉主编:《方国珍史料集》,杭州:浙江大学出版社,2013年,第255页。
⑧ 《明太祖实录》卷23,吴元年四月己未条,第333页。
⑨ 叶子奇:《草木子》卷3,北京:中华书局,1959年,第51页。

"利源"之所在的侧面。①

明朝建国后，退居北方的残元势力是新王朝的"腹心之患"，"北虏"问题是当时国家战略的重心。与之相对，海洋问题则居于次要地位。② 起初，朱元璋对"东海"的着眼点有三：一是吸纳"驸马之国"高丽和"崛强不臣"日本入贡的国交问题；二是方张残党归降复叛带来的海防问题；三是"设官市舶，迁有无之货"的海外贸易问题。到了洪武二年（1369）正月，"倭人入寇山东"事发，朱元璋随之产生日本、高丽两国与东北地区的残元势力结成"反明联盟"的隐忧。③ 从当年四月起，方张残党开始"煽诱倭奴"侵扰山东以南的沿海地区。④ 次年五月，明州人鲍进宝又带回高丽安置、包庇兰秀山叛贼的情报。⑤ 方张残党与日本、高丽过从甚密，朱元璋自然担心他们会加入"反明联盟"。与此同时，以方张降众为代表的沿海军民私自下海不止，来明蕃舶又"狡诈无常""肆行窥探"，以致沿海地区走私贸易猖獗，治安环境恶化，这就加剧了"内外勾连""濒海大扰"的风险。由此，"东海"不仅再度沦为"乱源"所在，发生在当地的国交、海防、贸易等问题还超越了地区性问题的范畴，与"北虏"问题关涉在了一起，成为朱元璋谋划对"北虏"战略时不得不通盘考虑的一环。

在"倭人入寇山东"事发后，朱元璋派遣杨载使日。杨载在使毕归国途中，"道经琉球"，与之进行了某种程度的接触，进而携带相关情报归国。⑥ 当时"东海"地区局势晦暗不明，突然出现的"遁居东海之东"⑦ 的琉球又

---

① 曹永和：《试论明太祖的海洋交通政策》，载《中国海洋发展史论文集（一）》，台北："中研院"中山人文社会科学研究所，1984年，第56—58页。
② 万明：《明代中外关系史论稿》，北京：中国社会科学出版社，2011年，第175页。
③ 李健、刘晓东：《明初"倭人入寇"与明朝的应对》，《辽宁大学学报（哲社版）》2018年第3期第7页。
④ 陈文石：《明洪武嘉靖间的海禁政策》，台北：台大文学院，1966年，第12页。
⑤ 郑麟趾：《高丽史》卷42，洪武三年六月辛巳条，北京：人民出版社，2014年，第1300页。
⑥ 赤嶺守：《琉球王國——東アジアのコーナーストーン》，第35页
⑦ 严从简：《殊域周咨录》，北京：中华书局，2000年，第129页。

与日本"疆域联络,声气相通"①,这自然会加剧朱元璋的紧张感。而且,琉球"自古不通中国",隋朝和元朝虽曾5次经略②,但都以失败告终,这意味着开展对琉外交没有任何成功经验可资借鉴,琉球对中国王朝也缺乏必要的历史认同和文化归属。如何处理与琉球的关系,防止其倒向日本,就成了摆在朱元璋面前的现实挑战。对此,朱元璋一方面派遣杨载随同赵秩使日,深入探查琉日关系情报;③另一方面在洪武四年(1371)九月宣告"不征"海外政策时将"隋炀帝征讨琉球"一事作为反面事例加以批判,向琉球传递"和平外交"理念,使其放下历史上的戒心。到了洪武五年(1372)正月,朱元璋派遣杨载招抚琉球。同年十二月,中山王察度派遣泰期入贡,朱元璋与之盟约:"东海为带,南山若砺,国以永存,爰及苗裔。"④明琉国交关系正式建立。在此之前,明朝已分别在洪武二年(1369)和四年(1371)与高丽、日本建立了国交关系。随着琉球中山入贡,"东海"地区以明朝为中心的朝贡格局形成。此后,至洪武十二年(1379),双边关系平稳。琉球中山基本维持"二年一贡"。其间,朱元璋曾在洪武七年(1374)响应琉球中山所请,派遣李浩前去市马。⑤除此之外,再无其他遣使活动。当时两国交往并不像此后那样热络,明朝主动经营双边关系的心态也不积极。实际上,在朱元璋看来,琉球中山位于"中国东南远处海外",明朝鞭长莫及,缺乏对其进行有效制衡的手段。如果期望过高,相交甚密,万一其首鼠两端,反而得不偿失。因此,在洪武十二年(1379)以前,朱元璋对琉球中山实际上采取的是静观其变、顺势而为的策略。

洪武十三年(1380)十月,山南王承察度遣使入贡。在此之前,琉球的入贡者只有中山王,山南王使者的到来使朱元璋对琉球国内的局势产生了疑惑。因当时其正忙于"废相"后的内政改革,无暇顾及域外事务,故而采取

---

① 方宝川、谢必震主编:《琉球文献史料汇编(明代卷)》,北京:海洋出版社,2014年,第163页。
② 隋朝在大业三年(607)、大业四年(608)、大业六年(610),元朝在至元二十八年(1291)、元贞三年(1297),前后5次经略琉球,但都以失败告终。
③ 村井章介:《アジアのなかの中世日本》,東京:校倉書房,1988年,第241页。
④ 谢杰:《洒露堂记》,《使琉球录三种》,台北:大通书局,1988年,140页。
⑤ 平田守:《琉明関係における琉球の馬》,《南島史學》1986年第28期。

了接纳入贡，承认山南王入贡资格的权宜之策。但在对山南使团进行赏赐时，较之中山，采取了降格赏赐的做法。① 到了洪武十五年（1382）二月，中山王察度派遣泰期入明，在例行朝贡之外，向朱元璋通告了新老使臣交替的消息，即由亚兰匏代替泰期负责对明外交。② 自国交关系建立以来，琉球中山的朝贡使臣都是泰期。在朱元璋眼中，泰期既是亲明的代表，也是中山王察度的弟弟，是推动双边关系发展和维系两国高层交往的关键人物。泰期的下台是否表明琉球中山的对明政策已经发生了改变？这是否算作对明朝接纳山南王入贡的回应？在情形不明的态势下，朱元璋于同月派遣路谦护送泰期一行归国，意在实地探查琉球情报。至迟在洪武十六年（1383）正月，路谦归国，带回了琉球国内"三王并立""日寻干戈"③ 的消息。

就当时"东海"地区整体的海域形势而言，恭愍王被弑后，高丽奉行"亲元脱明"外交政策，从洪武十一年（1378）九月开始，双方围绕着请谥、袭封、岁贡等问题争执不下。朱元璋对高丽极不信任，持续"却贡"不纳，国交关系无法正常展开。④ 洪武七年（1374），祖阐一行归国后，朱元璋知晓了日本国内南北朝并立的国情。在此后的7年间，南朝与北朝、国王与臣下、官方与私人入贡充斥其间，对日外交不得要领，难以取得实质性进展。到了洪武十四年（1381），双方互相发文指责，明日关系随之中断。⑤ 此外，从洪武十三年（1380）开始，倭患复起，沿海地区频遭寇扰。⑥ 濒海之民不但违禁下海，还私自前往交通海外国家。⑦ 此时，琉球国内又纷争不断，山南、山北对明态度又不明朗，这意味着"东海"地区的朝贡体制随时有崩坏

---

① 在中山王初次遣使入贡之时，朱元璋赐予中山王的是大统历、织金文绮、纱罗。与之相对的，赐予山南王承察度的却只有大统历和织金文绮，并无纱罗。此外，赐予山南使团成员的也只有文绮和钞，不及赐予中山使团成员的文绮、纱罗、袭衣那样丰富。

② 《明太祖实录》卷142，洪武十五年二月乙丑条，第2236页。

③ 潘相：《琉球入学见闻录》，《清代琉球纪录续辑》，台北：大通书局，1988年，第65页。

④ 刁书仁：《洪武时期高丽、李朝与明朝关系探析》，《扬州大学学报》2004年第1期，第6页。

⑤ 佐久间重男：《日明関係史の研究》，第62—75頁。

⑥ 陈懋恒：《明代倭寇考略》，北京：人民出版社，1957年，第51—121页。

⑦ 《明太祖实录》卷139，洪武十四年十月己巳条，第2197页。

的危险。与之相对，随着洪武十五年（1382）征南之役的胜利结束，长城以南的残元势力被彻底肃清，朱元璋的经略重点转向东北的纳哈出和漠北的脱古思帖木儿。然而，"东海"地区局势动荡，自会使其存有后顾之忧，难以尽力于北方。在此背景下，能否稳定、巩固与琉球的关系就变得至为重要，而明朝向琉球中山赐印进而变革双边通交体制的出发点便在于此。

  在"贡市一体"的格局下，明朝与琉球中山之间"一以文移相通"①。钤盖有印章的表文，既是中山王遣使入贡的身份证明，也是对明通交权的象征，自然也就具有"对明贸易许可证"的效力。在明与高丽、日本关系陷入僵局的态势下，琉球中山却被赐予专属的通交凭证，这就在事实上形塑起琉球中山在"东海"地区的对明贸易垄断地位，这会顺势带来四个方面的效果：首先，借助"琉球国中山王之印"，明确承认中山的国家地位和察度的国王地位，从政治合法性上向山南、山北施压；其次，避免山南、山北假借"中山"之名开展对明通交，杜绝中山伪使；再次，通过"东海"对明贸易权的全般赋予，增强中山的经济实力。一方面向山南、山北展示亲明的经济利益，另一方面强化琉球国内"三山争雄，中山最强"②的局面，从正反两方面敦促山南、山北效仿中山对明的服属；最后，以对明通交贸易权吸引"东海"地区游离于体制之外的，包括方张残党、倭寇等在内的私人海洋贸易势力前往中山，并使之处于中山一定程度上的间接管控之下，借以缓解海防压力，净化海域生态。为了实现这一目标，几乎与赐印同时，朱元璋又在北起山东、南至浙江的"东海"沿岸地区大规模修筑城堡、配备戍兵、强化防卫，③增加从事走私贸易和寇掠明朝的难度，从侧面配合彰显中山对明通交贸易权的现实价值和吸引力。

三、"赍符赐印"与"颁赐勘合"的关联性

  从前述"赍符赐王镀金银印一颗"的表述看，除印章之外，朱元璋还向

---

① 陈鸿瑜校注：《皇明外夷朝贡考》，台北：新文丰出版公司，2020年，第80页。
② 张廷玉等：《明史》卷323《琉球传》，北京：中华书局，1974年，第8361页。
③ 森正夫等编：《明清時代史の基本問題》，東京：汲古書院，1997年，第221页。

琉球中山下赐了"符"。陈侃在《使琉球录》中说："我太祖悦其至诚，待亦甚厚，赐以符印。"① 另，《中山世鉴》载："洪武十六年……赐以金符、印，宠以章服。"② 由此，当时下赐的应该是"金符"，这也是洪武朝唯一一次向海外国家蕃王下赐金符。

在明朝国内，金符一般被授予亲王。按照明朝制度，亲王就藩前需从尚宝司领取金符，皇帝和亲王各执一半：

> 凡亲王及嗣子，或出远方，或守其国，或在京城，朝廷或有宣召，或差仪宾、或驸马、或内官，赍持御宝文书，并金符前去，方许起程诣阙。③

从中可知，金符是本着"制一物中分而两之，授者、受者各执其半，以待参验"④ 的"符验"本意而作的，是亲王用以辨验朝廷来使身份的凭证。实际上，在朱元璋看来，"昔者君天下，符契为先，所以取信于臣民也"⑤。在"东海"地区官私势力充斥、沿海军民私自下海通番不止的态势下，无疑存在着他们假托帝命，冒充明使，交通中山，扰乱明朝对琉球方略和双边关系发展的隐患，故而便向中山王察度下赐金符，以作来使证明，杜绝明朝伪使。这样，通过"赍符赐印"，不论是琉球中山对明朝贡，还是明朝向琉球中山遣使，皆有凭信可资证明，明琉之间建立起双向的来使辨伪制度和基于信用制度的关系模式。另外，需要说明的是，镀金银印虽然将中山王定位在了郡王等级，但金符又有着比拟于亲王的待遇，体现了明朝对中山王的重视程度。

洪武十六年（1383）四月，即派遣梁民、路谦前往赐印的三个月后，朱元璋下达了向"南海诸番国"颁赐勘合的命令：

> 南海诸番国地方，远近不等，每年多有番船往来，进贡及做买卖的□□的人多有假名托姓，事甚不实，难以稽考，致使外国不能尽其诚款。又怕有去的人诈称朝廷差使，到那里生事，需索扰害他不便。恁礼

---

① 陈侃：《使琉球录》，《使琉球录三种》，台北：大通书局，1988年，第44页。
② 伊波普猷、東恩納寬惇、横山重编：《琉球史料叢書》第5卷，第9页。
③ 俞汝楫：《礼部志稿》卷16，《四库全书珍本初集》，沈阳：沈阳出版社，1998年文渊阁影印版。
④ 李翀：《日闻录》，北京：中华书局，1985年，第1页。
⑤ 张德信、毛佩琦主编：《洪武御制全书》，合肥：黄山书社，1995年，第145页。

部家置立半印勘合文簿，但是朝廷差去的人及他那里差来的，都要将文书比对朱墨字号，相同方可听信。若比对不同，或是无文书的，便是假的，都拿将来。钦此。①

从中可以看到，朱元璋在"南海"地区实行勘合制度的目的是依靠勘合的凭信功能，杜绝在双边交往过程中出现伪使，确保交往的有效性和真实性，这与向琉球中山下赐印章和金符的目标取向是一致的。事实上，在海外国家中，"南海诸番国"是入贡最频繁、最积极的。对此，朱元璋分别在洪武五年（1372）和七年（1374）向"南海诸番国"重申贡期，要求其严格遵守"三年一贡"的朝聘之礼。② 然而，占城等国不仅继续频繁入贡，还"内带行商，多行谲诈"③。正像朱元璋说的那样："海之旷，吾与共之。设有扬帆浮游，奚知善恶者耶？"④ 而单纯依靠"表文钤印"，并不能有效应对这一局面。在实施勘合制度后，明朝要求"南海诸番国""今后但有进贡及一应客商卖买来者，须于本国开填勘合，内开写进贡方物件数、本国并差来人附搭物件，及客商物货、乘坐海船几只、船上人口数目，逐一于勘合上开写明白"⑤。由此，明朝就可全面准确地掌握"南海诸番国"的入贡情况。从这个意义上说，颁赐勘合可以看作是对"表文钤印"的补强措施。除此之外，实行勘合制度也与对爪哇的政策有关。

"南海"在地缘上可以划分为两部分，即半岛之部（中南半岛）和岛屿之部（马来群岛）。⑥ 当时位于半岛之部的国家有安南、暹罗、占城、真腊，位于岛屿之部的有爪哇、浡泥、三佛齐、苏门答剌等。在颁赐勘合时，尽管说是面向"南海诸番国"，但实际的赐予对象只有暹罗、占城、真腊三国，并未及于岛屿之部。实际上，从13世纪30年代开始，爪哇麻喏巴歇王朝崛起，并

---

① 近藤瓶城编：《续史籍集览》第1册，东京：近藤出版部，1930年，第479页。
② 《明太祖实录》卷76，洪武五年十月甲午条，第1400—1401页；卷88，洪武七年三月癸巳条，第1565页。
③ 张德信、毛佩琦主编：《洪武御制全书》，第390页。
④ 朱元璋：《明太祖御制文集》卷9，第316页。
⑤ 近藤瓶城编：《续史籍集览》第1册，第479—480页。
⑥ 邱炫煜：《明帝国与南海诸蕃国关系的演变》，台北：兰台出版社，1995年，第1页。

逐步掌握了岛屿之部的霸权。① 明朝在诏谕"南海"的过程中，处于爪哇势力范围内的浡泥、三佛齐等国希望依靠明朝权威，摆脱爪哇控制，实现国家自立，这势必会引起爪哇对明朝的不满。洪武十一年（1378），明朝遣使册封三佛齐新王，此举从根本上挑战了爪哇的霸权。爪哇为此不惜与明朝对抗，派兵诛杀了册封使团。以此为标志，明朝经略"南海"暂时受挫，处于爪哇控制下的浡泥等国也不再入明朝贡。② 除去安南外，"南海"地区的入贡国只剩下暹罗、占城、真腊。因此，只向三国颁赐勘合也是形势使然。杀使事件发生后，朱元璋扣押了爪哇使者，但不久便将之释放，并在洪武十四年（1381）十一月接受了爪哇入贡，然而这并不意味着朱元璋打算冰释前嫌。当时拥护北元政权的梁王把匝剌瓦尔密仍然盘踞在云南，由于地理相连，梁王在"南海"地区拥有一定的影响力。③ 考虑到明朝建国前夕爪哇"奉使于元"一事，朱元璋担心爪哇与梁王联合，故而对其所为暂且隐忍。到了洪武十五年（1382）正月，云南平定，朱元璋转而对爪哇强硬，决意采取"绝贡"的方式进行制裁。④ 其实，在朱元璋看来，"虽云修贡，实则慕利"⑤ 在爪哇身上表现得最为明显，这反映出爪哇依靠朝贡贸易获利的积极心态。此时推行勘合制度，就是在与半岛之部三国重新理顺通交关系规则的基础上，在"南海"地区构筑起"勘合通交圈"，将爪哇排除在对明贸易之外，进而将之孤立化、边缘化。

综上所述，在洪武十六年（1383）这一时点，朱元璋采用"赍符赐印"和"颁赐勘合"的方式，依托琉球和半岛之部三国，借助凭信制度及其所带来的贸易权的转移收束态势，分别对"东海"和"南海"的海域秩序进行了整顿。随着符印、勘合的下赐，以明朝为中心的海域信用秩序体系基本形成。

---

① 梁英明：《东南亚史》，北京：人民出版社，2010年，第28页。
② 郑永常：《来自海洋的挑战——明代海贸政策演变研究》，台北：稻乡出版社，2004年，第31—39页。
③ 张奕善：《明帝国南海外交使节考》，《台大历史学报》1976年第3期。
④ 申时行：《大明会典》卷105，《续修四库全书》第791册，上海：上海古籍出版社，1995年，第80页。
⑤ 《明太祖实录》卷134，洪武十三年十月丁丑条，第2125页。

四、结语

洪武十六年（1383），明朝向琉球中山王察度下赐印章，是因应"东海"海域的混乱状态和琉球国内的纷争乱局而采取的策略。除了现实的利益需求，促成赐印的直接契机还是洪武十五年（1382）路谦使琉，其带回的琉球内部"三王并立"的情报，既为明朝深刻介入琉球事务提供了前提，也降低了扶植中山可能带来其乘势坐大、不服明朝管束的潜在风险，使明朝最终下定了赐印的决心。赐印可以视为明朝决意实施优待琉球政策的起点，其与此后的"朝贡不时"、海船下赐、官生培养、"闽人三十六姓"派遣等是一脉相承的，都是形塑、确保琉球中山在"东海"地区贸易优势地位的举措。此外，以往学界在论及明琉关系中的信用制度时，多聚焦于执照和符文两项。[①] 然而，现存执照和符文最早者皆为宣德元年（1426）所作，以至于无法了解洪武、永乐时期的相关情况，而对赐印问题的探讨和解读或可有一定的补充之效。

对琉球来说，如何实现列岛统御，是国家在形成和发展过程中面临的现实课题。一方面，琉球是"依洲岛为国"[②]。岛屿分布极为分散，"即所属诸岛，浮影波末，如晨星错落河汉"[③]。岛屿间距离不等，往来不便，"琉球属岛三十六，水程南北三千里，东西六百里"[④]。彼此之间语言文化相异，"惟姑米、叶壁与中山为近，余皆不相通"[⑤]。所属岛屿基本处在"各有君长而莫

---

① 冈本弘道：《琉球王国海上交涉史研究》，宜野湾：榕树书林，2003年，第108—125页。

② 新井白石：《南岛志》，《丛书集成续编》第245册，台北：新文丰出版公司，1988年，第364页。

③ 夏子阳：《使琉球录》，《使琉球录三种》，台北：大通书局，1988年，第259页。

④ 桂山义树：《琉球事略》，《清代琉球纪录续辑》，台北：大通书局，1988年，第7页。

⑤ 徐葆光：《中山传信录》，《清代琉球纪录集辑》，台北：大通书局，1988年，第52页。

能相一"① 的状态。另一方面，琉球岛屿大多"山谷崎岖，沃野鲜少，厥田沙砾瘠薄，稼穑甚艰"②。"是以五谷虽生，而不见其繁硕也。"③ 为维持生活所需，不得不"过海通诸国，而常来往贸易，以备国用"④。从中可以看到，虽然各岛分立而治，独立化倾向显著，但对开展海外贸易却抱有共同的目标和期待，这一利益契合点的存在，就为实现列岛统御提供了可能。事实上，琉球国家的发展往往与贸易权的转移密切相关。在宋元更替之际，琉球列岛的贸易中心从奄美群岛转移到了冲绳本岛，这在客观上促成了英祖王权的出现和奄美群岛对冲绳本岛的臣属。⑤ 与之相对的，由于庆良间海裂的存在，先岛群岛自外于奄美群岛和冲绳群岛，其海外贸易主要面向"南海"地区的岛屿之部。⑥ 随着海域信用秩序体系的确立，岛屿之部被排除在对明贸易之外，"东海"地区的对明贸易权也被冲绳本岛掌握。在此背景下，为了求得对明贸易机会，先岛群岛的宫古、八重山君长不得不向琉球中山臣属："时乃二岛之人，见琉球行事大之礼，各率管属之岛，称臣纳贡。"⑦ 琉球国家的统治者就深刻认识到了印章所蕴含的对明通交贸易权在统御列岛上的作用，景泰五年（1454），尚泰久在请求明朝重新赐印时便说："今本国臣庶，推臣权国事，乞赐铸换，用镇邦民。"⑧ 从这个意义上说，赐印无疑促成了"罗列众星皆内拱，中山大宅居中央"⑨ 的列岛统御格局，在客观上加速了琉球列岛的一体化进程。

洪武十六年（1383）九月，梁民、路谦归国。同年十二月，山北王怕尼

---

① 新井白石：《南岛志》，第367页。
② 新井白石：《南岛志》，第380页。
③ 陈侃：《使琉球录》，第28页。
④ 蔡温：《中山世谱》卷1，茨城大学附属图书馆藏写本。
⑤ 柳原敏昭：《中世の交通と地域性》，《岩波講座日本歷史》第7卷，東京：岩波書店，2014年，第136—137页。
⑥ 藤田丰八：《中国南海古代交通丛考》，上海：商务印书馆，1936年，第351页。
⑦ 蔡温：《中山世谱》卷3，茨城大学附属图书馆藏写本。
⑧ 《明英宗实录》卷238，景泰五年二月己亥条，第5187页。
⑨ 周煌：《琉球国志略》，《丛书集成初编》第3245册，上海：商务印书馆，1936年，第198页。

芝遣使入贡。次年正月，中山、山南、山北三王同时来贡，"三王并来贡"的局面正式形成。洪武十八年（1385）正月，朱元璋派遣行人蔡英夫出使，补赐山南、山北二王驼钮镀金银印。① 在赋予二王较之中山王对等地位的同时，又将中山垄断的"东海"地区对明贸易权一分为三，以此维持三山均势，确保明朝对琉球的整体掌控。永乐帝即位后，以"广示无外，诸国有输诚来贡者听"② 的姿态，开展全方位外交，并通过优待来使、减免征税、复设市舶司等措施，吸引海外国家入贡。在此背景下，明朝恢复了与朝鲜、日本的朝贡关系，倭寇扰害也渐次收敛，琉球在"东海"地区的贸易垄断地位也随之被打破。

（作者：李健　单位：山东社会科学院历史研究所）

---

① 方宝川、谢必震：《琉球文献史料汇编（明代卷）》，第3—4页。
② 《明太祖实录》卷12上，洪武三十五年九月丁亥条，第205页。

主随客便：论明日勘合贸易演变中的日本因素

综观室町幕府与明朝 150 多年的勘合贸易历程，两国关系相较于前面的往来，在这一时期更为特殊。首先，双方朝贡关系建立的背景就十分特殊。1368 年明朝建立，初登大宝的朱元璋想要恢复传统的东亚华夷秩序。刚刚建立起来的明朝长期受倭寇的骚扰，苦于防御。而此时的日本正处于前所未有的南北朝时代，南朝、北朝和室町幕府之间互相争斗，虽然幕府及其所操控的北朝已经初步建立起优势，南朝在后醍醐天皇死后日渐式微，但双方仍处于对峙状态。这样的时代背景就给双方的交往增添了更多现实利益的色彩。主流观点认为，明朝出于重建华夷秩序以及剿寇需要，主动邀请日本建立勘合贸易关系，主动权在明朝一方。关于勘合贸易建立的背景，国内学界主流观点认为双方关系的建立主动权在明朝一方，比如方安发认为勘合贸易关系建立是明朝为使日本禁止倭寇，将外交手段与华夷秩序思想结合起来而形成的结果，这一过程明朝具有主动权。[①] 陈尚胜认为，15 世纪的东亚封贡体系具有防控倭寇的功能，这一秩序的主导国是明朝。[②] 曹雪认为，明日勘合贸易关系的建立主要受到明朝的主导。以上的观点或多或少承认这一关系建立中的日本因素是存在而且具有一定影响。[③] 朱亚非则认为，明朝在这一过程

[①] 方安发：《明代洪武永乐初年的中日外交关系与两国勘合贸易的建立》，《浙江师范大学学报》1988 年第 1 期。

[②] 陈尚胜：《东亚海域前期倭寇与朝贡体系的防控功能》，《中国边疆史地研究》2017 年第 1 期。

[③] 曹雪：《明初中日关系论述》，《昭通学院学报》2017 年第 1 期。

中牢牢掌握主动权。① 还有一些学者认为，这一过程是双方共同努力的结果。尹牧、纪微认为，这一过程是双方利益交换的结果。② 其次，观察双方的交往过程以及在这一时间段中双方国内的情况，我们更能看到双方国内的政治以及经济状况对双方交往的极大影响。室町幕府自始至终是一个不稳定的政权，国内各方势力互相争斗，当权的将军有的大肆兴建楼堂馆所、有的想要平定国内叛乱，这都需要巨额的资金支持。明朝最初是希望借朝贡贸易来使室町幕府降服，让室町幕府治理倭寇，从而减少从海上来的压力。但是室町幕府日趋衰弱，无力治理倭寇，明朝的倭患愈发严重，从而使明朝对勘合贸易丧失兴趣。关于勘合贸易过程的研究很少，葛小丽对《壬申入明记》这一史料进行详细分析，对其中三十封文书内容进行整理归纳，并把刀价事件、与明人贸易摩擦作为重点进行考察。刘旭阳在整体上从日本这一时期对明朝国书的态度来把握这一时期的双方关系。刘旭阳认为，这一关系以经济因素为主、政治和思想因素为辅。③ 朝贡贸易这个利润巨大的官方活动，使得日本国内的各个势力都想参与其中，取得暴利，从而引发了宁波争贡事件，间接导致勘合贸易的结束。关于宁波争贡事件主要有两种视角，一种是从明朝的角度看，认为争贡之役是明朝对外防备空虚，内部吏治腐败的体现④；另一种是从日本视角观察，童杰认为争贡之役的爆发标志着室町幕府权威的衰落。⑤ 王来特则综合考虑了勘合贸易过程中影响勘合贸易进程的双方因素，他不仅将原因归结为其中一方，而且分不同时期加以考察。他认为在明日关系初期，这一关系的主导权在于明朝，在勘合贸易时期，日本对这一体系更加依赖，且更为主动。⑥

---

① 朱亚非：《明初化解中日关系僵局之对策》，《历史教学》2014年第7期。
② 尹牧、纪微：《室町幕府将军足利义满与日本对明勘合贸易》，《常州大学学报》2016年第2期。
③ 尹牧、纪微：《室町幕府将军足利义满与日本对明勘合贸易》，《常州大学学报》2016年第2期。
④ 程彩霞：《明中叶"争贡之役"透视》，《江苏社会科学》1992年第2期。
⑤ 童杰：《从明日勘和贸易的历史进程看"宁波争贡事件"》，《宁波大学学报》2013年第6期。
⑥ 王来特：《近世中日贸易中的政治问题》，东北师范大学硕士学位论文，2014年。

日本学者则更多注重勘合贸易中作为主使的僧人和随船而来的商人以及双方贸易往来方面的问题，还有勘合贸易与倭寇问题之间关系的研究。较早的有木宫泰彦的《日中文化交流史》，他对整个明日关系从文化、贸易等各个角度进行通史性的介绍。[①] 同样具有通史性质的还有小叶田淳的《中世日支交通貿易史の研究》[②]、田中健夫的《中世対外関係史》[③]，还有2015年由村井章介等主编的《日明関係史研究入門》[④]。田中健夫的《倭寇：海の歴史》，关注影响勘合贸易的倭寇问题，并将勘合贸易与倭寇问题一同考虑。[⑤]

明日双方之间的往来，表面上是朝贡关系，明朝地位高于日本，可实际上双方是一种对等的利益交换关系，甚至有时候日本获得了更多的利益。这样的关系更多受到日本一方国内政局变动的影响。

一、明日勘合贸易关系的建立

明朝建立之初，面临着来自多方的压力，北有蒙古人残部，东部沿海有倭寇袭扰，从辽宁到福建沿海都有倭寇侵扰事件。明朝建立初年这类事件屡屡发生：洪武二年（1369）正月，"是月，倭人入寇山东海滨郡县，掠民男女而去"[⑥]；洪武二年（1369）二月，"山东来奏，倭兵数寇海边，生离人妻子，损伤物命"[⑦]；洪武二年（1369）四月，"先是倭寇出没海岛中，数侵略苏州崇明，杀伤居民财货沿海之地"[⑧]；洪武二年（1369）八月，"乙亥，倭人寇淮安，镇抚吴祐等击败其众于天麻山"[⑨]。倭寇对东部沿海的频繁骚扰，

---

① 木宫泰彦著，胡锡年译：《日中文化交流史》，北京：商务印书馆，1980年。
② 小葉田淳：《中世日支交通貿易史の研究》，東京：刀江書院，1941年。
③ 田中健夫：《中世対外関係史》，東京：東京大學出版會，1975年。
④ 村井章介、橋本雄、伊藤幸司、須田牧子、關周一編：《日明関係史研究入門：アジアのなかの遣明船》，東京：勉誠出版，2015年。
⑤ 田中健夫：《倭寇：海の歴史》，東京：講談社，2012年。
⑥ 《明太祖实录》卷38，台北："中央研究院"历史语言研究所，1962年，第781页。
⑦ 《明太祖实录》卷39，第787页。
⑧ 《明太祖实录》卷41，第824页。
⑨ 《明太祖实录》卷44，第866页。

虽然不能对明朝的统治造成实质性的危害，但是范围太广，从辽宁到浙江、福建沿海都有倭寇活动。为了应对这种情况，朱元璋派汤和巡视沿海，"和乃度地浙西东，并海设卫所城五十有九，选丁壮三万五千人筑之，尽发州县钱及籍罪人赀给役；役夫往往过望，而民不能无扰，浙人颇苦之"①。为了应对倭寇问题，明朝政府需要付出极高的人力和物力成本，使得民众负担增加。

上面所述的是明朝政府所面临的现实性问题，即倭寇问题，这是明朝主动对日交往的一个重要原因。明朝建立之初就向周边国家派遣使者，宣告位于中原的新政权的产生。明洪武二年（1369）二月"辛未，遣吴用、颜宗鲁、杨载等使占城、爪哇、日本等国"②，派遣各国使者携带不同的国书，国书内容因国情不同而不同，并赐大统历以及其他物品。

国书的主要内容是宣告元朝被推翻，新的政权成立，以及安抚各国情绪、祝愿各国国泰民安等内容。比如给爪哇国的国书：

> 中国正统，胡人窃据百有余年，纲常既隳，冠履倒置。朕是以起兵讨之，垂二十年，海内悉定。朕奉天命，已主中国。……俾爪哇之民，安于生理，王亦永保禄位，福及子孙，其勉图之，毋怠。③

但是给日本的国书则措辞极为激烈：

> 赐日本国王玺书曰：上帝好生，恶不仁者，向者我中国自赵宋失驭，北夷入而据之，播胡俗以腥膻中土，华风不竞，凡百有心，孰不兴愤。自辛卯以来，中原扰扰，彼倭来寇山东，不过乘胡元之衰耳。朕本中国之旧家，耻前王之辱，兴师振旅，扫荡胡番，宵衣旰食，垂二十年。自去岁以来，殄绝北夷以主中国，惟四夷未报。间者山东来奏，倭兵数寇海边，生离人妻子，损伤人物命。故修书特报正统之事，兼谕倭兵越海之由。诏书到日，如臣，奉表来庭；不臣，则修兵自固，永安境土，以应天休。如必为寇盗，朕当命舟师扬帆诸岛捕绝其徒，直抵其国

---

① 《明史》卷322，北京：中华书局，1974年，第3574页。
② 《明太祖实录》卷39，第785页。
③ 《明太祖实录》卷39，第786页。

缚其王，岂不代天伐不仁哉，惟王图之。①

从中能够看出当时明朝认为倭寇是日本的军队，明朝的国书大加斥责倭寇的行为，并威胁日本当局"如臣，奉表来庭；不臣，则修兵自固，永安境土，以应天休；如必为寇盗，朕当命舟师扬帆诸岛捕绝其徒，直抵其国缚其王，岂不代天伐不仁哉"②。但是此国书招致九州主政者怀良亲王的反感，造成此次造访失败。次年，明朝又向日本派遣使者，主使是元朝使者赵子昂之孙、山东莱州府同知赵秩。此次又带来了内容相似的国书，怀良亲王对明朝这种威胁的态度不以为然且感到怀疑："吾国虽处扶桑东，未尝不慕中国，惟蒙古与我等夷，乃欲臣妾我；我先王不服，乃使其臣赵姓者讹我以好语，语未既，水军十余万列海岸矣；以天之灵，雷霆波涛，一时全军尽覆；今新天子帝中夏，天使亦赵姓，岂蒙古裔耶；亦将讹我以好语而袭我也。"③ 主使赵秩从容应对："我大明天子神圣文武，非蒙古比，我亦非蒙古使者后。能兵，兵我。"④ 成功化解了怀良亲王心中的疑问，怀良亲王一改上一次的粗暴行为，善待赵秩一行，并于洪武四年（1371）派遣僧人祖来等九人到明朝朝贡，送还被倭寇掳来的中国人七十余人。

日本对外接触基本在北九州地区，此时的九州地区有两股势力在争斗，一方是受到肥后的菊池、阿苏两家支持的怀良亲王，另一方是幕府势力的九州探题今川了俊。起初，九州地区是足利尊氏的势力范围。建武三年（1336），足利尊氏离开九州东部，一色范氏担任镇西管领。之后，九州各国的守护，特别是少贰、大友、岛津氏等即显示出强烈的分权和自立倾向。同年，怀良亲王前往九州就任征西大将军，受到菊池和阿苏两家的支持，还与熊野、濑户内海地区的海盗保持密切接触，形成了压倒幕府的势力。明朝前三次派遣使者前往日本的时间分别是洪武元年（1368）、二年（1369）、三年（1370），均是怀良亲王立足九州时期，势力很大。日本自弘安文永之役后对中国势力极为恐惧和提防，所以怀良亲王才如此对待明朝使者。明朝使者数

---

① 《明太祖实录》卷39，第787页。
② 《明太祖实录》卷39，第787页。
③ 《明史》卷322，第8342页。
④ 《明史》卷322，第8342页。

次来访，并在第三次来访时送还明朝擒获的日本海盗、僧侣等十五人，同时，使者赵秩的合理回复获得了怀良亲王的信任，让怀良亲王了解到明朝的状况。

结合当时的具体环境，应安三年（1370），也就是在第三次明朝使者访日的同年，代表幕府势力的今川了俊来到九州，恩威并施，打压怀良亲王的势力。所以怀良亲王与明朝建立关系，欲把明朝作为自己的后盾。怀良亲王派遣僧人祖来出使明朝，祖来一行于洪武四年（1371）十月到达金陵，"遣其僧祖来奉表称臣，贡马及方物，且送还明、台二郡被掠人口七十余，以四年十月至京"①。明朝又派使者无逸克勤和仲猷祖阐陪同日使回国。在这次出使之前，朱元璋召见了当时住在金陵天界寺的日本留学僧椿庭海寿。朱元璋得知日本国情之后，便派遣无逸克勤和仲猷祖阐出使日本，同时命其前往京都会见持明天皇，传达朱元璋的意思。《善邻国宝记》中记载了朱元璋的目的：

> 朕三遣使于日本者，意在见其持明天皇。今关西之来，非朕本意，以其关禁，非僧不通，故欲命汝二人密以朕意往告之，曰："中国更主，建号大明，改元洪武，卿以诏来，故悉阻于关西，今密以我二人告王之。大国之民，数寇我疆土，王宜禁之，商贾不通，王宜通之，与之循唐宋故事修好如初。"②

洪武六年（1373），明使一行出发，五月抵达博多。此时九州的形势已经发生了变化，怀良亲王被今川了俊逐出征西府，前往九州南部的菊池氏的领地。所以明使此行到达博多后并没有被征西府阻挡，于六月二十九日到达京都，逗留了两个月，这次前往京都被有些学者视为明朝与室町幕府交往的开端。③ 后明使返回征西府，赠送怀良亲王大统历及文绮纱罗。怀良亲王拘留二僧数月，洪武七年将其放回金陵。

---

① 《明史》卷322，第8342页。

② 瑞溪周凤：《善邻国宝记》，《丛书集成续编》第217册，台北：新文丰出版公司，1988年，第294页。

③ 木宫泰彦在其《日中文化交流史》中认为此次是足利幕府和明朝交往的开始。但是木宫泰彦在后面总结处又认为应永八年（1401）足利义满派遣祖阿出使明朝时，也没有显示出以前曾与明朝有过交往的任何迹象。

之后又有十余次以怀良亲王名义来使的使者，还有一些冒名顶替者。1381年，怀良亲王派遣使者如瑶来明，如瑶没有携带表文，被拒绝入境。后来明朝发生了胡惟庸事件，日本被列入不征之国。

明日勘合贸易关系建立于建文帝时期，当时日本的实际统治者为足利义满。此次是由室町幕府先与明朝进行接触，建立起封贡关系。之前与明没有什么联系的室町幕府与中国建立起联系有多种原因。室町幕府到足利义满时期已经经历了三代将军，相比于它前代的镰仓幕府和后代的德川幕府建立时的威望，室町幕府则要弱很多。首先是建立者的地位，足利尊氏并没有像源赖朝那样高贵的出身，也没有德川家康那样的武功，足利尊氏虽然是反对后醍醐天皇的领袖，然而他跟众多反对后醍醐天皇的大名一样，只是御家人身份，并不能建立起绝对的权威，这就导致室町幕府从一开始就是众多大名的联合体，幕府权威有限，其权力由各个有实力的大名把持着，权力分化，地方也由各个守护以及守护代控制，经常发生内乱。几乎每一代将军都要面临着各个实力强劲的大名的挑战，不仅有幕府与镰仓府的矛盾，还有各个守护围绕着幕府摄政的争斗。

从外部看，日本南朝、北朝朝廷与室町幕府之间的关系也极为复杂。南朝与室町幕府之间是一种对抗关系，虽然南朝实力要弱于室町幕府，但是室町幕府解决南朝问题用了几十年时间，直到足利义满时期才通过和谈来解决这一问题。室町幕府与北朝朝廷之间的关系比较好，北朝就是由室町幕府直接支持的。但是观察室町幕府前代的镰仓幕府以及后代的德川幕府，武家政权都要把公家架空，由武家来掌握一切权力，公家只起象征性作用，而且经济实力弱小。但是此时的北朝朝廷却不是这样，在经济上，北朝掌握着统辖寺社和公家的权力，公家和寺社的领地需通过院宣"充行"（分配）和"安堵"（确认），京都的市场支配权亦为北朝操控，繁荣的商业产生"座役"等商业税，为北朝提供了雄厚的商业基础。在政治上，公家和寺社的领地受到朝廷的控制。公家作为威望高于武家的势力，是室町幕府坐大的障碍，是其潜在的对手。

总的来看，室町幕府是一个极不稳定的政权，内外矛盾严重，这样的状况影响了它的对外政策，使其对外方针更多的是从现实状况出发。足利义满派出使者前往明朝之时，幕府刚刚完成南北统一以及对北朝政权的控制，正要大兴土木，建立起幕府的权威，加强集权，但是完成这些都需要巨大的财力支持，幕府苦于财力不济，于是筑紫商人肥富向足利义满建议与明朝进行交往，建立起封贡关系。虽然交往的原因不见于直接记载，但是足利义持与明朝断交时的说辞从侧面证明了这一点：

> 征夷大将军某告元容西堂：今有大明国使臣来说两国往来之利，然而有大不可为者。本国开辟以来，百皆听神。神所不许，虽云细事，而不敢自施行也。顷年，我先君惑于左右，不详肥官口辩之愆，猥通外国船信之问。自后神人不和，雨阳失序，先君寻亦殂落，其易簀之际，以册书誓诸神，永绝外国之通。①

应永八年（1401），足利义满派遣肥富和祖阿出使明朝，带去国书。此次出使，使团得到了明朝的盛情接待。1402年，明朝派遣僧人道彝天伦和一庵一如出使日本，送回日本使者，带去国书，并赐予足利义满大统历、锦绮二十匹等物品。② 次年，足利义满再次遣使前往明朝，并送上贡品，带去国书。关于此次的国书有诸多说法，其中一种是，据木宫泰彦的说法，此次足利义满向明朝使者了解了明朝发生内乱的情况，准备了两封国书，以备不测；另一种说法认为给朱棣的国书是日本使者坚中圭密上岸后随机应变所写，《善邻国宝记》中引用了此次日本使者坚中圭密弟子的说法：

> 人曰我师三通使命于大明，其表皆我师所作也，予谓此说必然，坚中壮年游大明，能通方言，归朝后屡通使命，如其应永年总，随天伦一庵行则谢建文来使之意也。然及至彼国，永乐帝新即位，天伦一庵为前帝使，才入国耳，不得反命。于是坚中号贺新王之使，仍通此表也。③

无论如何，此次的出使令刚刚成为皇帝的朱棣十分高兴，在给日本的国书中提道："咨尔日本国王源道义，知天之道，达礼之义；朕登大宝即来朝贡，归响之速，有足褒嘉。"④ 随后明朝赐足利义满"日本国王之印"以及一百道勘合符，双方勘合贸易自此开始。

---

① 瑞溪周凤：《善邻国宝记》，《丛书集成续编》第217册，第295页。
② 瑞溪周凤：《善邻国宝记》，《丛书集成续编》第217册，第295页。
③ 瑞溪周凤：《善邻国宝记》，《丛书集成续编》第217册，第295页。
④ 瑞溪周凤：《善邻国宝记》，《丛书集成续编》第217册，第296页。

二、明日勘合贸易开展的曲折过程

明日之间勘合贸易的主要形式是日本每十年一朝贡，载方物前往明朝，方物多为硫磺、刀剑以及折扇。明朝回赐以铜钱、书籍以及绸缎布匹。这种回赐是不计代价的，回赐物的价值往往是贡品价值的十几倍。同时在朝贡人员中又有一些民间商人，这些商人携带日本特产，比如日本刀剑、折扇等等，利润极大。这样的朝贡贸易给幕府带来了丰厚的财政收入。朝贡贸易还给幕府带来了政治上的利益。应永九年（1402），明惠帝派遣使者陪同日本使者一同回国，一行人于该年八月到达兵库港，足利义满亲自前往接待并参观了明朝船舶。明朝浩大的船队、迎接明朝使者庞大的队伍，为足利义满提供了极大的政治资本，这样的仪式此后举办了多次，大大提升了幕府的威望。这样的交易，日本付出的代价仅仅是一些方物以及不时抓捕一些倭寇。

1408 年足利义满去世，1411 年，其子足利义持拒绝了明朝使者王进进入京都的请求，这标志着明日勘合贸易关系的中断。1428 年足利义持去世，其子足利义教上台后才恢复明日间的勘合贸易。足利义持与其父足利义满关系紧张，因足利义满曾想废义持而立义嗣为继承人，但是足利义满突然去世，此事未能实现。足利义持在元老斯波义将等人支持下掌握了幕府的实权，成为新的统治者。

足利义持上台后一改其父的政策，对外政策全面走向保守。原因有很多，第一，足利义满的积极对外政策在提高幕府威望的同时，也遭到国内许多保守派的批评，以下是《善邻国宝记》中瑞希周凤为足利义满辩护国书中的"日本国王臣源道义"一词的说辞：

> 彼国以吾国将相为王，盖推尊之义，不必厌之。今表中自称王，则此用彼国之封也，无乃不可乎。又用臣字非也，不得已则日本国之下如常当官位，其下氏与讳之间，书朝臣二字可乎。盖此方公卿恒例，则臣字属于吾皇而已，可以避臣于外国之嫌也。[①]

[①] 瑞溪周凤：《善邻国宝记》，《丛书集成续编》第 217 册，第 295 页。

从这套说辞可以推断出当时足利义持对明朝的不满态度。足利义持为了稳固其统治，必须拉拢实力强大的保守派，为了取得保守派的信任，他就必须改变父亲在位时令保守派不满的做法，这样他才能坐稳这一位置。第二，足利义持的上位是地方大名强力支持的结果，因此在他上位后难以建立起像其父那样的强力统治，只能将权力分配给下面强力的大名。这样使得足利义持时期的政治制度具有强烈的寡头色彩，这种制度是以将军为中心，由将军、管领、宿老协商制定重要政治决策。第三，日本神国论的观念也是原因之一。在足利义教恢复勘合贸易之时，其顾问满济为之前向明朝称臣的行为进行辩护，认为之前足利义满署名"日本国王"之义并非向明朝称臣，而是因为"将军执政乃是霸王当权，称王也无大碍"①。并且在其后的日记中也强调了"日本为神国"这一点。② 第四，最主要的原因在于，足利义满时期与明朝的勘合贸易关系最大的受益者是幕府，但是勘合贸易的代价是抓捕沿海的海盗和走私商贩，这些被打击的人群的收益往往是地方势力的一个收入来源，所以依靠强势地方势力上位的足利义持就需要和地方妥协，断绝明日之间的官方往来。

足利义持保守的外交政策随着他的去世一起结束了。1428 年，第五代将军足利义教继位，足利义教起初想要通过朝鲜来恢复与明朝的关系，但被朝鲜拒绝。1432 年，足利义教派遣龙室道渊出使明朝，1433 年，龙室道渊一行到达北京，向明宣宗递交了国书。国书中署名"日本国臣源义教"，并采用明朝年号"宣德"。可见足利义教十分想要与明朝恢复封贡关系，遂采取如此低的姿态。足利义教急于与明朝恢复关系的主要原因是他的健康状况不佳，想要借恢复封贡关系强化其将军的权威。

自此，明日之间的勘合贸易又恢复了，直到 1548 年断绝，第二期勘合

---

① 塙保己一原编，太田藤四郎补编：《满济准后日记（下）》，永享六年六月十五日条，第 587—588 页。

② 塙保己一原编，太田藤四郎补编：《满济准后日记（下）》，永享六年八月二十三日条，第 603—604 页。

贸易①持续了116年。这一时期的勘合贸易与足利义满时期不同，明朝对日进行勘合贸易根本目的是希望日本打击倭寇活动，但是足利义满之后的幕府日渐衰落，对打击倭寇活动一事并不积极，而且也无力打击倭寇。到15世纪中期，随着倭寇活动越来越猖獗，明朝对与日本交往的兴趣就越来越淡。

1453年10月，日本第十一次遣明使东洋允澎到达明朝，此次日本使者进京途中发生了不法行为："平江侯陈豫奏，日本使臣至临清，掠夺居人，及令指挥往诘，又殴之几死。"② 于是就对日本使者进行了惩罚，"甲寅，日本国王遣使臣允澎及都总通事赵文端等来朝贡马及方物，赐宴，并彩币表里等物有差"③，"而倭人贪利，贡物外所携私物增十倍，例当给直；礼官言：'宣德间所贡硫黄、苏木、刀扇、漆器之属，估时直给钱钞，或折支布帛，为数无多，然已大获利；今若仍旧制，当给钱二十一万七千，银价如之；宜大减其直，给银三万四千七百有奇。'从之；使臣不悦，请如旧制。诏增钱万，犹以为少，求增赐物；诏增布帛千五百，终怏怏去"④。日本朝贡使团在进京途中经常为非作歹，再加上日本打击倭寇的力度减弱，倭寇侵扰活动越来越多，使得明朝对日本朝贡使者进行限缩，再次规定"人毋过三百，舟毋过三艘"⑤。但是日本并未执行，明朝也并未追究。

应仁元年（1467），日本爆发了应仁之乱，其陷入全面混战的局面，幕府权威不在。1468年幕府派出了遣明船，应仁之乱爆发后，濑户内海已经被大内氏掌握，遣明船中有3艘大内氏的船，可以直接通过濑户内海，而幕府和细川氏的船只能绕道而行。与此同时，我们也可以看出，随着幕府势力衰落，勘合船队组成出现了新的变化。下表是足利义政时期首次遣明船的组成与足利义满时期勘合船的构成对比：

---

① 此为木官泰彦的观点
② 《明英宗实录》卷235，台北："中央研究院"历史语言研究所，1962年，第5101页。
③ 《明英宗实录》卷235，第5121页。
④ 《明史》卷322，第8347页。
⑤ 《明史》卷322，第8347页。

表1　勘合船队构成表[①]

将　军	使　者	勘合船
足利义政	东洋允澎 如三芳贞 贞羌 清海 妙增 九渊龙深 志林伸 允邵 光幢 天与清启 文明东曦 兰隐馨 肃元寿严 咲云瑞诉 东林如春 南叟龙朔	一号船　天龙寺 二号船　伊势法乐社 三号船　天龙寺 四号船　九州探题 五号船　岛津氏 六号船　大友氏 七号船　大内氏 八号船　大和多武峰 九号船　天龙寺 十号船　伊势法乐社
足利义满	坚中圭密	幕府出资

通过对比我们可以看到，勘合船的构成变得多元化，勘合船受到各个地方势力的控制，行动分散，造成在进京途中的一些治安事件。地方力量的强大同样也影响了勘合船队的组织，比如第14、15批遣明船由堺的商人垄断，第16、17批遣明船由细川氏和大内氏进行争夺控制权。

细川氏控制着商业城市堺，而大内氏控制着九州北部和本州西南部以及濑户内海，双方都看到勘合贸易的高额利润以及大内氏等一些大名对中国文化的喜爱，围绕着勘合船的控制权进行争夺，最终导致争贡之役的爆发，直接导致明朝关闭宁波市舶司。但是这并不代表明朝主动结束这样一段关系，实际上，明朝为了维持天朝上国的颜面，不得不继续维持这样的一个不平等的关系。

进入16世纪中后期，日本战国进入白热化阶段，旧有的大名势力洗牌，

---

① 木宫泰彦：《日中文化交流史》，第536页。

比如西国霸主大内氏就因内部矛盾而灭亡，细川氏也是如此，东部的关东管领也成为名义上统治关东地区的统治者，实际上关东地区已经崛起了多个势力。其后虽然也有大友氏、大内氏分支等势力向明朝派遣朝贡船队，但是由于这些势力既无勘合也无金印，加上明朝此时已经对日本的朝贡不再感兴趣，所以拒绝了这些船队。[1]

三、明日勘合贸易的终结

勘合贸易的结束应该从明日双方关系来看。从日本角度来看：第一，幕府早已经失去了权威地位，也失去了经济实力，无力再派遣勘合船只，只能将派遣勘合船的资格兜售出去；第二，随着大内氏、山名氏、细川氏等实力较强、领地很大的大名衰落后，日本西部分裂成诸多小势力，这些势力中任何一个都没有财力去派遣这样的船只；第三，最根本的原因就是此时的日本已经有新的外来势力影响，即葡萄牙商人，与葡萄牙商人进行贸易更为有利，而且葡萄牙人提供的先进武器（比如火枪和大炮）有助于大名提升自己的军事实力，与明朝的勘合贸易就显得不那么吸引人了。

从明朝的角度来看：第一，与日本进行这样的交易，其根本目的是希望日本打击倭寇活动，减轻明朝东部沿海的海防压力。但是随着幕府的衰落，幕府无力打击也无意打击倭寇活动，倭寇活动在明朝东部沿海越来越猖獗，明朝对这样的贸易就兴趣不大了；第二，明朝在隆庆年间开放海禁，史称隆庆开关，使得倭寇活动减少，明朝也就没有必要再进行勘合贸易活动了。

结　语

明日之间的勘合贸易从1404年持续到1548年，近150年。双方关系建立、中断、再建立，这一段关系受到东亚倭寇活动形势的变化以及两国内部局势的变化影响，尤其是日本国内局势的变化，影响了勘合贸易的发展，日

---

[1] 鹿毛敏夫：《最末期の遣明船》，載村井章介、橋本雄、伊藤幸司、須田牧子、關周一編：《日明關係史研究入門：アジアのなかの遣明船》，第105—110頁。

本国内乱局导致倭寇猖獗，也导致明朝要对倭寇活动做多种形式的应对。日本国内乱局结束，建立起强有力的幕府，使得双方关系稳定发展。日本内乱再起，使得明日勘合贸易关系走向终结。而这种勘合关系，是明日双方进行利益交换的结果，没有了可交换的利益，这样一段关系自然就不复存在了。

（作者：周　越　单位：兰州大学历史文化学院）

十六世纪朝鲜对瘟疫的认识与应对

自古以来,"瘟疫"犹如鬼魅,无形可怖,一直伴随着人类。"瘟疫"古书中又称"疠疫",顾名思义就是恶性的传染病。纵使各个民族对瘟疫的认知是不尽相同的,但"恶性传染"是其共性。近些年来,史学界对"生命史学"体系较为关注,关注生命,关注具象生命的痛苦。日常生活的语境中去关注不同时空中人们的健康与生命,入情入理地去梳理和思考健康文化和生命状态的变迁。[①] 16 至 17 世纪一百年间,朝鲜王朝有近 50 年都在疠疫的侵染之下。瘟疫作为一种对社会造成重要影响的灾害,必然会引发朝鲜社会对于瘟疫的认识和应对。本文拟以《朝鲜王朝实录》为主、同时以同时期《韩国历代文集丛书》中时人的日记以及各类《避瘟方》为辅,梳理 16 世纪朝鲜瘟疫发生情况,以及其对瘟疫的认知,探究其在抗疫中探索疫病机理、传播方式以及防疫等方面的理论贡献和实践得失。

一、瘟疫概况

16 世纪朝鲜瘟疫情况严峻,根据史料中记载,平均两年就会发生一次瘟疫。瘟疫在史料中又称"疠疫""大疫""疫病""疫疾""时病"等。在 16 世纪一百年间,《朝鲜王朝实录》中有明确记载的瘟疫共有 40 年次,且瘟疫连年发生现象比较突出,40 个年次中有 19 次连年瘟疫。其中中宗十九年(1524)至二十三年(1528)、中宗三十七年(1542)、明宗元年(1546)至三年(1548)、宣祖十年(1577)这几次情况最为严峻,至于半境以上感染瘟疫。

[①] 余新忠:《新史学:医疗史的新探索》,北京:中华书局,2018 年,第 15 页。

东亚历史与学术思想论集

16世纪初,世界进入"小荒期",干旱、虫病灾害、冷害等自然灾害频频发生,随之而来的就是瘟疫的暴发。① 中宗十九年(1524)七月,平安道境内瘟疫暴发,"龙川郡人以疠疫,死者六百余人。义州、铁山等邑亦有此病"②。中宗二十年(1525)九月,平安道观察使上启曰:"疠疫尚未寝息。"③ 中宗二十一年(1526)正月,忠清道观察使尹仁镜上启曰:"道内以瘟疫物故四百六十余人。"④ 二月,庆尚道安东人金泛灵在日记中记载其友因疫离去,"正兄之丧,痛怛不能堪之丧,痛怛不能堪……而终未免没身于染疠"⑤。同年三月,咸镜道、京畿、全罗道又报瘟疫炽盛,此时除江原道以外,朝鲜其余各道均暴发瘟疫。中宗二十二年(1527)五月时,庆尚道"巨济、延日、长鬐、咸阳、蔚山、晋州疠疫"⑥;忠清道"怀仁、延丰、文义、怀德疠疫"⑦,意味着这两地瘟疫还在持续。中宗二十三年(1528)正月,"咸镜道疠疫大炽"⑧,直至四月史料中才逐渐没有了记录,至此中宗时期第一次几近波及全境的瘟疫才渐渐停息。中宗三十七年(1542)二月,咸镜道"瘟疫炽发,男女老少物故者,二百余人"⑨;江原道"疠疫炽发,人多物故"⑩。三月,庆尚道观察使又启:"疠疫尤甚。"⑪ 七月,全罗道境内罗州、灵岩、康津等地"疠疫炽发"⑫。上述三地土地相壤,瘟疫又一次侵染朝鲜东境,与此前不同的是,这一次的瘟疫不仅有人因疫而亡,六畜也多有病亡,

---

① 权福圭:《朝鲜前期의 역병 유행에 관하여》,《韩国史论》2000年第43期。
② 《朝鲜中宗实录》卷51,中宗十九年七月八日条,汉城:韩国国史编纂委员会影印编缩版,1970年,第319页。
③ 《朝鲜中宗实录》卷55,中宗二十年九月九日条,第451页。
④ 《朝鲜中宗实录》卷56,中宗二十一年二月一日条,第496页。
⑤ 金泛灵:《溪岩日录》卷3,《韩国历代文集丛书》卷40,首尔:韩国景仁文化社,1999年,第400页。
⑥ 《朝鲜中宗实录》卷59,中宗二十二年五月六日条,第572页。
⑦ 《朝鲜中宗实录》卷59,中宗二十二年五月四日条,第572页。
⑧ 《朝鲜中宗实录》卷60,中宗二十三年一月十六日条,第615页。
⑨ 《朝鲜中宗实录》卷97,中宗三十七年二月十九日条,第556页。
⑩ 《朝鲜中宗实录》卷97,中宗三十七年二月二十三日条,第557页。
⑪ 《朝鲜中宗实录》卷97,中宗三十七年三月七日条,第559页。
⑫ 《朝鲜中宗实录》卷98,中宗三十七年七月一日条,第597页。

是如中宗三十六年（1541），史料中记载："且今疬疫之发，不徒平安一道，而畿甸之六畜，又多病毙，非小灾也。"①

16世纪中期，明宗元年至三年（1546—1548），瘟疫又一次在朝鲜全境暴发。明宗元年（1546）一月，咸镜道"疬疫又炽"②，同年四月，京畿、庆尚道"疬疫炽发，死者甚多"③。六月，全罗道境内任实"疬疫炽发，死者甚多"④。七月，又有住在京畿之中，作为司谏院政司的李文楗在日记中写道："友吕权之女十九疫死。"⑤说明京畿有疫。明宗二年（1547）正月，忠清道内青山、永春"疬疫炽发，人民多死"⑥，江原道内春川"疬疫大炽，死者甚多"⑦；三月，平安道、黄海道等地"疬疫炽发"⑧。明宗三年（1548），上述地点的史料中关于瘟疫的记载繁多，在此不再一一赘述，直至来年瘟疫才渐渐息止。

16世纪末期，宣祖十年（1577）正月，忠清道内天安"疬疫炽发，死者极多"⑨；三月，平安道、黄海道"疬疫炽发，灾变惨酷"⑩。瘟疫又波及朝鲜整个西境，同年八月才渐止。

随着瘟疫一次又一次肆虐朝鲜全境，朝鲜政府和人民对瘟疫的认识不断加强，应对手段也随着认识的不断提高而改变。

二、非理性瘟疫的认识与应对

受当时社会发展水平的局限，以及各种医学知识的匮乏，人们对瘟疫的

---

① 《朝鲜中宗实录》卷94，中宗三十六年三月十二日条，第446页。
② 《朝鲜明宗实录》卷3，明祖元年四月八日条，第407页。
③ 《朝鲜明宗实录》卷3，明祖元年四月二十三日条，第412页。
④ 《朝鲜明宗实录》卷3，明祖元年六月十七日条，第425页。
⑤ 李文楗：《默斋日记》卷2，《韩国历代文集丛刊》卷41，第242页。
⑥ 《朝鲜明宗实录》卷5，明祖二年正月七日条，第475页。
⑦ 《朝鲜明宗实录》卷5，明祖二年正月二十八日条，第479页。
⑧ 《朝鲜明宗实录》卷5，明祖二年三月四日条，第488页。
⑨ 《朝鲜宣祖实录》卷11，宣祖十年正月十九日条，第344页。
⑩ 《朝鲜宣祖实录》卷11，宣祖十年三月四日条，第344页。

认知水平有限。当时的朝鲜社会基本将瘟疫暴发的原因,归结于一些非自然的因素,由此引发一系列如今看来并不合理的应对手段。

瘟疫形成的原因,朝鲜有"戾气致疫"之说。中宗时期平安道大疫,当中宗问及平安道疫情时,朝臣们上启:"然皆是戾气所致,而多由于刑狱间冤枉之事。"①认为瘟疫是由于冤狱错案,冤死之人太多,而戾气丛生,从而生疫。而后宣祖二十七年(1594)朝中谈及瘟疫发生的原因时,也有较为相似的记载:"都城之中,死于兵戈、饥饿者,不知其数,冤气薰蒸,发为疠疫,近日闾阎之间,因此死亡者尤多。"②

中宗十九年(1524),平安道疠疫大兴,平安道地理位置特殊,与中国接壤,是朝鲜的西鄙国门,边境之地时常有战事发生。时人也认识到"疠疫常作于大兵之后"③"军旅之后,必有伤年"④,意思是说瘟疫时常发生在战争之后,战争也是引发瘟疫的重要因素。现如今看来这是没有问题的,战争伴随着大量伤亡感染,同时也意味着病原体的堆积和传播。但是当时的人们并没有这种意识,而是将这一问题归结于"盖其愁怨死亡,积愤戾之气,薰染于人,颠连骈死,理实有此"⑤。

当时认为,冤狱错案、战乱、饥荒等导致民之冤死,发为戾气。虽然这不被现代医学认可,但侧面反映出古人已认识到死亡人数过多,会导致瘟疫的发生,这在今天也是有道理的,因为尸体是病原体的温床,尸体数量多会导致大量病菌的堆积,空气又是病原体的传播载体,遂导致疾病的传播。

除了认为瘟疫是戾气所致,还有将某些与瘟疫没有直接关系的自然现象视作瘟疫发生的原因,比如某些星宿的非正常运转、白气的出现等。朝鲜中宗时有载:"然平安道疠疫人死者甚多,且自去月以后,太白已时屡见于午地。"⑥中宗三十七年(1542)正月记载:"伏见近者穷冬之雷,有同盛夏,天示谴也。地道当宁静,而京外再震,地示异也。星辰失常,而太白昼见,

---

① 《朝鲜中宗实录》卷53,中宗二十年二月五日条,第374页。
② 《朝鲜宣祖实录》卷50,宣祖二十年四月十七日条,第255页。
③ 《朝鲜中宗实录》卷52,中宗二十年正月二十七日条,第372页。
④ 《朝鲜中宗实录》卷56,中宗二十一年二月二十三日条,第500页。
⑤ 《朝鲜中宗实录》卷53,中宗二十年三月二日条,第385页。
⑥ 《朝鲜中宗实录》卷51,中宗十九年八月八日条,第328页。

日变见于西鄙。白气横天，兵象著也。岁遭凶荒，而八道皆然，疠疫炽于南方，村落空虚，民失所也。"① 当时，人们认为这种奇怪的天象是上天给予人的警示，究其根本，是因当时认识的落后，将天象视为瘟疫病原的一种具体、可以观察的解释。

时人认为瘟疫一部分是疠气所致，另一部分是上天的警示。为了告慰亡灵、回应上天，古人一般采取祭祀的方式。祭祀的一般流程，基本是在发生瘟疫之地与都城设庙，准备精美的祭物，再由君主亲自撰以祭文。如中宗二十年（1525），平安道瘟疫势如破竹，中宗撰以祭文："天地以生生为德，而必命君人者，代理辅相之，而其祸福培覆之机，在人而不在天地。鬼神，本乎二气，而横夭乘郁之气，或生其间，而成憾则为怪、为异、为疾疠，降患于人，而其吉凶生杀之源，亦由人而不由鬼神，然则鬼神实二气也……予惟，鬼神有知，可以理晓，精心血诚，岂无感通？肆遣内臣，备藏祭物，务于洁蠲，择净地为两坛，分祭致告，用祈齐民之命。惟尔鬼神，庶右享之，倏霁乖憾之气，以归生生之本德。"②

宣祖二十七年（1594）四月，京畿暴发瘟疫，也有关于祭祀的记载："令礼曹，于城外筑坛数处，设为厉祭，以慰冤死之鬼，以散滞郁之气，似为便当。"③

用祭祀的方式既是告慰冤死之人，让那些因战乱、灾荒、瘟疫而失去性命的灵魂得以安息，消除疠气，让疫情得以缓解，也是回应上天警示，祈求上苍的庇佑。同时君王自己也会修省自己，比如减衣缩食、停止修缮宫殿、"责躬正事，用答天谴，转灾为祥"④。另外，民间也会举行一些送疫神的仪式，明宗十五年（1560）七月，李文楗在《默斋日记》中记载："召巫女秋月，祀送疫神。"⑤ 值得提及的是，我国古代有一种驱逐疫鬼的传统祭祀仪式称之为"傩"，朝鲜历史上为避病驱疫，也会举行这种仪式，史料中称之为"傩礼"。中宗时期平均每一年会举行至少一次"傩礼"，而至于明祖、宣祖时期也有举行，只不过不如中宗时期这么频繁。"傩礼"一般在冬季举行，如明

---

① 《朝鲜中宗实录》卷97，中宗三十七年正月十八日条，第548页。
② 《朝鲜中宗实录》卷52，中宗十九年十二月十一日条，第362页。
③ 《朝鲜宣祖实录》卷50，宣祖二十七年四月十七日条，第255页。
④ 《朝鲜中宗实录》卷51，中宗十九年八月十四日条，第330页。
⑤ 李文楗：《默斋日记》卷9，《韩国历代文集丛书》卷41，第447页。

祖元年（1546）礼曹上启："祔大庙，在来年正月。祔庙及禫祭、正朝三件方物，皆在一旬之内。过冬至亦不久，近于烦数。成庙祔庙时，有山台、结彩歌谣、傩礼等事。"① 这种大型驱瘟仪式，其实反映了人类抗击病魔的主观能动性。②

三、理性认识与应对

除了上述在各种神秘色彩下的非理性的认识与应对，智慧的朝鲜人民也有一些对瘟疫的客观认识，也是在这一前提下，多了一些基本理性的应对方法。

首先，当时的朝鲜人已认识到瘟疫具有传染性，所谓"观今宜鉴古，无古不成今"，纵观史料，第一次提及中宗十九年平安道瘟疫之时，便不难发现他们已经认识到瘟疫是具有传染性的。史料中提及瘟疫之时，多有"恐有传染之患"的字样。中宗二十年（1525），"平安道疠疫不息，其处守令、金使、万户，畏其传染，皆欲弃官出来，而不能者，恐朝廷别治其罪也"③。当时官员已经认识到瘟疫具有很强的传染性，不愿意承担责任。"邻里亲戚，尚畏传染，不肯抚恤"④，或有邻居亲属认识到瘟疫具有传染性而不肯探望救抚病人。中宗二十一年（1526），当提及疫病之时"以此病传染，至于二十余家，一家死者或三、或四，其为疠疫明矣"⑤。二十户在当时，是一个小村落的基本构成，可见当时瘟疫具有极强的传染性，且病死率相当高。

其次，从瘟疫流行季节上看，尽管16世纪的朝鲜一年四季都有暴发瘟疫的可能，但有明确记载的瘟疫还是多发于春夏秋三季，朝鲜君臣对气候变化会引发瘟疫已经有所认识。中宗十九年（1524）平安道境内的龙川、铁山、义州等地瘟疫严重，朝鲜领事南衮率先提出气温炎热的南方是瘟疫的高

---

① 《朝鲜明宗实录》卷3，明宗元年六月一日条，第422页。
② 唐元：《先秦时期文献记载的瘟疫认知与管理应对举措》，《防灾科技学院学报》2021年第2期，第98页。
③ 《朝鲜中宗实录》卷55，中宗二十年八月十四日条，第444页。
④ 《朝鲜中宗实录》卷53，中宗二十年二月五日条，第375页。
⑤ 《朝鲜中宗实录》卷56，中宗二十一年二月六日条，第496页。

发地区,"南方则风气炎热,故或有是疾,西北方则土地高寒,不闻有此病也,今亦如是,尤可惊也"①。同时,还发现"大凡疠疫,春夏则炽盛,秋冬则必寝息也"②"春日向暖,疠疫必炽"③,春夏两季是瘟疫高发季节。其实不论是南方地区还是春夏季节,无法绕开的核心要素就是温度因素。温度升高,万物随之复苏,瘟疫随之而来,这是有一定科学依据的。万物复苏之时一些传播病原体的载体也随之而复苏,比如蚊蝇一类生物在春夏之时复苏,与此同时,病原体也随之复苏,温度刚好成为这一切的前提。

再次,瘟疫常伴随着水旱灾害而生,"大灾之后必有大疫",其产生的后果也是相当严重的。水旱灾害直接导致农业经济的损失,而瘟疫造成大量人口死亡,直接导致农业生产的落后。而水旱之灾、战乱的发生必会导致饥荒,出现灾民流动现象,连年饥馑,饿殍相浮。朝鲜政府同时认识到饥馁与疠疫有关联,中宗十一年(1516),"饥馑荐臻,疠疫相仍"④,明宗三年(1548),"饥饿之极,得病便死"⑤。当时饥荒情况严重,亲友间没法相互救助,只能忍受饥饿,用禁食的办法来节省食物。饥饿的灾民因食不果腹,而饥不择食,灾荒严重的庆尚道地区,甚至有吃死尸的情况。⑥ 在食物的数量和质量都无法保证的前提下,人如果又喝了不干净的水,会导致身体免疫力低下,加快瘟疫的传染速度。

所谓"以史为鉴,可以知兴替",面对势不可挡的瘟疫,朝鲜上下随即开始寻找前朝应对瘟疫的办法。中宗十九年(1524)十二月,平安道瘟疫大兴,弘文馆应教黄孝献上书时,提及文宗朝"平安一道,疠疫兴炽,弥年不熄,转将薰染,达于内地,死亡几尽,灾沴之作,古所未有"⑦。当时中宗也

---

① 《朝鲜中宗实录》卷51,中宗十九年七月八日条,第319页。
② 《朝鲜中宗实录》卷52,中宗十九年十二月九日条,第361页。
③ 《朝鲜宣祖实录》卷47,宣祖二十七年正月二日条,第200页。
④ 《朝鲜中宗实录》卷24,中宗十一年四月十日条,第156页。
⑤ 《朝鲜明宗实录》卷8,明宗三年五月十六日条,第596页。
⑥ 金浩哲:《16세기 말 17세기 초 '疫病' 발생의 추이와 대책》,《韩国学报》1993年19卷。
⑦ 《朝鲜中宗实录》卷52,中宗十九年十二月八日条,第360页。

效仿文宗"恻然轸虑，亲制祭文，分遣朝官，择净为坛，设诚致祭，戾气收息"①。中宗二十年（1525）一月，平安道因疫亡故三百六十人，中宗又下令各院在《政院日记》中寻找前朝解决瘟疫的方法，而后又令弘文馆"广考历代以启"。

查阅前朝资料以后，果真是有收获的，朝鲜地方官员发现早在世宗时期，为了应对瘟疫，便将《辟瘟方》"翻以俚语，印颁中外"②，同时建议中宗"依成宗朝广颁《救急简易方》例，多印广布"③，中宗下令开刊广布，下抄新辟瘟方于政院。16世纪初期，世宗时的《避瘟方》又获得了延续，比如《谚解避瘟方》《简易避瘟方》《续避瘟方》《分门瘟疫解方》等。这一举动放到今天也颇具借鉴性，对于疾病的名称、病因、方剂等做出较为详细的解释与规范，促进了对瘟疫的防治。

同时，"遣医送药"是救治中最具有效率的措施。如中宗十九年（1524）七月，龙川瘟疫大兴，而后又蔓延至铁山、义州等地，朝廷下令"择送明医数人，赍药物以救疗"④。又如明宗十七年（1562）镇川县，疠疫炽发，男女七十人物故，明宗下令"别遣医官，赍药而去，尽心救疗，京中亦令两医司，别定医员，治活有病者，俾无夭札人命"⑤。值得注意的是，中宗时期瘟疫最甚，但史料中记载下令"遣医送药"并不多，疫情暴发令朝鲜统治者乱了阵脚，而至于明宗、宣祖时，"遣医送药"已成为其最基本以及最常见的应对方法。这说明在前朝的不断探索之下，后代君王在对瘟疫的处理上也多了几分从容，经验是不断积累的产物，这是无数前人用病痛和死亡换来的冷静。

此外，尸体处理也是朝鲜政府应对瘟疫的重要工作，瘟疫的流行会导致许多人感染，出现病死于床甚至暴尸荒野的现象，尸体是瘟疫最主要的传染源之一。中宗元年（1508）起朝鲜政府就对尸体的暴露情况颇为关注，"今者犹闻街巷之间，尚有弃尸，草野之中，岂无暴露者乎"？随即便下令"自今京外，如有遗尸，根究亲属，劝令埋葬，如无族类，官司随宜埋葬，毋致

---

① 《朝鲜中宗实录》卷52，中宗十九年十二月八日条，第360页。
② 《朝鲜中宗实录》卷32，中宗十三年四月一日条，第414页。
③ 《朝鲜中宗实录》卷32，中宗十三年四月一日条，第414页。
④ 《朝鲜中宗实录》卷51，中宗十九年七月十三日条，第321页。
⑤ 《朝鲜明宗实录》卷28，明宗十七年四月十九日条，第620页。

暴露，以体予恻怛之怀"①。同时下遣敬差官，"敬差官出入间巷，病死人划即收埋"②。当时瘟疫持续时间是非常长的，没有足够的人去掩埋尸体，以致尸体长期暴露于外。朝鲜政府也认识到尸体的暴露会形成"戾气"，而"戾气"过重则会引发瘟疫，所以他们必须安排人员处理。中宗二十年（1525），"然平安道疠疫炽盛，人民死亡殆尽，事甚紧重，故辍侍从而遣尔。如见观察使，须以朝廷上下忧虑之意，言之，如有阖家死亡者，则官为葬埋，勿令暴露"③。时人已经认识到尸体蒸腾出的"戾气"，是造成瘟疫的因素，而埋葬尸骨的行为，既是道德上的善举，同时也是朝廷对民众的关怀行为，在客观意义上，这样做又起到了隔离传染源的作用，无疑是有利于防疫的。

结　语

综观16世纪朝鲜王朝对瘟疫的认识和应对，虽然以现今的眼光看，不都是符合现代医学标准的，但在那个时代，不论是祭祀活动，还是重审冤狱的行为，都是符合其时代特性的。祭祀活动的举行，确实是一种旨在满足心理需求的行为，从医学的角度而言，这对防疫并没有起到任何作用，但古人大都不了解瘟疫，在其内心恐惧的背景上统治者举行祭祀仪式有着安抚民心、取得民众信任、减轻集体恐慌的作用。同时，也是在这一前提下，朝鲜王朝后续的一些防疫措施：遣医送药、广布药方、掩埋尸体等也才能更好地发挥效用。一百年间，朝代更替，不变的是饱经苦难的人民和从未停歇的瘟疫，历史的发展和进步是曲折的。合理地认识和应对瘟疫，是在牺牲和尝试中得以不断进步的。"疠疫"二字的背后，是家庭的分崩离析，是哀鸿遍野的无可奈何。一直以来，自然灾害和战争是瘟疫的主要诱因，敬畏生命、保护自然是永恒的话题。随着医疗科技的进步发展，现今对疫情的认识和应对相较于从前，可谓日新月异，越来越科学。

（作者：付小轩　单位：北华大学东亚历史与文献研究中心）

---

① 《朝鲜中宗实录》卷1，中宗元年十二月十四日条，第105页。
② 《朝鲜中宗实录》卷53，中宗二十年二月十七日条，第379页。
③ 《朝鲜中宗实录》卷52，中宗二十年正月十六日条，第370页。

明初文字狱在中朝外交文书上的表现

明初，在圣节、冬至、正旦等重要节日，官员按例需要进贺表、贺笺，受到皇帝的赞赏和赏赐后，要进谢表。表、笺是重要节日庆贺用的上书皇帝的公文。除表、笺外，明初官员上书皇帝的文书还有奏本。奏本既可以用于公事，也可用于陈述官员的私事。明初，明太祖实行的文字狱主要体现在官员上书的奏本和表笺上。此外明太祖还将文字狱应用在中朝外交的表笺文书上，借助朝鲜使臣表笺文书上的文字问题，向朝鲜施加压力，迫使朝鲜臣服，因朝鲜外交文书中的文字而发生了多次表笺文书上的"文字之祸"，随着明太祖的逝世，两国之间外交文书问题也随之结束。

一、文字狱在明朝的兴起

明初，部分文人阶层对明朝新政权进行反抗，并且不满于明太祖的"草莽"出身。不仅一些文人对新朝十分抗拒，而且一些文臣属于元朝旧臣，这一因素加大了他们对明朝的反抗。一些文人因朱元璋曾是红巾军，对他由红巾军起家十分憎恨。例如儒士夏侯启叔侄，拒绝朱元璋的招揽，斩断手指明志，誓不做官。还有一些文人曾经是元朝的官员，对于灭亡元朝的明朝十分憎恨，坚决不做明朝的官员。例如诗人丁鹤年，其家族世代在元朝为官，拒绝朱元璋的征召。这些文人对红巾军有着深刻的仇恨，对新建立的明朝十分抗拒，不接受朱元璋的招揽。虽然这些文人数量并不多，但是对明初的社会和政治有很大影响，会动摇明初政权的稳定性。

明太祖为了镇压这些反抗力量，十分注意文字细节和有关他自己出身的禁忌，在文字上吹毛求疵，并且过度曲解文字，造成了文字狱。明初，明太祖极力征召文人，授予他们官职，大部分文人选择与新建立的明朝合作，接受明太祖授予的官职，对于其中不肯合作的文人，朱元璋十分憎恨。同时，为明朝的建立而立下大功的淮西功臣，特别是武将，对这些得到明太祖任用的文人十分嫉妒，开始挑拨这些文人与明太祖之间的关系。"时帝意右文（则抑武也），诸勋臣不平。上语之曰：世乱用武，世治宜文，非偏也。诸臣曰：但文人善讥讪，如张九四厚礼文儒，及请撰名，则曰士诚。上曰：此名亦美。曰：《孟子》有'士诚小人也'之句，彼安知之。"① 淮西功臣以张士诚的名字为例，认为文人给张士诚取的"士诚"二字，是对其侮辱。他们对《孟子》中的：士，诚小人也，进行了错误断句：士诚，小人也。由此，朱元璋对这些文人更加不满，明太祖将其对文字的忌讳推广到普通文人，不再局限于这些憎恶红巾军的文人和元朝的旧臣。明太祖怀疑文人奏本、文书、表笺等方面的文字，对这些文字猜疑不断，并且严惩犯了忌讳的这些文人。洪武一朝，随着明太祖建国，文字狱也随之盛行。文字狱的实行越来越频繁，其逐渐成为明太祖的一项巩固明初政权、消除异己的政策。

明太祖在文字上有许多禁忌。明太祖早年做过和尚，和尚的特征是光头，没有头发。因此明太祖对"秃""光""僧"十分忌讳，对与这些文字同音的文字，也在明太祖所忌讳的文字中。明太祖早年曾参加红巾军起义，红巾军在元末明初的农民起义中被称为"红贼""红寇"，因此，他对"寇""贼"十分忌讳，对于与其读音类似的"则"，也非常憎恶。对文字的许多忌讳，在一定程度上反映了明太祖对于自己出身的自卑心理。许多没有显赫出身的开国皇帝即位时往往要用古代同姓的著名人物作为自己的祖先，以此证明其皇位继承的合理性，消除其出身低微带来的问题。明太祖朱元璋的祖辈父辈都是社会底层人物，并没有可以夸耀的显赫出身，明太祖曾经想要以名儒朱熹为自己的祖先，但考虑到其祖先与朱熹的家族没有渊源，这一说法不具有说服力，因此只好放弃。之后明太祖朱元璋对于自己的出身问题仿照汉高祖刘邦的做法，承认自己本为"布衣"。

但明太祖十分忌讳他早年当过和尚、参加红巾军等的经历，在称帝后，更是憎恨别人谈及他的出身经历，对"秃""光""僧""生""寇""贼"等

---

① 赵翼著，王树民校证：《廿二史札记校证》卷32，北京：中华书局，1984年，第773页。

文字十分忌讳，因文人的表笺中出现了这些忌讳的文字，造成了许多文人因文字触犯明太祖的忌讳而被诛杀的文字狱。"杭州教授徐一夔贺表，有'光天之下，天生圣人，为世作则'等语，帝览之大怒曰：生者僧也，以我当为僧也；光则剃发也；则字音近贼也，遂斩之。"① 浙江府学教授林元亮为海门卫作《谢增奉表》，因在其表内有"作则垂宪"的文字而被诛杀。"北平府学训导赵伯宁为都司作《万寿贺表》中出现'垂子孙而作则'，诛；福州府学训导林伯璟为按察使撰《贺冬节表》中书提到'仪则天下'，诛。"② "桂林府学训导蒋质为布按作正旦贺表，以'建中作则'，诛；常州府学训导蒋镇为本府作正旦贺表，以'睿性生知'，诛；澧州学正孟清为本府作贺冬表，以'圣德作则'，诛。"③ 除了因为这些忌讳的文字而造成的文字狱，还有因为明太祖对奏书、表笺上的文字进行歪曲解释而造成的文字狱。明太祖生性多疑，对有些文字过度解释，也是导致文字狱盛行的重要原因。"怀庆府学训导吕睿为本府作谢赐马表，以'遥瞻帝扉'，诛；祥符县学教谕贾翥为本县作正旦贺表，以'取法象魏'，诛；亳州训导林云为本府作谢东宫赐宴笺，以'式君父以班爵禄'，诛；尉氏县教谕许元为本府作万寿贺表，以'体乾法坤，藻饰太平'，诛；德安府学训导吴宪为本府作贺立太孙表，以'永绍亿年，天下有道，望拜青门'，诛。"④ 明太祖把"帝扉"曲解为"帝非"，"法坤"曲解为"发髡"，"有道"曲解为"有盗"，"藻饰太平"曲解为"早失太平"。文字狱盛行，许多官员文人因此而获罪被杀。

二、明太祖将文字狱应用于中朝外交文书

明太祖实行的文字狱，不仅影响到了明朝本国的官员文人的奏表文书，而且也影响到了明朝与朝鲜的外交文书。明初，明朝与朝鲜建立了宗藩关系之后，表笺、奏表等文书成为两国往来交流的重要方式。因朝鲜使臣在与明朝

---

① 赵翼著，王树民校证：《廿二史札记校证》卷32，第772页。
② 刘波薇：《绝对皇权视域下的文字狱研究》，燕山大学硕士学位论文，2019年。
③ 刘波薇：《绝对皇权视域下的文字狱研究》，燕山大学硕士学位论文，2019年。
④ 刘波薇：《绝对皇权视域下的文字狱研究》，燕山大学硕士学位论文，2019年。

往来的外交文书上的文字等犯了明太祖的忌讳，或是其文字被明太祖加以曲解，明太祖对朝鲜多有责难。明太祖将其在国内实行的文字狱应用于表笺等外交文书上，借助文字问题，对朝鲜施加压力，因此发生了多次"文字之祸"。

洪武二十五年（1392）十二月，李成桂遣使到明朝，明太祖准许其更国号，"东夷之号惟朝鲜最美，且其来远矣，宜更其国号曰朝鲜"①。次年三月，为感谢明朝准许朝鲜更国号，朝鲜派遣门下评理李恬，到明朝贡奉表笺礼物。李恬离开朝鲜后，朝鲜得知辽王、宁王受封，且其封地与朝鲜临近，"差前密直使朴原，前密直副使云等，赴辽王、宁王殿下行礼，上项李恬，盖缘京师道路弯远，又兼将赍进献鞍子礼物，以致拖延到京"②。朝鲜的赴明使臣在其未到达明朝京城南京之前，朝鲜却又派遣官员向辽王和宁王进献礼物，明太祖对朝鲜的这一行为大为不满，斥责朝鲜"何敢故意先后"。③ 在朝鲜赴明使臣的表笺上，明太祖认为其中有对明朝的侮辱之言，"更国号一节，遣人请之，或祖朝鲜，已许自为，即合正名。今既更号朝鲜，表文仍称权知国事，未审何谋"④。明太祖因此严肃斥责朝鲜，朝鲜则对此进行辩解，"更国号谢恩表笺内杂以侵侮之词，以小事大之诚果如是乎……小邦僻处荒远，言语不通，闻见不博，粗习文字，仅达事情，其于制作，未谙体格，以致错误，非敢故无侮慢"⑤。此时李成桂并未被明朝正式册封为朝鲜国王，按照宗藩关系的礼仪秩序，李成桂在文书中自称"权知国事"是符合宗藩秩序的。明太祖实际上是借助此次表笺上的文字问题，打压朝鲜，以此震慑朝鲜。最终明太祖对李恬施以处罚，将其送至辽东，让李恬自行回国。

洪武二十九年（1396）春，"朝鲜国王遣知门下府事郑总，诣阙请印信诰命"⑥。明太祖对朝鲜大为不满，十分怀疑朝鲜请求赐予印信诰命的忠诚之心，"今朝鲜在当王之国，性相好而来王，顽嚚狡诈，听其自然，其来文关

---

① 《明太祖实录》卷223，台北："中央研究院"历史语言研究所，1962年，第3267页。
② 《朝鲜太祖实录》卷5，东京：学习院东洋文化研究所，1953年，第224页。
③ 刘波薇：《绝对皇权视域下的文字狱研究》，燕山大学硕士学位论文，2019年。
④ 《朝鲜太祖实录》卷5，第211页。
⑤ 《朝鲜太祖实录》卷5，第225页。
⑥ 《朝鲜太祖实录》卷9，第359页。

请印信诰命,未可轻与,朝鲜限山隔海,天造地设,东夷之邦也,风殊俗异,朕若赐与印信诰命,令彼臣妾,鬼神监见,无乃贪之甚欤?较之上古圣人,约束一节决不可为,朕数年前曾敕彼,仪从本俗,法守旧章,令听其自为声教,喜则来王,怒则绝行,亦听其自然,尔礼部移文李某,使知朕意"①。明太祖以朝鲜奏请诰命与金印的文书中"引用纣事"为由,扣留了朝鲜奏请使臣郑总。明太祖在给朝鲜的文书中写道:"今朝鲜每遇时节,遣人进贺表笺,似乎有礼,然文辞之间轻薄肆侮,近日奏请印信诰命状内引用纣事,尤为无礼,或国王本意,或臣下戏侮,况无印信所拘,或赍奉使臣中途改换,皆不可知,以此来使未可放回。"②明太祖要求朝鲜将撰写表笺文书的官员送至明朝后,才答应让朝鲜使臣回国。

两次表笺问题使两国关系处于紧张局面,而此时朝鲜引诱明朝官员渡过鸭绿江,更是加剧了明朝与朝鲜之间的紧张状态。洪武二十九年(1396)七月,"朝鲜使者归至辽东,辽东都司遣百户夏质送之,期至鸭绿江而止,使者乃诱质渡鸭绿江至义州,留万户府数日始遣其还,因令船人沉质于江,至是上闻,敕谕左军都督杨文,令咨朝鲜逮义州万户讯其实"③。为解决此次表笺问题,缓和与明朝之间的关系,朝鲜派遣权近出使明朝。洪武二十九年(1396)七月,权近跟随朝鲜使臣赴明京师南京,明太祖令权近留在文渊阁,命其游观三日并赐宴。明太祖得知权近汉文化功底深厚,十分有才学,令其作《王京作古》《奉朝鲜命至京》《出使》《道经西京》《渡鸭绿》《由辽左》等十八首诗。明太祖赠送《题鸭绿江》《高丽古京》《使经辽左》三首御制诗给权近。权近在诗中表达了朝鲜对明朝的"事大之诚",表达了朝鲜对明朝的尊敬,极力打消明太祖对朝鲜的怀疑。最终借助诗词交流,权近成功化解了这次"文字之祸"。权近此次赴明,也开启了两国之间新的外交方式——"诗赋外交"。此后,两国使臣在出使时,在完成政治上的外交任务后,也与一些官员、文人进行诗词交流,从而进一步改善两国之间的关系。

洪武三十年(1397)三月,朝鲜国王李旦派遣判三司事偰长寿、密直副

---

① 《朝鲜太祖实录》卷9,第360页。
② 《朝鲜太祖实录》卷9,第361页。
③ 《明太祖实录》卷246,第3576页。

使辛有贤等人，向明朝进贡鞍马及金银器、布、人参等物。明太祖与礼部大臣商议，"如郑道传等乃小人之尤者，在王左右岂能助其为善，苟使郑总、卢仁度、金若恒仍在朝鲜，又郑道传之羽翼，今总等既不免，王不精审，又将假手于人矣，宜谕其国王深思熟虑以保三韩"①。明太祖利用这次表笺事件，借机向朝鲜施加压力，令其除掉主张"北伐计划"的郑道传等人，以此减轻朝鲜对辽东地区的威胁。

同年八月，朝鲜向明朝递交的千秋启本再次发生了文字问题。同年十二月，打角夫崔浩将明朝礼部尚书郑沂的文书带回了朝鲜，明太祖再次因为文字问题而责难朝鲜，"前者为本国进贺表笺文内，用字讥侮，以此凡遇朝贡，不许再用表笺，今次将来启本内用字，又不停当，此皆是所用秀才设机用意，故将字样声响相似者，辏成语句讥侮，自生衅端，岂朝鲜久长之道，差来使臣，且不放回，止令打角夫一人还国以报，王知，将撰写启本人员，发来回话，方令使臣回国，今后朝贡，每三年来一次，亦不必用奏启本"②。次年五月，明太祖驾崩，这次外交文书事件也不了了之。建文帝即位后，正式册封李芳远为朝鲜国王，两国关系逐渐改善，明朝与朝鲜的外交文书问题也随之结束。

三、总结

明太祖在国内实行文字狱，以此来巩固统治，排除异己。明太祖时期，朝鲜因为外交文书上的文字而发生了多次"文字之祸"，这是明太祖将在国内实行的文字狱应用在外交文书上的表现。在外交文书问题的背后，实质上是明朝与朝鲜在辽东地区的矛盾。高丽末年，高丽曾越过鸭绿江，侵扰明朝的辽东地区。为了加强对辽东地区的控制，明太祖设置了铁岭卫等机构，并警告高丽各守边界，不得侵越。高丽向明朝上书请求将铁岭卫附近的文、高、和、定等州归于高丽管辖，明太祖拒绝了高丽的请求，之后，高丽国王王禑派遣崔莹等人越过鸭绿江攻打辽东，但最终高丽不战而退。高丽退兵之后，李成桂推翻高丽政权，建立了李氏朝鲜。但李成桂并未放弃高丽末期所

---

① 《明太祖实录》卷250，第3616页。
② 《朝鲜太祖实录》卷12，第446—447页。

采取的向北扩张疆界的计划，其国内以郑道传为首的一派主张实行"北伐计划"，甚至主张与明朝开战。虽然两国在辽东问题上存在诸多矛盾，但明太祖并未征伐朝鲜。明朝建国之初，明太祖根据明朝的情况和边疆形势制定了"守备为本""刚柔并济"等治边思想。明太祖一方面在辽东加强军事防御，对朝鲜严加防范，另一方面并不只是使用武力打击，同时也加以招抚。虽然不动用军事力量征伐朝鲜，但是为防止朝鲜向辽东地区扩展势力，便借助其外交文书上的文字问题，打压朝鲜，在外交上采取强硬手段迫使朝鲜臣服，使朝鲜打消觊觎辽东的企图，遏制朝鲜扩张疆域的计划，维护明朝辽东地区的稳定和安全。

（作者：褚馨一　单位：长春师范大学）

论张晚在晚明中朝关系中的作用

张晚是活跃在朝鲜王朝宣祖、光海君、仁祖时期的文臣和军事统帅。张晚入仕于"壬辰倭乱"的前一年，致仕于丁卯胡乱后，他的仕途贯穿朝鲜王朝遭受"壬辰倭乱"和后金军入侵的时期。在这个时期，张晚凭借他的才能，作为朝鲜王朝政局的核心人物和边防将领发挥了重要的作用。目前，国内学界缺少对张晚的专门研究，韩国学界对张晚的研究多从朝鲜王朝国内史的角度入手。本文从中朝关系史角度研究了张晚的生平活动和张晚在明清交替之际的背景下其在中朝关系发展中的作用，可以弥补一些相关学术研究上的不足。

一、张晚的出世及宣祖时期的活动

（一）张晚的出生和入仕

朝鲜明宗二十一年（1566）十月十四日，张晚出生于朝鲜王京石井洞（今中区小公洞乙支路入口附近）。张晚的祖父张季文曾担任通礼院正三品通礼，张晚的父亲张麒祯曾任郡首，张晚在父、祖的影响下为准备文科考试而学习。张晚还勤于练习射箭和骑马，李植为其作的墓志铭称："公（张晚）躯干魁梧，射御绝伦。"[1] 除练习弓马外，张晚还读过很多兵书，这些努力让他在军事上为保卫朝鲜王朝打下了基础。

张晚13岁通过京试，17岁考上馆学，1589年考上生进科，1591年考中别试文科。张晚在文科及第后，担任过掌管事大交邻相关文件的承文院正字

---

[1] 李植:《泽堂集》别集卷6，《议政府右赞成玉城府院君张公（晚）墓志铭 并序》，韩国古典综合数据库：https://db.itkc.or.kr/。

和负责王命制撰和史实记录的艺文馆检阅,这两个职位是文科及第者们期望的晋升基础,① 故张晚入仕之初的任职经历为他之后的晋升提供了条件。

(二)"壬辰倭乱"中的张晚

朝鲜宣祖二十五年(1592)四月,日本权臣丰臣秀吉为转移国内大领主的注意力、消耗他们的实力以巩固统治,悍然发兵入侵朝鲜。因1592年是中国干支纪年的壬辰年,所以称日本入侵朝鲜的这场战争为"壬辰倭乱"。

张晚在"壬辰倭乱"爆发的前一年(1591)考中别试文科,他第一次被授予的职务是成均馆的权知学谕。学谕是成均馆的从九品官职,负责处理包括成均馆的入学考试在内的各种科举考试的预备审查工作。因"壬辰倭乱"的爆发,张晚的仕途暂受阻滞,全家前往江陵避难。朝鲜宣祖二十五年(1592),在李舜臣率朝鲜水军保住制海权的情况下,朝鲜官军延缓了日军的侵略步伐。朝鲜宣祖二十六年(1593)正月,援朝明军收复平壤,接着夺回开城,恢复了江原道在内的北方四道。朝鲜宣祖二十六年(1593)四月十八日,明朝联军收复朝鲜王京。张晚全家人也平安地结束避难生活,并回到朝鲜王京。②

回到王京后,张晚的仕途顺畅起来。朝鲜宣祖二十六年(1593),张晚担任承文院正字和艺文馆检阅。承文院正字主要负责外交文件的审核校正,艺文馆检阅主要负责史实的记录和王命的代笔等。艺文馆检阅又称史臣,虽是正九品官职,但和同为艺文馆官职的正七品奉教及正八品待教一起被称为八翰林,③ 是文科及第者都想担任的代表性文翰职。

朝鲜宣祖二十七年(1594),《朝鲜宣祖实录》中第一次提到有关张晚的记录就是在和外交纠纷相关的场合。④ 当天讨论的是援朝明军将领和明朝科道

---

① 具知贤(音译):《洛西张晚的中国体验和国际形势认识》,载许景镇(音译)主编《洛西张晚研究》,坡州:报告社,2020年,第119页。

② 白湘泰、张锡奎:《张晚评传:文武兼全的战略家》,首尔:周留城,2018年,第114页。

③ 具知贤(音译):《洛西张晚的中国体验和国际形势认识》,《洛西张晚研究》,第119页。

④ 《朝鲜宣祖实录》卷51,宣祖二十七年五月二十六日癸卯条,首尔:国史编纂委员会出版社,1985年。"上御别殿……检阅成晋善、张晚入侍。"

官间的矛盾、朝鲜王朝和明朝对战斗情况认识的差异、明朝撤军的可能性，以及军粮供给等。任正九品检阅的张晚是出席者中官品最低的，负责记录工作，虽然没有提出特别的意见，但他从任职之初就承担了记录国际局势的任务。① 朝鲜宣祖二十七年（1594）六月，张晚的父亲去世，张晚为父守丧。朝鲜宣祖二十九年（1596），张晚守丧结束，按惯例晋升为典牲署主簿。②

朝鲜宣祖三十年（1597），张晚担任司谏院正六品的正言。朝鲜宣祖三十年（1597）三月，张晚指出："北道防备，甚为疏虞，经乱之后，残破尤甚。"③ 张晚认为只有稳固北部边防，国家才能稳定，建议把吉州以北九官内奴补充为军士，宣祖鉴于之前充军的内奴被边将压榨而没有立即答应。④ 张晚又说服宣祖罢免渎职的李春兰，⑤ 李春兰因纳粮得官，司谏院称李春兰是"乡曲无识之一富民"。⑥ 张晚请罢李春兰有利于宣祖选贤任能、赢得民心。张晚还说服宣祖按时举行"谒圣试"，⑦ 帮宣祖赢得士心。

朝鲜宣祖三十一年（1598），张晚担任凤山郡守，妥善接待归国明军。援朝明军在"壬辰倭乱"时助朝鲜王朝收复王京及大部分国土，并和朝鲜军一起将日军赶出朝鲜半岛。崔鸣吉为张晚作的行状称："西土当天兵往来之路，而甫经兵燹、公私赤立。郡县竭力供馈，日不暇给。一路守宰，无不被其捶辱，至窜身村间以避之。公至郡，接应百需，方便措办以待之，未尝一日离郡舍。天将至者，咸喜谢而去。境内晏然，治声甲于一道。"⑧ 张晚刚到

---

① 具知贤（音译）：《洛西张晚的中国体验和国际形势认识》，《洛西张晚研究》，第119页。

② 申斗焕（音译）：《洛西张晚的上疏文研究》，《渊民学志》2020年第34期，第45页。

③ 《朝鲜宣祖实录》卷86，宣祖三十年三月十三日癸卯条。

④ 《朝鲜宣祖实录》卷86，宣祖三十年三月十五日乙巳条。"一经此役，破家逃散殆尽，每甘于此，其情状极为可恶。岂可轻从其泛滥之言乎？徐为观势处之。"

⑤ 《朝鲜宣祖实录》卷86，宣祖三十年三月十四日甲辰条。"李春兰请递事。"

⑥ 《朝鲜宣祖实录》卷50，宣祖二十七年四月二十日戊辰条。

⑦ 《朝鲜宣祖实录》卷87，宣祖三十年四月二日壬戌条。"'请依该曹前公事，以初八日定行展谒之礼，以慰多士之望。'答曰：'依启。'"

⑧ 崔鸣吉：《迟川集》卷19《忠定张公行状》，韩国古典综合数据库：https://db.itkc.or.kr/。

凤山时，遭"壬辰倭乱"破坏的凤山郡的财力不足以承担接待明军的预算。归国明军途经凤山时，常因对招待不满而掠夺朝鲜百姓、鞭挞地方首领。张晚向明军说明凤山的情况，寻求明军的谅解，又想方设法满足明军的需要，表现出诚意，让明军无需再去掠夺凤山的官吏和百姓。张晚此举兼顾了朝鲜王朝与明朝的友好以及朝鲜王朝的利益。

张晚妥善接待归国明军，得到了宣祖的重视。朝鲜宣祖三十二年（1599），宣祖因"凤山郡守张晚，善治民，尽心国事"①，提拔张晚为堂上官。同年九月二十二日，张晚由从四品的郡守晋升为正三品堂上官同副承旨。十月十六日，张晚又被任命为右副承旨。朝鲜宣祖三十三年（1600），张晚被任命为忠清道观察使。②

（三）张晚出使明朝

张晚卸任忠清道观察使后，于宣祖三十四年（1601）五月担任同知中枢府事。同年六月三日，张晚为承政院都承旨，八月二十八日，张晚任从二品的户曹参判。同知中枢府事是中枢府的从二品官职，承政院都承旨是出纳王命的承政院六个承旨的首席承旨。都承旨作为国王的亲信，可以参与甄别和选拔人才的工作，其职能与王权息息相关。在王权强大或得到国王的信任时，都承旨可以发挥仅次于议政府和六曹的职能。③但因健康问题，张晚不久就辞去了都承旨一职。朝鲜宣祖三十四年（1601）十月十三日，张晚担任司谏院大司谏。司谏院是掌管谏净的部门，大司谏是司谏院的首长，负责劝谏国王和将别人的上疏呈给国王，由学识深厚和经验丰富的人担任。朝鲜宣祖三十五年（1602），张晚被选派出使明朝。

张晚作为世子册封奏请副使，于宣祖三十六年（1603）五月十六日回国向宣祖汇报请封失败的结果。④《明实录》万历三十一年（1603）二月十四日条记载："礼部奏言：朝鲜国王李昖舍长立次，谓次子李珲有定乱功，遽欲

---

① 《朝鲜宣祖实录》卷114，宣祖三十二年六月二十三日庚子条。
② 《朝鲜宣祖实录》卷123，宣祖三十三年三月二十七日庚午条。"忠清监司张晚启。"
③ 白湘泰、张锡奎：《张晚评传》，第141页。
④ 《朝鲜宣祖实录》卷162，宣祖三十六年五月十六日辛未条。"册封奏请使金信元、副使张晚等，赍礼部咨以来。"

援此夺嫡。长子见在，置之何地？且次子举国爱戴，真否未确，似难遽徇其请。"① 明朝拒封光海君的理由是宣祖的长子临海君尚在，废长立幼于礼不合。明朝还认为在日本的侵朝意图尚未完全消除的情况下，朝鲜王朝应该让光海君继续负责防备日本。再加上明朝"国本之争"②的影响，张晚一行和朝鲜宣祖三十七年（1604）二月的世子册封奏请使李廷龟一行，最终都无功而返。③

出使明朝时，张晚经常和书状官李民宬交流，张晚的文集《洛西集》中《冬至日次冰溪韵》等诗中的"冰溪"就是李民宬。据李民宬所作《朝天录》记载，在回国途中，张晚等见到明朝将领眼看着百姓被女真人抢掠而不救，明朝卫所的大小将官总兵让他们的家丁、亲族担任官职等情况。④ 张晚曾用"惊尘不起三边静，弦管家家酒似泉"⑤ 赞颂明朝的国泰民安，但在目睹明朝边将的无能后，张晚又用"豪华今寂寞，风月但苍凉"⑥ 的诗句慨叹明朝国势大不如前，他意识到只有加强朝鲜王朝的国防力量才能保护本国百姓。

出使明朝是最能确认张晚的国际认识的机会，但可惜他没有记录《朝天录》。崔鸣吉为张晚作的行状提到张晚预测朝鲜王朝会被卷入明朝和努尔哈赤的战争中，"（张晚）其奉使朝京也，道遇入贡建夷。语人曰：'观此虏气色，终为天下患。异日，天朝请兵东方，吾辈行且见之。'"⑦ 张晚了解到明朝和努尔哈赤势力的此消彼长，又看到去明朝进贡的建州女真人的神色，预

---

① 《明神宗实录》卷381，万历三十一年二月十四日辛丑条，台北："中央研究院"历史语言研究所，1966年。
② 明神宗册立太子的问题。朝廷大臣按照明朝册立长子为太子的原则，大多拥戴皇长子朱常洛，明神宗却想立郑贵妃的儿子朱常洵为太子，受到大臣与慈圣皇太后极力反对。明神宗与群臣争论达15年之久。直到1601年，朱常洛才被封为太子。
③ 具知贤（音译）：《洛西张晚的中国体验和国际形势认识》，《洛西张晚研究》，第148页。
④ 林基中：《燕行录全集》卷15，首尔：东国大学校出版部，2001年，第81—84页。
⑤ 张晚：《洛西集》卷1《再次前韵》，《韩国历代文集丛书》第2454册，首尔：景仁文化社，1997年，第47页。
⑥ 张晚：《洛西集》卷1《万柳庄》，《韩国历代文集丛书》第2454册，第65页。
⑦ 崔鸣吉：《迟川集》卷19《忠定张公行状》，韩国古典综合数据库：https://db.itkc.or.kr/。

测出努尔哈赤势力会发展到威胁明朝的程度、明朝会让朝鲜王朝出兵对付努尔哈赤。明万历四十六年（1618），明朝为围剿后金向朝鲜王朝征兵，张晚在使明途中的预测变为现实。

张晚在"壬辰倭乱"后妥善接待归国明军，维护朝鲜王朝和明朝的友好。张晚赴明虽未请封成功，但他根据使行中了解到的明朝和建州女真的情况做出的预测，能提醒朝鲜王朝和明朝尽早防备建州女真。

二、光海君时期的张晚

张晚使明归国后，于朝鲜宣祖三十六年（1603）七月六日任同知中枢府事，七月十九日任刑曹参判，八月七日任全罗道观察使。朝鲜宣祖三十九年（1606）十月四日，张晚任兵曹参判。朝鲜宣祖四十年（1607）四月二十八日，张晚任户曹参判。宣祖四十年（1607）闰六月一日，张晚任咸镜道观察使，开始负责防备女真诸事。张晚主持军事的能力被光海君看重，其在光海君时期继续负责朝鲜王朝的北部边防。

（一）张晚防备女真

朝鲜宣祖四十年（1607），是努尔哈赤统一女真各部的初期阶段。① 张晚认识到努尔哈赤是潜在的敌人，因此致力于掌握女真的动态。朝鲜宣祖四十年（1607）十月八日以后，张晚多次报告"水下藩胡撤移事状"②，可见张晚对女真局势的掌握。张晚的这种能力被朝鲜王朝君臣认可，使其在光海君即位后继续担任咸镜道观察使。

张晚在任上曾用非战争的方法挫败女真的锋芒。朝鲜光海君元年（1609）十二月十九日，张晚强调努尔哈赤对朝鲜王朝边境的威胁，劝光海君"前头堤备之策，自朝廷，预为料理指挥事"③。朝鲜光海君二年（1610），张晚请求光海君严词拒绝"忽胡百将冠服之请"④。张晚称："（忽胡）与老酋

---

① 《朝鲜宣祖修正实录》卷41，宣祖四十年二月一日甲午条。"建州卫胡酋老乙可赤，与忽剌温大战于钟城乌碣岩，大破之。"

② 《朝鲜宣祖实录》卷217，宣祖四十年十月二十七日丙戌条。

③ 《光海君日记》（正草本）卷23，光海君元年十二月十九日丙寅条。

④ 《光海君日记》（正草本）卷25，光海君二年二月十四日庚申条。

虽和，而有外亲内疏之形。且为汝许部中路截杀，市道俱绝，不过欲行买卖于我边。"① 张晚担心与忽胡贸易会有后患，"其后朝廷卒给，费至每岁百余同"②，证明张晚很有远见。张晚还在《请许忽温和札》中请求光海君与忽温和好，不要中努尔哈赤离间朝鲜王朝和忽温之计。③

张晚还留意侦查女真地区。他综合进出朝鲜的女真人和朝鲜人提供的信息，绘成《胡地山川图》献给光海君。并称："胡地山川，虽未得亲行历览，每凭藩胡之善解我国言语，而掳在奴忽者，令解事边将，详问道里远近、山川形势暨夫部落名号，参以宿将老卒耳闻目见，或登高指点，作为胡地小图。"④ 张晚任咸镜道观察使时重视探查敌情，做到了知己知彼。

张晚卸任咸镜监司后，作为平安兵使继续负责防备女真事务。光海君三年（1611）正月，张晚被都体察使李恒福推荐为平安兵使。⑤ 女真的发展态势显示，如果女真入侵朝鲜，将从平安道侵入，平安兵使张晚从光海君处得到对女真防务的便宜行事权。⑥ 为确保边防战略要地安全，张晚于光海君三年（1611）恢复被女真人占据的朝鲜四郡。⑦ "（张晚）拜平安节度使，间延四郡废且百年，公谓，祖宗疆土不可弃而不问，使人往视之，授以一公牒，曰：'即遇虏，以此示之。'果遇示牒，其首曰：'此，官人，不可杀，间延本朝鲜地，我人居之，是曲在我。'即撤去。"⑧ 张晚遣使与女真人交涉，通过外交手段恢复朝鲜王朝的四郡，延续了中朝间的和平。

---

① 《光海君日记》（正草本）卷25，光海君二年二月十四日庚申条。
② 《光海君日记》（正草本）卷25，光海君二年二月十四日庚申条。
③ 张晚：《洛西集》卷2《请忽温和札》，《韩国历代文集丛书》第2454册，第86页。"过为拒绝，惹生扰端，则是添得一敌，而政中老酋之计。"
④ 《光海君日记》（正草本）卷35，光海君二年十一月八日己酉条。
⑤ 《光海君日记》（中草本）卷13，光海君三年正月二十一日壬戌条。"都体察使之意则此时北兵使，尤难其人，欲以李时言差遣，平安兵使则欲用张晚。"
⑥ 《光海君日记》（正草本）卷38，光海君三年二月九日己卯条。"西边缓急，悉委于卿。"
⑦ 权赫来（音译）：《洛西张晚与深河之役相关的札子研究》，《渊民学志》2020年第34期，第15页。
⑧ 朝鲜正祖：《弘斋全书》卷179《御定篇·海东臣鉴》张晚条，韩国古典综合数据库：https://db.itkc.or.kr/。

朝鲜光海君四年（1612），张晚因母亲去世而离职。为母守丧结束后，张晚于光海君六年（1614）五月二十三日任庆尚道观察使。① 光海君七年（1615）七月十八日，张晚任户曹参判。② 同年闰八月十六日，张晚任同知义禁府事。③ 光海君八年（1616），张晚因在崔沂被捉拿前"邀见道次，为之议定置辞"④ 被罢官，崔沂因不帮掌权的大北派领袖李尔瞻对付小北派而被诬陷，张晚帮助崔沂的举动让李尔瞻把张晚也视为政敌加以攻击。光海君九年（1617），缮修都监以"如此重大之役，决非二三提调所可周察"⑤ 为由，说服光海君复用张晚为缮修都监提调，张晚凭借担任缮修都监提调时的表现再次出仕。光海君十年（1618），张晚被任命为体察副使。⑥

（二） 出兵助明中的张晚

1616 年，努尔哈赤建立后金，彻底和明朝决裂。⑦ 但朝鲜王朝仍刻意无视后金的存在，不愿承认后金是一个国家。在这种情况下，出现了要求朝鲜王朝做出重要外交选择的情况。1618 年，势力强盛的努尔哈赤攻打明朝，明朝准备出动大军围剿努尔哈赤，并从以夷制夷的角度，试图将朝鲜王朝拉入明朝和后金的对决格局，⑧ 要求朝鲜王朝派兵参战。朝鲜王朝内部就如何应对明朝的征兵要求展开激烈的争论。因明朝曾出兵援朝打退入侵朝鲜的日

---

① 《光海君日记》（正草本）卷78，光海君六年五月二十三日甲戌条。"张晚，庆尚监司。"

② 《光海君日记》（正草本）卷92，光海君七年七月十八日癸亥条。"以张晚为户曹参判。"

③ 《光海君日记》（正草本）卷94，光海君七年闰八月十六日庚申条。"张晚为同知义禁。"

④ 崔鸣吉：《迟川集》卷19《忠定张公行状》，韩国古典综合数据库：https://db.itkc.or.kr/。

⑤ 《光海君日记》（正草本）卷113，光海君九年三月二十一日丙戌条。

⑥ 《光海君日记》（正草本）卷129，光海君十年六月十五日壬申条。"以臣除授，体察副使。"

⑦ 王臻：《朝鲜前期与明建州女真关系研究》，北京：中国文史出版社，2005 年，第157 页。

⑧ 韩明基（音译）：《16、17 世纪明清交替与朝鲜半岛——"再造之恩"、银及政变的合奏曲》，《明清史研究》2004 年第22 期，第47 页。

军，所以朝鲜王朝不好回绝明朝；但考虑到后金的强大军事实力，朝鲜王朝又不想出兵招惹后金。朝鲜王朝君臣讨论的结果是光海君反对，备边司赞成，立场各不相同。① 在明朝的一再要求下，朝鲜王朝最终决定出兵助明。

明朝曾先后三次向朝鲜王朝征兵。明朝第一次要求朝鲜王朝准备七千火器手助剿后金，并在防御好本国的情况下，等待明朝的进一步指示。② 朝鲜光海君十年（1618）闰四月二十四日，张晚和其他大臣一起建议："急急抄择军兵，预为装束，闻见师期，团聚信地，若将朝令夕发者然，敕谕到日，行军驰赴。"③ 他们也抱有劝说杨镐让朝鲜王朝免于出兵的侥幸心理。张晚经常提出更加现实的方案，但他没有完全脱离对明义理，作为备边司的一员，他明确赞成派兵。④ 明朝第二次要求朝鲜王朝派"数万之师，夹攻奴酋"⑤，郑仁弘主张在做好出兵准备的同时请求明朝减少从朝鲜征兵的数量。⑥ 张晚主张："一面另加钤束，无如前日之玩愒，以致天朝之嗔怒，若失其心。日后之患，有不可忍言。一面复差，才智辩给之士，申恳于经略，俾免独当之令，则岂非一大幸也？"⑦ 张晚建议光海君在勤加训练军队的同时，向明朝争取不要让朝鲜王朝的军队单独和后金军战斗。在明朝不会放弃从朝鲜征兵的情况下，郑仁弘和张晚的建议是有一定可行性的。朝鲜光海君十年（1618）六月，曾在"丁酉再乱"时助朝鲜王朝抗倭的明朝将领杨镐奉旨向朝鲜王朝征兵。六月二十八日，光海君最终决定派兵。

（三）深河之役后张晚的应对

朝鲜光海君十一年（1619）三月二日，朝鲜军配合明军在深河和后金军

---

① 韩明基（音译）：《光海代大北势力和政局的动向》，《韩国史论》1988年第20期，第327页。

② 《光海君日记》（正草本）卷127，光海君十年闰四月十二日庚午条。"有团炼火器手七千，作为声援，俟奴酋实有变动情形。本院另行知会，合兵征剿……相机防御，以张声势。俟剿奴之日，本院临时另咨知会。"

③ 《光海君日记》（正草本）卷127，光海君十年闰四月二十四日壬午条。

④ 韩明基（音译）：《光海君的对外政策再论》，《韩国佛教史研究》2013年第2期，第201页。

⑤ 《光海君日记》（正草本）卷127，光海君十年闰四月二十七日乙酉条。

⑥ 《光海君日记》（正草本）卷128，光海君十年五月十六日癸卯条。"或有减征之理。"

⑦ 《光海君日记》（正草本）卷129，光海君十年六月十五日壬申条。

战斗，败给后金。朝鲜军将领姜宏立和金景瑞于后金天命四年1619)三月五日在兴京向努尔哈赤投降。① 在光海君朝廷得知深河战败的第二天，张晚在备边司的强烈推荐下被派去防备后金。② 张晚迅速整顿朝鲜王朝的西北边防，成功避免了后金的入侵。

朝鲜光海君十一年（1619）三月二十日，体察副使张晚在拜别光海君后，径直前往昌城。"时国兵新破，军情大恐，谓贼朝夕且至，莫有固志，公收召散亡，从容镇定。以昌城为受贼之地，移设节度行营，添兵守之。水陆催运以给其军，边情稍安。"③ 面对深河之役后朝鲜西北边防军惊慌失措的情况，张晚将道内所有军事力量都集中到昌城，尽量展示出强大的军事力量，同时确保军粮、稳定军心。张晚还让三手军在鸭绿江边布阵，以防后金军强渡鸭绿江。④ 再加上明朝在辽东的军事力量对后金还有威胁，后金也不想两线作战，张晚借着有利的局势完成深河之役后的军事善后工作。

朝鲜光海君十一年（1619）四月二日，努尔哈赤致信朝鲜王朝谋求和议。⑤ 张晚呈上《论胡书答送事宜仍陈所怀札》，说服光海君在向明朝汇报朝鲜王朝的艰难处境的同时，婉拒后金的和议要求。⑥ 在维持对明事大关系的同时，对后金采取权宜之计，成为光海君的外交战略基调。⑦

张晚在后金威胁朝鲜王朝归还辽民时上札保护辽民。后金天命六年

---

① 《清太祖实录》卷6，天命四年三月一日甲申条，北京：中华书局，1986年。

② 《光海君日记》（正草本）卷138，光海君十一年三月十三日丙申条。"非此人，莫能图济，群意皆以为然。"

③ 崔鸣吉：《迟川集》卷19《忠定张公行状》，韩国古典综合数据库：https://db.itkc.or.kr/。

④ 白湘泰、张锡奎：《张晚评传》，第254页。

⑤ 《清太祖实录》卷6，天命四年三月二十一日甲辰条。"遣朝鲜降帅姜宏立部曲张应京，及官属三、通事一还国。"

⑥ 张晚：《洛西集》卷2《论胡书答送事宜仍陈所怀札》，《韩国历代文集丛书》第2454册，第135—136页。"敷奏帝庭，……婉曲其辞语，不至于激怒。"

⑦ 张成镇（音译）：《光海君时代军事战略》，《韩国军事学论集》2011年第67卷第1期，第35页。

(1621),后金致书威胁朝鲜归还辽民,① 光海君一度试图以"辽民是后金的间谍"为借口诛杀辽民。② 张晚为阻止光海君,主张"添兵马、修城池,为固守之计,以示贼来抵当之状。而据实直言,谕以天朝父母之邦。逃还之人,既入我境,义不可出给云。而速解镇江,具奏朝廷,使知此贼侵我北边之事"③。张晚上札保护逃到朝鲜的辽民,能维护朝鲜王朝和明朝的关系,但张晚主张加强防备后金的军事力量则有碍朝鲜王朝和后金关系的缓和,会增加朝鲜王朝的国力负担。

深河之役后,朝鲜王朝的兵力本就不足,再加上通过行贿免除兵役的人太多,让朝鲜王朝很难筹集兵力。靠收受贿赂占据朝鲜王朝高位的官员们的贪婪、放荡生活造成的损失全部由百姓承担。④ 张晚劝光海君停建宫殿未果后多次辞官,直到光海君十四年(1622)八月十二日,光海君才允许张晚辞官。⑤

后金建立前,张晚以遣使交涉的方式恢复了被女真人占据的四郡,维持朝鲜王朝和女真诸部间的和平。深河之役后,张晚迅速整顿边防、说服光海君婉拒后金的和议要求,以及上札保护辽民,在让明朝减少对朝鲜王朝怀疑的同时,暂时稳住后金。

三、仁祖时期的张晚

(一)张晚和"仁祖反正"

后金攻占沈阳和辽阳后,朝鲜王朝和明朝的陆路联系断绝,朝鲜王朝难以依靠明朝维护自身安全,于是光海君主张兵农分离,并广开武举。光海君

---

① 《清太祖实录》卷7,天命六年三月二十一日癸亥条。"尔若纳我已附辽民,匿而不还,惟明是助,异日勿我怨也。"
② 白湘泰、张锡奎:《张晚评传》,第288页。
③ 张晚:《洛西集》卷3《请勿诛走回汉人札》,《韩国历代文集丛书》第2454册,第168页。
④ 金成宇(音译):《光海君执政第3期(1618—1623)国家财政需求的剧增和农民经济的崩溃》,《大丘史学》2015年第118期,第106页。
⑤ 《光海君日记》(正草本)卷180,光海君十四年八月十二日乙亥条。"张晚,以病累辞,至是,得递。"

加强对后金的防御使得朝鲜王朝京畿的防御相对减弱,给了光海君的反对者发动政变的机会。① 从 1622 年末到 1626 年,后金也没有对朝鲜王朝施加太大的压力。② "仁祖反正"就发生在朝鲜王朝和后金的关系有所缓和,后金入侵的可能性大大降低的时候。

张晚辞官回乡养病时,想要驱逐光海君的势力正准备发动政变。张晚通过具宏、申景禛等人得知"反正"计划,但拒绝加入他们。"具宏与李曙及兄子仁垕、表兄申景禛定议,遂皆走关西,以楄裨事体使张晚。一日登百祥楼,乘间,告以谋。晚义而危之,终不听,遂辞去。"③ 崔鸣吉在讨论武力政变的过程中能提出很多想法,是因为他通过岳父张晚的亲信得到很多信息。从 1622 年开始,"反正"团体将决定性的谋划全部安排在张晚在王京的居所弘济院进行。从"时谋颇漏泄,事甚危急。乃进定师期,即癸亥三月十三日也。以十二日夕,期会于弘济院。于是会于张晚空第,规画布置,告期于诸处"④ 可以看出,张晚默许西人利用他的居所实施"反正"。仁祖检讨"反正"功臣的评定结果时,李贵提出:"(张晚)闻义举,深以为喜,画策亦多。"⑤ 李贵想用张晚为"反正"出谋划策的行为,劝仁祖把张晚评为功臣。但终因张晚没有参与"反正"的军事行动而作罢。

朝鲜仁祖元年(1623)三月十三日,发生"仁祖反正",光海君被废黜、大北势力被逐出政权。仁祖掌权后立即要面对防备后金的问题,于是张晚被召回中央,为仁祖解答防御后金的问题。⑥ 张晚迅速被仁祖重用得益于他丰富的外交、军事工作经验,和他与众多"反正"功臣的交情。

---

① 李长宏:《朝鲜光海君在位期间内外举措研究》,长春:东北师范大学,2012 年,第 88 页。

② 桂胜范(音译):《光海君代末叶(1621—1622)外交路线争论的实际及其性质》,《历史学报》2007 年第 193 期,第 15 页。

③ 李肯翊:《燃藜室记述》卷 25《仁祖朝故事本末·癸亥靖社》,首尔:朝鲜古籍刊行会,1913 年,第 402 页。

④ 李肯翊:《燃藜室记述》卷 25《仁祖朝故事本末》,第 406—407 页。

⑤ 《朝鲜仁祖实录》卷 3,仁祖元年闰十月十九日乙巳条,首尔:国史编纂委员会出版社,1985 年。

⑥ 《朝鲜仁祖实录》卷 1,仁祖元年三月二十五日乙卯条。"特进官张晚。"

张晚虽未被评为功臣，但很快被领议政李元翼推荐为都元帅。① 朝鲜仁祖元年（1623）三月二十八日，备边司说服仁祖让张晚兼任黄海兵使。② 四月二十四日，张晚作为都元帅前往关西地区时，受到仁祖的最高礼遇。③ 李廷龟在《西行赠言序》中详细描写张晚被任命为都元帅的过程和当天出征仪式的情景，称其为"旷古之盛礼"④。仁祖为张晚举办盛大的出征仪式，是想借张晚在宣祖和光海君时期树立的正面形象来美化新上台的仁祖政权的形象，显示仁祖政权的正当性和威严。

（二）张晚平定李适之乱

"仁祖反正"前，进驻朝鲜的明军将领毛文龙应仁祖之请，⑤ 助仁祖向明请封。⑥ 仁祖为表示感谢，"差陪臣张晚为元帅驻扎平壤，又以武将李适为之副，悉国中精锐以付之，一听毛镇节制，以候协剿之期"⑦。毛文龙势力以皮岛、铁山为据点，依靠仁祖的援助，势力逐渐壮大，与在辽明军以及张晚麾下的朝鲜军互为掎角，以不断袭扰后金腹地的游击战方式，让后金军不敢轻易进攻辽西，但也让朝鲜王朝和后金之间的矛盾激化。

张晚一生中最得意的时期，是被仁祖赐予尚方剑，作为都元帅出征平安道，平定李适之乱，受封一等振武功臣的时期。虽然"仁祖反正"改变了朝鲜王朝的掌权政治势力，但民间嘲讽"反正"后执政的西人和之前的大北派

---

① 《朝鲜仁祖实录》卷1，仁祖元年三月二十五日乙卯条。"元帅须有器量，张晚有器量，故臣敢荐之耳。"

② 《朝鲜仁祖实录》卷1，仁祖元年三月二十八日戊午条。"以张晚兼黄海兵使。"

③ 《朝鲜仁祖实录》卷1，仁祖元年四月二十四日癸未条。"上幸慕华馆，送都元帅张晚。……皆行再揖礼而出。"

④ 李廷龟：《月沙集》卷40《西行赠言序》，韩国古典综合数据库：https://db.itkc.or.kr/。

⑤ 赵翼：《浦渚集》卷28《宗亲府呈毛都督文》，韩国古典综合数据库：https://db.itkc.or.kr/。"凡废君悖乱，民不堪命之状。……速准所请，以存藩邦。"

⑥ 毛承斗辑：《东江疏揭塘报节抄》卷2，天启三年五月□日条，杭州：浙江古籍出版社，1986年，第12页。"向日丽之君臣，口许援师，心持□可。……臣又何忍而不惜此弱邦，以为恢复之急着也。"

⑦ 《明熹宗实录》卷77，天启六年十月二十二日辛酉条。

没有任何不同。① 在"仁祖反正"的第二年，因"反正"主体势力内部的权力斗争，发生了"李适之乱"。

"仁祖反正"后，在权力斗争中受到排挤的李适，没能被评为一等功臣。朝鲜仁祖元年（1623）五月，在后金将要入侵朝鲜的迹象出现时，李适受任副元帅兼平安兵使。但"反正"勋臣并没有放松对不甘屈居二等功臣的李适的警惕。李适之子李栴也有武才，且对"反正"勋臣持批判态度。仁祖朝廷对李适父子的监视，进一步刺激了他们。仁祖二年（1624）正月二十一日，从朝鲜王京传出义禁府都事和宣传官要来抓捕李栴的消息，这让李适决定起兵反抗。正月二十二日，李适率领平安道土兵和全罗道的赴防军一万两千名，还有他麾下的一百三十多名降倭从平安道宁边出发。李适军在黄州附近、临津江等地接连击溃官军，逼近朝鲜王京。李适军的机动力和战斗力非常出色，都元帅张晚驰启道："（李适军）凶狡不测，出没间途，莫的所向，每致不及，坐失事机。"② 二月九日，李适军占领朝鲜王京，仁祖提前播迁到公州。

李适起兵之初，张晚带病且兵力远少于李适军，张晚得知李适军直攻王京后便一面率兵不懈地追击，一面派间谍策反李适军中被裹挟的兵将。李适军进入王京拥立新王，张晚派军占据地利，打败全力来攻的李适军。平乱后，张晚主动向仁祖请罪，被评为平乱的最大功臣。③ 但张晚没有及时追击李适残部，让韩润等有机会叛逃后金，泄露朝鲜王朝的内情。④

"李适之乱"后，张晚提出以安州城为中心防备后金的策略。在明朝势力西退、协助朝鲜王朝的藩胡被努尔哈赤兼并的情况下，朝鲜王朝仅凭借沿

---

① 《朝鲜仁祖实录》卷9，仁祖三年六月十九日乙未条。"时，间间间又有伤时歌一篇，大概讥刺时事。"

② 《朝鲜仁祖实录》卷4，仁祖二年二月七日辛卯条。

③ 张维：《谿谷集》卷13《竭诚奋威出气效力振武功臣辅国崇禄大夫行议政府右赞成玉城府院君张公神道碑铭　并序》，韩国古典综合数据库：https://db.itkc.or.kr/。"适遂与龟城府使韩明琏，举兵反，有众万有二千。……进阶辅国崇禄大夫，封玉城府院君。"

④ 《清太祖实录》卷9，天命十年正月十四日条。"朝鲜国韩润、韩义、来降。"

鸭绿江排列的小镇堡无法抵御后金铁骑。① 张晚主张把防御后金的根据地从鸭绿江边转移到内地。仁祖三年（1625）六月，张晚请求仁祖让平安兵使驻在安州城未果。② 同年九月，张晚向仁祖强调守安州城的必要性，考虑到后金的威胁和朝鲜王朝军力不足以及地形特点，③ 张晚认为以安州为中心、以清川江为主要防御线是最佳战略。"丁卯胡乱"中后金军攻陷安州后，平壤等城相继陷落，也证明了张晚所提安州城方略的合理性。但仁祖直到"丁卯胡乱"爆发才决定让平安兵使退守安州。④

（三）丁卯之役与张晚的没落

朝鲜仁祖四年（1626），张晚作为兵曹判书兼体察使，预见到后金将会入侵，多次警告仁祖君臣，并主张制定相应的国防政策。此前张晚因未能及早镇压"李适之乱"导致仁祖播迁受到弹劾，⑤ 再加上安州城方略未得到仁祖的许可，张晚先后七次向仁祖请辞，⑥ 但到仁祖四年年底都未能辞官。仁祖五年（1627）正月，后金以"李适之乱"为借口出征朝鲜，声称要助光海君夺回王位，是为"丁卯之役"。同年正月十七日，仁祖还寄希望于后金军只是来抓毛文龙的，但张晚说："闻洪泰时者，每欲专力我国。此贼若立，则必成其计矣。"⑦ 张晚准确地道出皇太极侵略朝鲜的意图。

进入朝鲜的后金军很快占领义州，并在攻克安州后势如破竹。仁祖君臣因后金军到来而惊慌失措，仁祖任命张晚为都体察使抵御后金。张晚下令调集开

---

① 卢永九（音译）：《朝鲜后期平安道地区内地据点防御体系》，《韩国文化》2004年第34期，第237—238页。

② 《朝鲜仁祖实录》卷9，仁祖三年六月十九日乙未条。"主将退入内地，则昌、义将士，必有落莫之心。"

③ 《朝鲜仁祖实录》卷10，仁祖三年九月三日戊申条。"平安道地形，山势连亘，宁边、安州之间，隘如蜂腰。"

④ 《朝鲜仁祖实录》卷15，仁祖五年正月十七日乙酉条。"安州分军若少，则兵使退守安州可矣。"

⑤ 《朝鲜仁祖实录》卷10，仁祖三年十二月十五日己丑条。"玉城府院君张晚，……斥其纵贼不讨、勘勋不公之罪。"

⑥ 许景镇（音译）：《文武兼全克服国难的洛西张晚》，《洛西张晚研究》，第46页。

⑦ 《朝鲜仁祖实录》卷15，仁祖五年正月十七日乙酉条。

城府和长湍的军队,并在坡州山城防守,① 还请求总戎使立即调拨京畿的三四千名军兵随他同往,但仁祖为自保拒绝张晚带走御营军炮手。② 张晚于仁祖五年(1627)正月二十一日到达开城检阅军兵,发现兵力不足。③ 安州被攻陷后,平壤守军因畏惧后金军弃城而逃,同年正月二十四日,后金军攻占平壤。

后金军乘胜要求朝鲜王朝断绝和明朝的关系,与后金建立兄弟关系。仁祖朝廷不敢无视后金的和谈提案,遣姜宏立之子姜璛等送国书给后金军。④ 张晚托姜璛等带他的私信给姜宏立,告知姜宏立他的家人安好,希望姜宏立争取让后金军尽快停止对朝鲜的侵略。⑤ 同年正月二十七日,姜宏立托张晚把他的私函呈上朝廷。⑥ 备边司称:"姜宏立、朴兰英等,陷贼十年,不失臣节。今又力主和事,不忘宗国之心,据此可知。"⑦ 后金国书于二月通过接待大臣呈给仁祖。⑧ 经过激烈争论,朝鲜王朝同意与后金讲和。张晚在后金提议讲和后致信姜宏立,争取后金军中的朝鲜官员的帮助。

丁卯之役后,张晚因没能成功抵御后金遭到弹劾。朝鲜仁祖五年(1627)七月,张晚被流放。⑨ 同年十一月十九日,张晚被释放。⑩ 张晚被赦

---

① 《朝鲜仁祖实录》卷15,仁祖五年正月十七日乙酉条。"贼若直就大路,……与坡州牧使协力入守。"

② 《朝鲜仁祖实录》卷15,仁祖五年正月十七日乙酉条"御营军,姑勿带去。"

③ 张晚:《洛西集》卷4《以都体察使出师时状》,《韩国历代文集丛书》第2454册。"本府之军,行商为业,太半出去。"

④ 《朝鲜仁祖实录》卷15,仁祖五年正月二十二日庚寅条。"付诸姜璛以送。"

⑤ 张晚:《洛西集》卷4《与姜弘立》,《韩国历代文集丛书》第2454册,首尔:景仁文化社,1997年,第293—294页。"令一家上下皆安,……若寻旧好,我何辞焉。"

⑥ 全海宗著,金善姬译:《中韩关系史论集》,北京:中国社会科学出版社,1997年,第167—168页。

⑦ 《朝鲜仁祖实录》卷15,仁祖五年二月一日戊戌条。

⑧ 《朝鲜仁祖实录》卷15,仁祖五年二月二日己亥条。"胡书曰:'大金国二王子,……毋视我为不信也。'"

⑨ 《承政院日记》仁祖五年七月八日壬申条。"张晚,扶余县改定配所。"

⑩ 《承政院日记》仁祖五年十一月十九日壬午条。"张晚,当在蒙放中,不敢擅便,上裁,何如?传曰:依所启施行。"

免后，以年龄大和长期边防生活带来的疾病为由一再谢绝官职。① 朝鲜仁祖七年（1629）十一月十五日，张晚在汉阳盘松坊的家中去世。②

张晚协助毛文龙势力对抗后金，在增进朝明友好的同时，也激化了朝鲜王朝和后金的矛盾。张晚迅速平定"李适之乱"，助仁祖得到明朝的正式册封，但也让后金得知朝鲜内情，消除了后金对朝鲜王朝攻击其后方的顾虑。张晚在"丁卯之役"时联系姜宏立，让朝鲜王朝得以更快地与后金订盟、结束战争。

四、结语

张晚从"壬辰倭乱"时开始在晚明中朝关系中发挥作用。"壬辰倭乱"末，张晚周到接待归国明军，积极维护朝明友好。深河之役后，张晚在边防和外交上的应对，既能维持朝鲜王朝和后金之间的和平，又能缓和朝鲜王朝与明朝的关系。仁祖时期，张晚协助毛文龙势力让后金攻明有了后顾之忧，但激化了朝鲜王朝和后金的矛盾。"丁卯之役"中在朝鲜王朝已无胜利的希望时，张晚积极联系姜宏立，让朝鲜王朝得以迅速结束与后金的战争状态。

（作者：王哲　单位：延边大学人文社会科学学院）

---

① 崔鸣吉：《迟川集》卷19《忠定张公行状》，韩国古典综合数据库：https://db.itkc.or.kr/。"公积劳于外，十年抱病。甲子之变，舆疾暴露，左眼失明。累经患乱，病益沉痼。及从谪所还，常杜门谢事，不赴朝请，无复人间之念矣。"

② 崔鸣吉：《迟川集》卷19《忠定张公行状》，韩国古典综合数据库：https://db.itkc.or.kr/。"以是年十一月十五日，卒于盘松里第。……以庚午二月甲寅，葬于丰德之歧村艮坐坤向之原。"

试论唐中后期御史台官衔流变

职事官阶官化是唐代官职的重大变革，唐中期以降，原有的文武散官失之太滥，逐渐低落，而随着使职的大量兴起，省、台、寺、监、卫、府诸官通过"检校""试官""宪衔"等方式渐次替补为彰显使职品阶的加衔。御史台作为唐代监察系统的最高权力机构，其官衔同行政系统的其他职官一并流为带职，这类的御史台带职被后世研究者称作"宪衔"。

唐代御史台作为政治史和制度史中的一部分，相关研究成果丰硕①，学界在论及唐代监察制度或是御史台职官等内容时，均涉及宪衔②，对其流变原因与

---

① 专著主要有：王寿南：《唐代御史制度》，台北：台湾商务印书馆，1986年；张国刚：《唐代官制》，西安：三秦出版社，1987年，第75—88页；胡沧泽：《唐代御史制度研究》，福州：福建教育出版社，2000年；胡宝华：《唐代监察制度研究》，北京：商务印书馆，2005年。论文主要有：徐连达、马长林：《唐代监察制度论述》，《历史研究》1981年第5期，第11页；胡宝华：《唐代御史地位演变考》，《南开学报》2005年第4期，第9页；杜文玉：《试论唐代监察制度的特点及其历史鉴戒》，《陕西师范大学学报》2016年第4期，第8页；陈梦君：《唐朝御史台制度及当前价值探析》，郑州：河南财经政法大学，2021年。

② 参见：戴伟华：《唐代使府与文学研究》，桂林：广西师范大学出版社，1998年，第32—43页；胡沧泽：《唐代监察体制的变革》，《福建师范大学学报》2001年第3期，第7页；石云涛：《唐代幕府制度研究》，北京：中国社会科学出版社，2003年；杜文玉：《五代御史台职能的发展与变化》，《文史哲》2006年第1期，第7页；赖瑞和：《唐代中层文官》，北京：中华书局，2011年，第49—911页；柳淳：《唐代节度使带职问题研究》，西北大学硕士学位论文，2016年。

过程却并未深究①。笔者谨就读书所见，缀零拾散，试图通过梳理唐中后期御史台职官流为"宪衔"的过程，探讨使职加带宪衔之原因与意义，就教于方家学者。

一、唐代御史台职官

唐承隋制，设御史台掌监察，其名称与职官自高祖至睿宗时期经历了一个变化较大的阶段，直至玄宗先天二年（713）十月废右台，御史台机构与职官设置相对稳定下来。

关于御史台的名称与职设前人研究较为深入，不再赘论。综合前人研究列表如下：

表1　唐代御史台设置变化表

时　间	御史台变化	长官设置
高祖武德元年（618）	御史台	御史大夫一人
高宗龙朔二年（662）四月	改名宪台	御史大夫更名大司宪一人（御史中丞更名司宪大夫二人）
高宗咸亨元年（670）十月	复为御史台	御史大夫一人
武后光宅元年（684）九月	更为肃政台，增设右肃政台	左右肃政台大夫各一人
中宗神龙元年（705）二月	将左右肃政台更为左右御史台	御史大夫二人
睿宗延和元年（712）二月	废右御史台，左御史台更名为御史台	御史大夫一人
玄宗先天二年（713）九月	又设右御史台	左右御史台大夫各一人
玄宗先天二年（713）十月	废右御史台，左御史台更为御史台	御史大夫一人

御史台长官为御史大夫，一般为一人，原为从三品，武宗会昌二年（842）升为正三品。御史大夫随御史台废置，御史台有二时则有两个御史大

---

① 目前所见关于宪衔研究最为具体的当属冯培红于2007年发表的《论唐五代藩镇幕职的带职现象——以检校、兼、试官为中心》一文，其中对兼官（宪衔）的含义、范围及其作用有着较为深入的讨论，作者将包括宪衔在内的带职放置在一个动态的演变过程中分析，对本文有很大的启发性，然因其篇幅限，该文对于兼官（宪衔）的相关论述仍有较大的讨论空间。参见冯培红：《论唐五代藩镇幕职的带职现象——以检校、兼、试官为中心》，载高田时雄主编：《唐代宗教文化与制度》，京都：京都大学人文科学研究所，2007年．

夫，其"掌邦国刑宪、典章之政令，以肃正朝列"①。御史中丞为副贰，原为正五品上，武宗会昌二年（842）升为正四品下。

御史台下辖三院：台院、殿院、察院。台院职掌纠举百僚、入阁承诏、推鞫狱讼，有四员从六品下侍御史，其中一人为侍御史知杂，总判台事。殿院职掌推按诉讼、监察京城府库、分巡二京、纠察百官上殿之序列礼仪，有殿中侍御史六人，秩从七品下。资浅者加内供奉，掌殿廷供奉之仪，纠察百官之失仪者。殿中侍御史如遇冬至、初一须"具服升殿"，遇皇帝郊祀、巡幸，则"具服从于旌门"②，纠察文物缺失。察院职掌广泛，如巡按郡县、知太府、监决囚徒等，有监察御史十人，秩正八品上。唐朝御史台有时还根据需要设置过监察里行、御史内供奉等职。除了这些监察官，御史台还设置了主簿一人，秩从七品下，录事二人，秩从九品下，及令史、书令史、亭长、掌固等一百余具体工作人员来处理公廨杂务。御史台官员之晋升，一般是三十个月一迁，中和二年（882）改为二十个月一迁。③

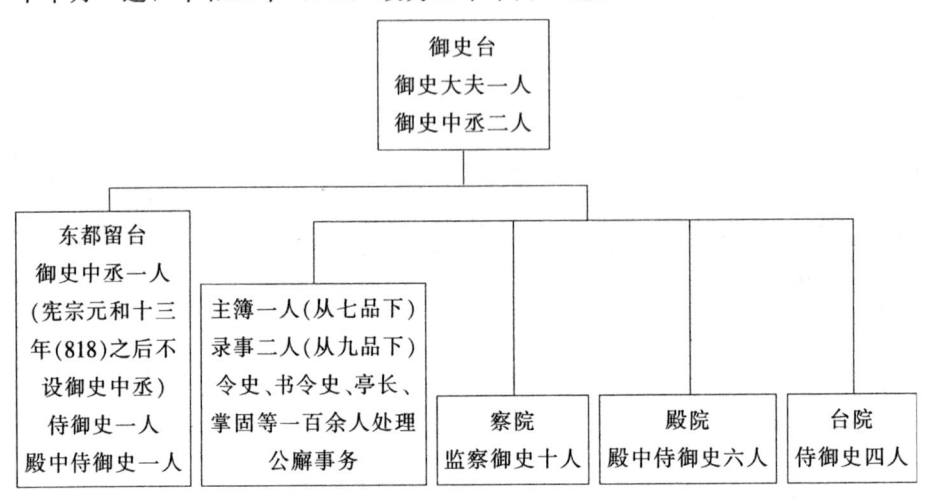

图 1　唐代御史台组织图

---

① 李林甫等：《唐六典》卷 13，北京：中华书局，2014 年，第 378 页。
② 《新唐书》卷 48《百官三》，北京：中华书局，1975 年，第 1239 页。
③ 《新唐书》卷 185《郑畋传》有云："旧制：使府校书郎以上，满三岁迁；监察御史里行至大夫、常侍，满三十月迁。虽节度兼宰相，亦不敢越。自军兴，有岁内数迁者，畋以为不可，请：'行营节度，縂里行至大夫，许满二十月迁；校书郎以上，满二岁乃奏。非军兴者如故事。'从之。"（第 5404—5405 页）

如是，御史台三院各有其职掌，加之地方设置的十道巡按共同构成了唐朝中前期较为完整的监察体系。御史台职官设置"反映了唐代监察机构是君主御用工具的基本特征"①。

御史台职官本属监察，为何会在此后渐次流为使职的带衔呢？笔者以为御史台的官职特性决定了其流为宪衔，其官职特性主要有两点，首先，御史台职官掌监察，有权对官员进行监督，且其权力行使有相对独立性，"各自弹事，不相关白"②，名义上不受其他官僚的限制。《大唐新语》载：

> 李承嘉为御史大夫，谓诸御史曰："公等奏事，须报承嘉知；不然，无妄闻也。"诸御史悉不禀之。承嘉厉而复言，监察萧至忠徐进曰："御史，人君耳目，俱握雄权，岂有奏事先咨大夫？台无此例。设弹中丞，大夫岂得奉咨耶？"承嘉无以对。③

在中国古代政治中，监察侧重单向的权力监督，监察官员作为制约主体并不受被监察者制约，"其实质是一种权力对另一种权力的单方控制"④，御史台职官作为监察主体在权力制约过程中属于主导地位，其他官僚则为监察对象，处于从属地位。

其次，御史台之职为清官，唐朝的"清"官与"浊"官相对⑤，在宪衔大量授予之前，御史台之侍御史、殿中侍御史、监察御史是士人晋升的重要"清流"位置。封演在其笔记中谈道：

> 宦途之士，自进士而历清贵，有八俊者：一曰进士出身制策不入，二曰校书、正字不入，三曰畿尉不入，四曰监察御史、殿中丞（殿中侍御史）⑥ 不

---

① 徐连达、马长林：《唐代监察制度论述》，《历史研究》1981年第5期，第11页。
② 杜佑：《通典》卷24《职官六》，北京：中华书局，1988年，第170页。
③ 刘肃撰，恒鹤点校：《大唐新语》卷4，上海：上海古籍出版社，2012年，第38页。
④ 汪庆红：《监察与制衡》，中国政法大学博士学位论文，2006年，第9页。
⑤ 刘昫等：《旧唐书》卷42，北京：中华书局，1975年，第1804页。"职事官资，则清浊区分，以此补授。"
⑥ 原无"丞"字，赵贞信校注引《唐语林》补为"殿中丞"，砺波护著《唐代的县尉》(《日本学者研究中国史论著选译》第四卷，北京：中华书局，1993年，第576页)将此补为"殿中侍御史"，笔者认为较为恰当。

入,五日拾遗、补阙不入,六日员外郎、郎中不入,七日中书舍人、给事中不入,八日中书侍郎、中书令不入。言此八者尤为俊捷,直登宰相,不要历余官也。①

任官者,往往将封演提到的这些官职当作晋升的关键职位,任职这些职位本身代表着自己的"清官"身份。士人如能任监察御史、殿中侍御史等职,则仕途会更加通顺。《唐语林》卷5《补遗》针对畿尉之升迁中转有一则较为生动的表述:"畿尉有六道:入御史为佛道,入评事为仙道,入京尉为人道,入畿丞为苦海道,入县令为畜生道,入判司为饿鬼道。"② 此处的御史即监察御史,评事为大理评事,可见畿尉将监察御史视作升迁的最优职位。类似的,《旧唐书》卷185《李素立传》:

素立寻丁忧,高祖令所司夺情授以七品清要官,所司拟雍州司户参军,高祖曰:"此官要而不清。"又拟秘书郎,高祖曰:"此官清而不要。"遂擢授侍御史,高祖曰:"此官清而复要。"③

《新唐书》卷105《上官仪传》:

时以雍州司士参军韦绚为殿中侍御史,或疑非迁,仪曰:"此野人语耳。御史供奉赤墀下,接武夔龙,蓬羽鹓鹭,岂雍州判佐比乎?"时以为清言。④

由此可以看出,御史台之侍御史、殿中侍御史、监察御史是士人晋升途中梦寐以求的位置。御史等职除作为清官升迁之地外,因其职司风宪,监察百官,位居整个官僚体制的要津,可谓既清且贵。又因其靠近权力中心,可以说是皇帝的"耳目官",品秩虽低,权力实重。总之,在御史台官衔泛滥

---

① 封演撰,赵贞信校注:《封氏闻见记校注》卷3,北京:中华书局,2005年,第18—19页。
② 王谠:《唐语林》,上海:上海古籍出版社,1978年,第163页。
③ 刘昫等:《旧唐书》卷185上,北京:中华书局,1975年,第4786页。
④ 欧阳修、宋祁等:《新唐书》卷150,北京:中华书局,1975年,第4035页。

之前，御史台长官掌持邦国刑宪，地位显赫，甚至多有升至宰辅者[①]；御史地位清要，"接武夔龙"，为皇帝"耳目官"，亦是官员快速晋升的美职。

二、宪衔的出现与流行

唐朝原本承袭的隋朝文武散官制度已经相当成熟，然而，正如阎步克指出的，中国古代政治中涉及官僚权益的位阶名号有一个渐趋猥滥的规律[②]，唐代官制在发展过程中出现了职事官阶泛化的趋势。监察系统中的御史台官衔因其特殊的权力地位，逐渐沦为使职繁冗官职帽子中的一项。

宪衔与唐代职事官的滥授息息相关，自武后至安史之乱前为宪衔发展的第一个阶段，武后为扩大政权基础，大设试官、广置员外，"殊不知名实混淆，品秩贸乱之弊，亦起于是矣"[③]。这一时期，始授使职宪衔，此时使职加带宪衔的记录较少。表2为笔者整理《旧唐书》所载安史之乱爆发前（755年前）外官带御史台衔的汇总：

表2 安史之乱爆发前（755年前）《旧唐书》所载外官宪衔加授表

时　间	官　员	官　衔	出　处
武周圣历中	唐休璟	司卫卿，兼凉州都督、右肃政御史大夫，持节陇右诸军州大使	《旧唐书》卷九三列传第四三
武周万岁通天二年（697）	张仁愿	肃政台中丞、检校幽州都督	《旧唐书》卷九三列传第四三
中宗神龙三年（707）	张仁愿	朔方军大总管、摄御史大夫	《旧唐书》卷九三列传第四三

---

① 李华：《御史大夫厅壁记》，《全唐文》卷316，北京：中华书局，1983年，第3303页。"（御史大夫）登宰相者十二人，以本官参政事者十三人，故相任者四人，籍威声以棱徽外按戎律者八人……开元、天宝，刑措不用，元元休息，由是务简，益重地清弥尊，任难其人，多举勋德，至宰辅者四人。"

② 参见阎步克：《品位与职位秦汉魏晋南北朝官阶制度研究》，北京：中华书局，2009年，第59页。

③ 《宋史》卷161《职官志一》，北京：中华书局，1977年，第3768页。

续　表

时　间	官　员	官　衔	出　处
中宗景龙元年（707）	张仁亶	左屯卫大将军、摄右御史台大夫、朔方道行营大总管、韩国公	《旧唐书》卷七本纪第七
睿宗景云元年（710）	王志愔	汴州刺史、河南道按察使、御史中丞、内供奉	《旧唐书》卷一〇〇列传第五十
	宋璟	幽州都督，兼御史大夫	《旧唐书》卷九六列传第四六
玄宗先天二年（713）	郭元振	朔方道大总管，兼御史大夫	《旧唐书》卷九七列传第四七
玄宗开元六年（718）	郭知运	鄯州都督、陇右诸军节度大使、兼鸿胪卿、摄御史中丞、太原郡公	《旧唐书》卷一〇三列传第五三
玄宗开元七年（719）	张说	检校并州大都督府长史，兼天兵军大使，摄御史大夫，兼修国史	《旧唐书》卷九七列传第四七
玄宗开元九年（721）	王晙	兵部尚书、朔方军大总管，兼御史大夫、清源县公	《旧唐书》卷九三列传第四三
玄宗开元十五年（727）	李祎	左金吾卫大将军、朔方节度使副大使、知节度事，兼摄御史大夫	《旧唐书》卷七六列传第二六
玄宗开元十六年（728）	王君㚟	凉州都督、摄御史中丞、右羽林军大将军	《旧唐书》卷一〇三列传第五三
玄宗开元二十一年（733）	张守珪	幽州长史，兼御史中丞、营州都督、河北节度副大使	《旧唐书》卷一〇三列传第五三
玄宗开元二十一年（733）	李朝隐	兼判广州事，摄御史大夫，岭南采访处置使	《旧唐书》卷一〇〇列传第五十
	郭虔瓘	安西副大都护、摄御史大夫、四镇经略安抚使	《旧唐书》卷一〇三列传第五三
玄宗开元二十三年（735）	张守珪	幽州长史、营州都督、河北节度副大使、河北采访处置使、辅国将军、右羽林大将军、兼御史大夫	《旧唐书》卷一〇三列传第五三
玄宗开元二十八年（740）	王忠嗣	左羽林军上将军、河东节度副使、兼大同军使、兼代州都督、摄御史大夫，兼充河东节度	《旧唐书》卷一〇三列传第五三
玄宗天宝元年（742）	安禄山	平卢节度使、摄御史中丞	《旧唐书》卷二〇〇列传第一零五

续 表

时 间	官 员	官 衔	出 处
玄宗天宝三年（744）	韦坚	陕郡太守、水陆转运使，勾当缘河及江淮南租庸转运处置使，兼御史中丞	《旧唐书》卷一〇五列传第五五
玄宗天宝六载（747）	安禄山	范阳节度使、平卢节度使、河北采访使、御史大夫	《旧唐书》卷二〇〇列传第一零五
玄宗天宝六载（747）	高仙芝	安西节度使、鸿胪卿、摄御史中丞	《旧唐书》卷一〇四列传第五四
玄宗天宝六载（747）	哥舒翰	鸿胪卿，兼西平郡太守，摄御史中丞、陇右节度支度田副大使，知节度事	《旧唐书》卷一〇四列传第五四
玄宗天宝七载（748）	哥舒翰	加摄御史大夫	《旧唐书》卷一〇四列传第五四
玄宗天宝十三载（754）	哥舒翰	拜太子太保，又兼御史大夫	《旧唐书》卷一〇四列传第五四
	高仙芝	权知北庭都护、伊西节度使、摄御史大夫	《旧唐书》卷一〇四列传第五四
	李麟	益州大都督府长史、摄御史大夫、剑南节度按察使	《旧唐书》卷一二二列传第六二

唐休璟最初受累于吴王李恪谋反案，贬任营州户曹，因边功于垂拱年间升任安西副都护，多次在唐与吐蕃的战争中立功，得以在圣历年间兼右肃政御史大夫。唐休璟在圣历年间的官衔为司卫卿，兼凉州都督、右肃政御史大夫，持节陇右诸军州大使。司卫卿原即卫尉卿，从三品，光宅元年（684）改名司卫卿，中宗神龙元年（705）复故，唯掌仪仗帷幕供应、武器库藏等事务。唐休璟所带司卫卿与右肃政御史大夫衔皆无法事其本职，可见唐休璟此时虽带御史台衔，却难以直接参与到御史台日常的运作中。自此，一部分御史台官衔渐次被剥离原本的职能，脱实入虚，宪衔作为一种真正意义上的加衔始于武周时期。

至玄宗开元年间，唐朝官制发展愈加呈现出官员以其使职为本业，以职官为名号的现象，张国刚把这种现象总结为：唐代中后期原有的以"职"为实、以"散"为号的制度逐渐过渡到以"使"为实,以"职"为号的新制度①。此类"因事而置,事已则罢,或遂置而不废"②的各种类型的"使"职在开元天宝年间权力不断强化,《唐国史补》中对此有所记述:

> 开元已前,有事于外,则命使臣,否则止。自置八节度、十采访,始有坐而为使。其后名号益广,大抵生于置兵,盛于兴利,普于衔名,于是为使则重,为官则轻。故天宝末,佩印有至四十者;大历中,请俸有至千贯者。③

各类使职处理事务的效率比之此前体系内的"职"有所提升,④但这种效率的提高是以皇权的让渡为代价的,背后仍是效率与规则的取舍问题,⑤折射出地方分权与中央集权之间的博弈。新的官僚体制的变动,传统的散官制度不足以彰显为唐王朝立下巨大功劳的新的权力群体,不足以体现皇帝对于诸"使"的优宠,那么包括御史台在内的中央"清贵"的官衔就拿来用作新的政治笼络的筹码了。如开元六年(718)鄯州都督、陇右诸军节度大使郭知运征讨吐蕃大胜之后,中央遣使"分赐京文武五品已上清官及朝集使"⑥,郭知运此次因功受获兼鸿胪卿、摄御史中丞的加衔。

这一时期,御史中丞、御史大夫这类御史台长官衔被唐廷用以奖赏地方节度大员,而诸如侍御史、殿中侍御史、监察御史这些品位较低的御史台官衔则被用以授予使职的幕府僚佐,《封氏闻见记校注》载:

> 开元以前,诸节制并无宪官。自张守珪为幽州节度,加御史大夫,幕府始带宪官,由是方面威权益重,游宦之士,至以朝廷为闲地,谓幕

---

① 参见张国刚:《唐代政治制度研究论集》,台北:文津出版社,1994年,第217页。
② 《新唐书》卷46,第1182页。
③ 常鹏:《〈唐国史补〉笺校》卷下,新北:花木兰出版社,2015年,第238页。
④ 关于任用使职的效率问题的相关论述可参见赖瑞和:《唐代高层文官》,北京:中华书局,2017年,第31—37页。
⑤ 关于职官效率与规则的问题可参见谢元鲁:《唐宋制度变迁:平等与效率的历史转换》,《文史哲》2005年第1期。
⑥ 《旧唐书》卷103,第3190页。

府为要津。迁腾倏忽，坐至省郎，弹劾之职，遂不复举。①

表3 安史之乱前幕职带宪衔表

姓 名	官 衔	出 处
郭虚己	尚书屯田员外郎、兼侍御使、蜀郡司马、剑南行军司马	《全唐文》卷三四三
徐浩	监察御史	《旧唐书》卷一三七列传第八七
卢幼临	行军司马、大理司直、摄殿中侍御使	《全唐文》卷三五二
张晓	幽州节度判官、监察御史	《全唐文》卷二八九
岑参	大理评事、摄监察御史，领伊西北庭支度副使	《岑参集校注》卷二
来瑱	殿中侍御史、伊西北庭行军司马	《新唐书》卷一四四

使府僚佐加御史台衔有两种方式，第一种是幕府长官为本府僚佐奏请御史台官衔，如表3中的徐浩，"幽州节度使张守珪奏在幕府，改监察御史"②；来瑱"天宝初，从四镇任剧职，累迁殿中侍御使、伊西北庭行军司马"③。第二种是御史台职官充任幕府职官，如开元二十五年（737），王维以监察御史充河西判官④；刘长卿的《落第赠杨侍御兼拜员外仍充安大夫判官赴范阳》⑤等。天宝十四载（755）前，使府僚佐带宪衔者于正史中所见极少，《旧唐书》《新唐书》对此类兼官非正职有着下意识的排斥，但仍可以从中央政令中窥见安史之乱前使职僚佐带御史台衔者不在少数：

（高宗）咸亨三年（672）五月十一日，"敕：中书、门下两省供奉官，今尚书省、御史台现任郎官、御史，自今而后，诸使不得奏请任

---

① 封演撰，赵贞信校注：《封氏闻见记校注》卷3，第25页。
② 《旧唐书》卷137，第3759页。
③ 《新唐书》卷144，第4699页。
④ 陈铁民：《王维年谱》，《王维新论》，北京：北京师范学院出版社，1990年，第13页。
⑤ 刘长卿：《刘长卿诗全集》，海口：海南出版社，1992年，第158页。"安大夫"即安禄山，此时间应当在天宝六载（747）安禄山加御史大夫至天宝十四载（755）十一月安史之乱爆发之间。

使,永为常式"①。

(玄宗)天宝二年(743)八月七日,"敕:所置御史,职在弹违,杂充判官,诚非允当。其诸道节度使,先取御史充判官者,并停。自今已后,更不得奏。若切须奏者,不得占台中缺。其本台长官充使者,不在此限"②。

安史之乱前存在使职将御史奏入到幕府任职的现象,御史入幕府此时已然影响御史台的正常运转,所以唐中央一再发布敕令加以限制。"若切须奏者,不得占台中缺"则为安史之乱后,藩镇幕府内各级幕僚兼宪衔层出叠见埋下伏笔。

宪衔的出现及流行附丽于唐代职事官阶官化的整体官制变革,又因监察的特殊性质使其受到更多关注,唐中央一再杜绝中低层监察官流为虚职,使府却致力于将御史纳入幕府或是直接为使府僚佐奏请宪衔,折射出朝廷与节镇幕府对于人才与权力的争夺。御史台职官的存在原本就是强化中央集权的一部分,监察官本身职卑而权重,当皇权将宪衔授予外官意味着对于这些使职权力的松绑。安史之乱爆发前,随着使职的发展变化,御史台官衔经过长期的积蓄已然开始向"宪衔"转变。

三、"兼""摄"御史

上述诸节度或使府僚佐所加宪衔皆曰"兼""摄"某御史官,仅从表2来看,似乎安史之乱以前御史台官衔的"摄"与"兼"大同小异。唐代官员任用形态较为复杂,③ 初唐至中唐时期职官制度一直在不断发展,除原有的正员官职之外,

---

① 王溥:《唐会要》卷78《诸使中》"诸使杂录上"条,上海:上海古籍出版社,1991年,第1700页。

② 王溥:《唐会要》卷62《御史台下》"杂录"条,第1280页。

③ 官员品秩的升降主要有拜、迁、转、进、除、改、左迁、左除、授、左授、贬等,除此以外任用的方式还有守、行、试、摄、检校、知(权知)、判(权判)、充、领、兼、监、同、员外、勾当、里行、版授等。参见王寿南:《唐代文官任用制度之研究》,《唐代政治史论集》,台北:台湾商务印书馆,1977年,第12—46页。

诸如检校、兼、守、判、知等大量带职涌现出来。① 哥舒翰自天宝七载（748）加摄御史大夫，天宝十三载（754）其再进一步，"又兼御史大夫"②，可以初步推断"兼御史大夫"在"摄御史大夫"之上，以下两则材料则表明在安史之乱爆发时，"兼""摄"御史台官衔的官员除在地位上的不同外，更有其他方面的区别。

《旧唐书》卷112：

> 及禄山陷东京（天宝十四载，755年），玄宗方择将帅，张垍言巨善骑射，有谋略，玄宗追至京师。杨国忠素与巨相识，忌之，谓人曰："如此小儿，岂得令见人主。"经月余日不得见。玄宗使中官召入奏事，玄宗大悦，遂令中官刘奉庭宣敕令宰相与巨语，几亭午，方出。……寻授陈留谯郡太守、摄御史大夫、河南节度使。翌日，巨称官衔奉谢，玄宗惊曰："何得令摄？"即日诏兼御史大夫。③

《资治通鉴》卷219至德元载（756）十月条：

> 房琯喜宾客，好谈论，多引拔知名之士，而轻鄙庸俗，人多怨之。北海太守贺兰进明诣行在，上（肃宗）命琯以（贺兰进明）为南海太守，兼御史大夫，充岭南节度使；琯以为摄御史大夫。进明入谢，上怪之，……上由是疏之（指房琯）。④

上述记载均在安史之乱爆发之后，皇帝准备任命欣赏的大臣"兼"御史大夫，中途却被其他官员将"兼"御史大夫改为"摄"御史大夫。皇帝看到自己欣赏的大臣只获得"摄"御史大夫时敏锐地察觉出有人篡改了自己的意思，从而表现出吃惊或不满。从这两则材料可以清楚地看出至少此时在皇帝

---

① 《新唐书》卷46《百官志一》，北京：中华书局，1975年，第1181—1182页。"初，太宗省内外官，定制为七百三十员，……然是时已有员外置。其后又有特置，同正员。至于检校、兼、守、判、知之类，皆非本制。又有置使之名，或因事而置，事已则罢；或遂置而不废。其名类繁多，莫能遍举。自中世已后，盗起兵兴，又有军功之官，遂不胜其滥矣。"

② 《旧唐书》卷104《哥舒翰传》，第3213页。

③ 《旧唐书》卷112《李巨传》，第3346页。

④ 《资治通鉴》卷219，至德元载十月条，北京：中华书局，1956年，第7002页。

看来,"兼""摄"御史大夫之区别足以显示出自己对大臣优宠与否。

赖瑞和在论及幕职带宪衔的情况时提出,"摄"御史类似州县摄官。藩镇使府所辟僚佐带宪衔时,幕府在上奏朝廷之前,称"摄某某御史",上奏之后,则称"兼某某御史",是否上奏朝廷可能是"兼"与"摄"的根本不同,① 这似乎不能用以解释上述两则材料。《通典》对"摄"某官解释:"摄者,言敕摄,非州县版署之命……皆是诏除,非为正命。"② 王寿南根据对唐代文官任用形式的研究,将"摄"概括为代理的意思,"摄"某官即为代理某官职。③ 而根据刘俊文笺解《唐律疏议·名例》"无官犯罪"条:

> 依《令》:内外官敕令摄他司事者,皆为检校;若比司,即为摄判。④

> 刘俊文笺释道:"摄者,暂代也。"⑤

所谓"摄",即暂时性代理,较赖瑞和与王寿南的解释,"暂时性代理"能更好地凸显"摄"官的含义。"兼"官在唐代有狭义与广义之分。《旧唐书》对此论述:

> 《武德令》,职事高者解散官,欠一阶不至为兼,职事卑者,不解散官。《贞观令》,以职事高者为守,职事卑者为行,仍各带散位。其欠一阶,依旧为兼,与当阶者,皆解散官。永徽已来,欠一阶者,或为兼,或带散官,或为守,参而用之。其两职事者亦为兼,颇相错乱。(其欠一阶之兼,古念反。其两职事之兼,古恬反。字同音异耳)咸亨二年,始一切为守。⑥

前后"兼"字字同音不同,意义也不相同。职事官欠散官一阶谓之"兼",

---

① 参见赖瑞和:《唐代中层文官》,北京:中华书局,2011年,第62—70页。
② 杜佑:《通典》卷19,第472页。
③ 参见王寿南:《唐代文官任用制度之研究》,《唐代政治史论集》,台北:台湾商务印书馆,1977年,第27页。
④ 刘俊文:《唐律疏议笺解》,北京:中华书局,1996年,第175页。
⑤ 刘俊文:《唐律疏议笺解》,第177页。
⑥ 《旧唐书》卷42,第1785—1786页。

也就是狭义的兼；而广义的"兼"为统领两职事。自永徽后，狭义的兼与守使用混乱，咸亨二年（671）后，狭义的兼官依诏取消，仅有广义的兼官使用。张荣芳在讨论唐代京兆尹兼官时，提到初唐的兼官是职官的代理，或者说是通过兼官来强化威权，其后发展为某官职不再是一人，而有多个兼官。① 兼为正官，即在本官的基础上同时担任其他职官，"兼"较"摄"而言缺少了暂代的意思，也脱离了"非为正命"的尴尬处境。在安史之乱爆发的前期，"兼御史大夫"比"摄御史大夫"更有"含金量"。但随着藩镇势力的兴起，宪衔日益泛滥，是"兼"是"摄"都大量授予，②"兼"御史与"摄"御史逐渐混为一谈。

四、"安史之乱"后宪衔的新变化

安史之乱的爆发意味着原有的官制演化进入到一个新的阶段。唐帝国为了尽快结束战乱不断地调整自身制度，试图重新树立起对藩镇的权威与控制力。在这个过程中，御史台官衔流变也出现了三个值得注意的方面。

第一，宪衔进一步泛滥，其藩镇节度与使府僚佐加带宪衔逐渐普及化、制度化。安史之乱前，《旧唐书》所载使职带御史台官衔者如表2所列，这些官员"兼""摄"御史，本质上体现的是皇帝的倚信与宠幸，数量十分有限，包括宪官在内的中央职事官衔处在中央的绝对控制之下。安史之乱爆发后，"兵革不息，财力屈竭，勋官不足以劝武功，府库不足以募战士，遂并职事官通用为赏"③。唐朝廷为了尽快平息叛乱，不再吝惜职官的封赏，正史中所见使职加带"宪衔"的记述在此后大量出现，非宰相中央官出任节度使初授加带宪衔者占大多数，不带宪衔者反而在少数。结合柳淳所统计唐代中

---

① 参见张荣芳：《唐代京兆尹研究》，台北：台湾学生书局，1987年，第73页。
② 杜佑：《通典》卷24，北京：中华书局，1988年，第673页。"自至德以来，诸道使府参佐。多以省郎及御史为之，谓之外台，则皆检校、里行及内供奉，或兼或摄。诸使官亦然。"
③ 马端临：《文献通考》卷220《经籍二十九》，北京：中华书局，2006年，第1689页。

央武官出镇节度使初授带职的数据,① 安史之乱爆发后可查到的中央武官出镇节度带职的有 44 例,其中 2 例带御史中丞衔,22 例带御史大夫衔,带宪衔者比例超过 50%,实际节度带宪衔的比例应该比此统计数据更高。节度使带宪衔从彰显皇帝的优宠,逐渐蜕变成节度使官衔的标准化配置。

不仅是藩镇节度身兼御史台长官之衔,藩镇幕职加带宪衔者也日益泛滥。终唐一代,为幕职奏请宪衔与奏请御史入府同时并存,前者是主流,后者处于补充地位。② 宝应二年(763)后,藩镇与中央进入到相对稳定的状态,唐中央着手限制幕府奏请御史入幕,试图将选拔人才与监察的权力收回中央。其先后于(德宗)大历十四年(779)③、(德宗)贞元二年(786)④、(穆宗)长庆二年(822)⑤、(文宗)大和二年(828)⑥、(武宗)开成二年

---

① 参见柳淳:《唐代节度使带职问题研究》,西北大学硕士学位论文,2016 年,第 22—24 页。

② 参见冯培红:《论唐五代藩镇幕职的带职现象——以检校、兼、试官为中心》,载高田时雄主编:《唐代宗教文化与制度》,京都:京都大学人文科学研究所,2007 年,第 156 页。

③ 王溥:《唐会要》卷 78《诸使中》"诸使杂录上"条,上海:上海古籍出版社,1991 年,第 1702 页。"六月一日敕:郎官、御史充使,绝本司务者,宜改与检校及内供奉里行。"

④ 王溥:《唐会要》卷 54《省号上》"中书省"条,上海:上海古籍出版社,1991 年,第 1089 页。"贞元二年五月二十八日敕:中书门下两省供奉官,及尚书省、御史台现任郎官、御史等,自今已后,诸司诸使并不得奏请任使,仍永为常式。"

⑤ 王溥:《唐会要》卷 60《御史台上》"御史台"条,上海:上海古籍出版社,1991 年,第 1229 页。"二年正月,御史中丞牛僧孺奏:诸道节度、观察等使,请在台御史充判官。臣伏见贞元二年敕,在中书、门下两省供奉官,及尚书、御史台见任郎官、御史,诸司诸使并不得奏请任使,仍永为常式。近日诸道奏请,皆不守敕文。臣昨十三日已于延英面奏,伏蒙允许举前敕,不许更有奏请。制曰:可。"

⑥ 王溥:《唐会要》卷 79《诸使下》"诸使杂录下"条,上海:上海古籍出版社,1991 年,第 1709 页。"太和二年六月,中书门下奏:诸道观察等使,奏请供奉官及见任郎官、御史充幕府,贞元、长庆已有敕文。近见因循,多不遵守。然酌时议制,事在变通。如或统帅专征,特恩开幕;戎府初建,军幄籍才。事关殊私,别听进止。此外一切请准前后敕文处分。敕旨:宜依。"

(837)①、开成三年（838）②下诏令试图改变幕职带宪衔的现状，却未能起到强有力的效果。

元和四年（809），成都修诸葛武侯祠堂碑，西川节度使使府文武僚佐几乎尽列于碑阴，从中可以一窥当时藩镇带御史台宪衔的情况：

  剑南西川节度副大使管内支度营田观察使处置□押近□诸蛮及西山八国云南安抚等使银青光禄大夫检校吏部尚书兼门下侍郎同中书门下平章事成都尹临淮郡开国公食邑三千户 武元衡
  监军使兴□元从朝议大夫内侍省内常侍员外同正员上柱国赐紫金鱼袋 王良会
  行军司马中大夫检校太子左庶子兼成都少尹御史中丞云骑尉赐紫金鱼袋 裴堪
  营田副使朝散大夫检校尚书吏部郎中兼成都少尹侍御史赐紫金鱼袋 柳公绰
  观察判官朝散大夫检校尚书户部郎中兼侍御史骁骑尉 张正一
  支度判官检校尚书礼部员外郎兼侍御史上护军赐绯鱼袋 崔备

---

① 王溥：《唐会要》卷79《诸使下》"诸使杂录下"条，上海：上海古籍出版社，1991年，第1712页。"二年十二月，中书门下奏：诸道节度使、观察、都团练使，请朝官任使。准贞元二年敕，中书门下有供奉官，及尚书省、御史台见任郎官、御史，诸司诸使并不得奏请任使。……况贞元之初，戎镇之事，比于今日，颇谓不同。圣朝授任推公，惟才是急，辍诸上选，分佐戎行，职则稍尊，命则稍重。而又才人涉历，练达武经，出入往来，便堪奖用。是朝廷之所利，诚方镇之得人。希古济今，匪宜专吝，酌于临事，可否在兹。臣等商量，诸节度、观察、都团练使，朝中素有相知者，许奏一人充副使，章服准太和三年五月八日敕。如素无相知，不奏亦听。其方镇带相，及自庙堂平章事出镇者，任约旧例奏署。庶使藩方益重，试任程才。其今日以前，应奏署敕已行者，虽关前敕，人数至少，式遵成命，又难追移伏。请自此已后，不得违越。敕旨依奏。"

② 王溥：《唐会要》卷79《诸使下》"诸使杂录下"条，上海：上海古籍出版社，1991年，第1713页。"三年四月，中书门下奏：宰相带平章事出镇，应朝官充使府职事，任约旧例奏署，使藩方益事，委任程才。谨详敕文，意在明许，亦不定言人数，及所请职名。臣等商量，起今以后，宰相自朝廷出镇，奏请朝官及刺史佐幕，前后更五人，数内有迁转停罢者，或须填替，任更奏来。如或辟用他官，不奏亦得。官至侍御史以上者，即许奏章服。便为常例，庶可通行。敕旨依奏。"

节度掌书记侍御史内供奉赐绯鱼袋　裴度
观察支使殿中侍御史内供奉　卢士玫
观察推官监察御史里行　李虚中
节度推官试太常寺协律郎　杨嗣复
节度推官试秘书省校书郎　宇文籍
知度支西川院事承奉郎殿中侍御史内供奉赐绯鱼袋　张植
朝散大夫守成都县令飞骑尉　韦同训
朝散大夫守华阳县令上柱国　裴俭
左厢都押衙兼右随身兵马使奉天定难功臣检校国子祭酒兼御史大夫　李文悦
右厢都押衙兼左随身兵马使检校大理少卿兼侍御史赐紫金鱼袋　浑钜
押衙兼左营兵马使银青光禄大夫检校太子宾客兼侍御史　罗士明
押衙银青光禄大夫检校太子宾客兼监察御史上柱　国史纲
押衙知右衙营事正议大夫试太子詹事　王颙
押衙朝议郎前行江陵尉府司录参军　李□
押衙朝议大夫行蜀州长史　刘武
左厢兵马使开府仪同三司使持节邛州诸军事行刺史兼御史大夫充镇南军使郇国公　韦亮金
藩落营兵马使朝请大夫使持节都督嶲州诸军事守刺史兼御史大夫充本州经略使清溪关南都知兵马使临淮郡王　陈孝阳
中军兵马使兼西山中北路兵马使特进使持节都督茂州诸军事行刺史兼侍御史上柱国陇西郡开国公　李广诚
左厢马步都虞候儒林郎试太仆寺丞摄监察御史云骑尉　韦端
右厢马步都虞候银青光禄大夫检校少府少监兼殿中侍御史上柱国　李锽
保定营兵马使开府仪同三司检校太子宾客怀德郡王　王日华
西山南路招讨兵马使银青光禄大夫试殿中监归化州刺史兼女国王蓟县开国男　汤立志
征马使银青光禄大夫试太子詹事兼侍御史上柱国赐紫金鱼袋　赵东义[①]

[①] 陆增祥：《八琼室金石补正》卷68，北京：文物出版社，1985年，第470页。

上列碑阴提名者共二十九人，其中有十八人带宪衔，另有十一人未带宪衔。此十一人中，武元衡为剑南西川节度使带"同中书门下平章事"宰相衔，故不兼御史衔，王良会为监军宦官，例亦不兼御史衔，韦同训与裴俭为县令，非使府僚佐。所以使府僚佐未兼御史台宪衔者仅有杨嗣复、宇文籍、王颢、李□、刘武、王日华、汤立志七人。西川节度使使府僚佐所兼宪衔分别有御史大夫、御史中丞、侍御史、侍御史内供奉、殿中侍御史、殿中侍御史内供奉、监察御史、监察御史里行共八等，而上述八类宪衔至宋代则仅余御史大夫、侍御史、殿中侍御史、监察御史四等。① 且带宪衔的十八人中，浑钜、罗士明、史纲、韦端、李锽、赵东义所带宪衔与所带检校、散官、勋官品级相差悬殊。可见幕职官员带宪衔非常普遍，宪衔同检校带职有一定的联系但十分有限，唐中后期检校官、散官、勋官与宪衔等加衔并没有形成较为固定的标准，只不过大体上藩镇文武僚佐职务愈重要所带宪衔品级愈高。结合使职带宪衔的相关资料来看，节度使一般带御史大夫衔，观察使与大州刺史多带御史中丞衔，藩镇幕职亦带侍御史、殿中侍御史、监察御史等衔。②

第二，除宪衔的授予普及化外，宪衔的升迁也逐渐制度化。安史之乱后，中央虽然诏令御史台官衔的升迁由原来的三十个月迁变为二十个月迁，③但"自军兴，有岁内数迁者"④ 的现象也是客观存在的。唐廷逐渐稳定局面后，就试图调整官制，重新确立规范的官员升迁顺序，以此强化中央的权威及对地方官员的控制，从郑畋所上奏的内容也可以看出唐廷的心思，故有白居易所言，"凡使府之制，量职之轻重以名官，揆时之远近以进秩；俾等衰

---

① 《宋史》卷169《职官志九》，北京：中华书局，1977年，第4063页。

② 司马光：《资治通鉴》卷219，至德元载十月条，第7002页。"是时兵兴，方镇重任必兼台省长官，以至外府僚佐亦带朝衔。迄于五季，遂为永制。其带台衔，自监察御史至御史大夫为宪衔。"

③ 欧阳修、宋祁等：《新唐书》卷185《郑畋传》，第5404—5405页。"旧制：使府校书郎以上，满三岁迁；监察御史里行至大夫、常侍，满三十月迁。虽节度兼宰相，亦不敢越。自军兴，有岁内数迁者，畋以为不可，请：'行营节度，繇里行至大夫，许满二十月迁；校书郎以上，满二岁乃奏。非军兴者如故事。'从之。"

④ 《新唐书》卷185，第5404页。

有长序,迁次有常程,劳役均分而名定矣"①。总的来说,幕府内所兼宪衔一般是以其使职权重与资历为升迁之依据,且宪衔的升迁不与检校、试官杂糅,而是自成系统,《旧唐书》卷126记载了陆少游的迁序,兹整理如下:

渝州南平令→大理司直、监察殿中侍御史、河东节度判官→金部员外郎→侍御史、回纥粮料使→检校职方员外郎→河北副元帅判官、兵部郎中,兼侍御使→晋州刺史→同州刺史（未视事）→晋州刺史→郑州刺史→泽潞节度副使,兼御史中丞、陈郑二州留后→陇右行军司马、检校左庶子,兼御史中丞→桂州刺史、桂管观察使（未行）→宣州刺史、宣歙池者团练观察使→越州刺史,兼御史大夫、浙东观察使→扬州大都督府长史、淮南节度观察使,仍加银青光禄大夫,封颍川县开国子→累加检校礼部、兵部尚书→加检校左仆射,赐实封三百户→加同平章事→赠太尉

陆少游释褐渝州南平令,宪衔历经殿中侍御史、侍御史、御史中丞、御史大夫,检校官历经大理司直（从六品上）、职方员外郎（从六品上）、兵部郎中（从五品上）、左庶子（正四品上）、礼部尚书（正三品）、兵部尚书（正三品）、左仆射（从二品）,死后追赠太尉（正一品）。由此可见,检校官与宪衔各自成单线体系,并无交叉,宪衔等带职以其使职权重与资历升迁。

安史之乱后,使职宪衔升迁并无严格标准,节度使如不加使相,则一般加御史大夫衔。张孝忠原为易州刺史,带御史中丞衔,建中二年（781）充成德军节度使,其宪衔则由原来的兼御史中丞升为兼御史大夫;乌重胤原为潞州左司马、昭义都知兵马使,兼御史中丞,元和五年（810）升任河阳节度使,其宪衔由原来的兼御史中丞升为兼御史大夫;刘悟在元和十五年（820）由淄青都知兵马使升任义成军节度使,其宪衔由原来的兼监察御史超授兼御史大夫;类似的还有李同捷在大和元年（827）自横海节度副使升任泰宁军节度使,其宪衔由兼侍御史超授至兼御史大夫。依刘悟、李同捷超授宪衔之例来看,恰恰佐证了使职加带宪衔并无严格固定之标准,基本遵循节度使带御史大夫衔,观察使与大州刺史带御史中丞衔的规律,其他幕府文武

---

① 白居易:《京兆府司录参军孙简可检校礼部员外郎荆南节度判官、浙东判官试大理评事韩伙可殿中侍御史、巡官试正字晁朴可试协律郎充推官同制》,《白居易集》卷53,北京:中华书局,1979年,第1117页。

僚佐则视其职权高低，升降其御史台加衔。

第三，因节度使、观察使等地方长官与使府僚佐纷纷兼摄御史衔，唐中央出现了一种新的"真御史"职位。许多学者对真御史、使府御史、外台御史进行了深入的讨论。①

真御史指在中央御史台任职，且执行监察职权的宪官，史料所见真御史往往从使府简拔而来，如李虚中：

> 宰相武元衡之出剑南，奏夺为观察推官，授监察御史。未几，御史台疏言行能高，不宜用外府，即诏为真御史。半岁，分部东都台，迁殿中侍御史。②

李原为伊阙尉，佐水陆运事。武元衡出镇剑南西川节度使时，奏请李虚中入其幕府，此时朝廷授其的监察御史就是宪衔，之后李虚中因其才能得以"诏为真御史"，从而自武元衡的幕府进入到中央御史台担任"真"监察御史。真御史较幕府御史而言，是真正在中央御史台任职，并且能够行使其御史的职权。

使府御史是在幕府中加带宪衔的文武僚佐。如前文提到的《蜀丞相诸葛武侯祠堂碑》碑阴所列带宪衔者，所兼上自御史大夫、御史中丞，下至监察御史、监察御史里行。如刘蕡"令狐楚在兴元，牛僧孺镇襄阳，辟为从事，待如师友。位终使府御史"③，这些幕府僚佐虽带御史台官衔，但其不在中央御史台任职，也不真正履行御史职能。

外台御史较真御史与使府御史而言就相对复杂，《新唐书》卷48："至德后，诸道使府参佐，皆以御史为之，谓之外台。"④《新唐书》此处表述的外台显然指在使府内担任幕职的御史，那么外台御史与使府御史似乎是一样的。赖瑞和通过研究发现一部分外台御史虽不在中央御史台任职，但却可以

---

① 赖瑞和：《唐代中层文官》，第70—78页；王寿南：《唐代御史制度》，载许倬云主编：《中国历史论文集》，台北：台湾商务印书馆，1986年，第186—191页；霍志军：《唐代御史与文学》，陕西师范大学博士学位论文，2010年，第23—27页。

② 韩愈著，马其昶校注，马茂元整理：《韩昌黎文集校注》卷6《殿中侍御使李君墓志铭》，上海：上海古籍出版社，2014年，第492页。

③ 《旧唐书》卷190，第5077页。

④ 《新唐书》卷48，第1237页。

执行御史职务①。赖瑞和根据《册府元龟》所载御史中丞高元裕的上奏②，将这些虽不在御史台但仍可以行使监察职权的外台御史统称为"监院御史"。张国刚也在《唐代官制》中提道："宪官寄衔与检校官、试官还稍有不同，即幕职带御史衔者可以受命纠举州县地方官，代使部分御史职能，因此有'外台'之称。"③这些外台御史虽可以行推劾监察之权，然因兼宪官衔者太滥，实际作用十分有限，并未起到重要的影响。④

可见，开元天宝时期除节镇长官带宪衔外，幕职也存在带宪衔的情况。随着安史之乱的爆发，宪衔进一步泛滥，使府文武僚佐纷纷加带御史台官衔，其所带宪衔上至从三品御史大夫，下至正八品上监察御史。为应对幕府御史大量出现的状况，唐中央朝廷也开发出"真御史"这一称谓加以区别，提升在中央任职、执行监察职权的御史的"含金量"。

五、监察官流为带职之意义

宪衔是唐代官制演化的产物，是中唐以降使职众多官帽中最精致的一顶。对于唐代带职，宋人洪迈评价："国朝官制，沿晚唐、五代余习，故阶衔失之冗赘。"⑤今人在研究唐五代官制时，对包括宪衔在内的带职也有类似

---

① 参见赖瑞和：《唐代中层文官》，第75—78页。
② 王钦若等编，周勋初等校订：《册府元龟校订本》卷516，南京：凤凰出版社，2006年，第5861页。"四年四月，御史中丞高元裕奏：'伏以天下三司监院官带御史者，从前谓之外台，得以察访所在风俗，按举不法。元和四年（809），御史中丞李夷简亦曾奏，知监院官多是台中寮属，伏请委以各访察本道使及州县有违格敕不公等事，罕能遵行。岁月既久，事须振起。伏请自今以后，三司知监院官带御史者，并属台司，凡有纪纲公事，得以指使。'从之。"
③ 张国刚：《唐代官制》，西安：三秦出版社，1987年，第170页。
④ 《新唐书》卷177《高元裕传》，第5286页。"故事：三司监院官带御史者，号外台，得察风俗、举不法。元和中，李夷简因请按察本州道县。后益不职。"可见外台御史虽可行推劾职权，但并未真正实现监察的职能。
⑤ 洪迈撰，孔凡礼点校：《容斋随笔·容斋三笔》卷4"旧官衔冗赘"条，北京：中华书局，2015年，第365页。

的观点，但是也有不少学者对宪衔或是带职的实际作用提出了新的看法，①对宪衔仅是"寄禄官"或者是虚衔冗官的问题，仍需进一步讨论。

元人胡三省在为《资治通鉴》作注时，多次将宪衔归类为"寄禄官"，如：卷232贞元元年（785）条注："此所之试官、兼官，以寄禄且宪衔也。"② 卷234贞元十年（794）条注："侍御，坦之寄禄官，所谓宪衔也。"③ 胡三省将宪衔视为寄禄官是以宋代类比唐代，此说法影响甚广。所谓寄禄指藩镇幕职因其职事无品秩，所以将带职的高低视作领取俸禄的依据，然而带职不仅仅有宪衔，还有检校官或试官。

表4 蜀丞相诸葛武侯祠堂碑部分官员职官、检校官（试官）、兼官

姓名	职事官	检校（试官）	宪衔
浑钜	右厢都押衙兼左随身兵马使	检校大理少卿（从四品上）	侍御史（从六品下）
罗士明	押衙兼左营兵马使	检校太子宾客（正三品）	侍御史（从六品下）
史䌷	押衙	检校太子宾客（正三品）	监察御史（正八品上）
韦端	左厢马步都虞候	试太仆寺丞（从六品上）	监察御史（正八品上）
李锽	右厢马步都虞候	检校少府少监（从四品下）	殿中侍御史（从七品下）
赵东义	征马使	试太子詹事（正三品）	侍御史（从六品下）

如表4所示，使府同一幕职所兼宪衔与检校官或试官有时品秩差距悬殊，如都将其简单视作寄禄官，那么是以宪衔为寄禄的标准还是以检校官为

---

① 参见砺波护：《唐代政治社会史研究》，京都：同朋舍刊，1986年；荣新江：《沙洲归义军历任节度使称号研究（修订稿）》，《敦煌学》第19辑，台北：敦煌学会，1992年，第15—67页；陈仲安、王素：《汉唐职官制度研究》，北京：中华书局，1993年，第226—230页；杜文玉：《论唐代员外官与试官》，《陕西师范大学学报》1993第3期，第8页；石云涛：《唐代幕府制度研究》，北京：中国社会科学出版社，2003年；戴伟华：《唐代使府与文学研究》，桂林：广西师范大学出版社，1998年，第32—43页；冯培红：《论唐五代藩镇幕职的带职现象——以检校、兼、试官为中心》，载高田时雄主编：《唐代宗教文化与制度》，京都：京都大学人文科学研究所，2007年，第193—202页；赖瑞和：《唐代基层文官》，北京：中华书局，2008年，第227—229页。
② 《资治通鉴》卷232，第7460页。
③ 《资治通鉴》卷234，第7553页。

寄禄的标准来领取俸禄呢？根据《唐会要》卷 91《内外官料钱上》的记述，代宗大历十二年（777），在京御史大夫每月 60 贯文，御史中丞每月 45 贯文，侍御史、殿中侍御史、监察御史则每月分别为 25 贯文、20 贯文、15 贯文，同时期观察使每月 100 贯文，都团练副使每月 80 贯文，观察、都团练判官每月 50 贯文，支使每月 40 贯文，推官、巡官每月 30 贯文。地方使职除此之外，每月还有杂给，观察使不超过 50 贯文，都团练副使不超过 30 贯文，观察、都团练判官与支使、巡官、推官皆不超过 20 贯文。① 仅从大历十二年（777）来看，使职与使府僚佐之俸禄较京官而言要高不少，且有明确的俸禄规定，并不以其宪衔或是其他带职为俸禄的标准。又《新唐书》卷 55《食货志五》记述武宗会昌（841—846）后，御史大夫钱 100 万、御史中丞 8 万、侍御史 4 万、殿中侍御史 3.5 万②、监察御史 3 万。而同一时期，节度使 30 万钱，都防御使、副使 15 万，观察使 10 万，都团练使、副使 8 万，节度副使 7 万，观察、团练判官、掌书记 5 万，节度推官、支使、防御判官 4 万，观察、防御、团练推官、巡官 3 万。③ 至武宗时，藩镇势力遭到打压，节镇长官及其使府僚佐薪俸被削减。虽然此时相对应的京官俸禄比使职或使府僚佐高，但使职及使府僚佐仍然有确定的俸禄，依然不以宪衔等带职为俸禄的标准，可见宪衔或是其他带职并非胡三省所言之"寄禄官"。

唐中后期御史台官衔大量泛滥，节度或其僚佐纷纷加带宪衔的作用主要有三点。第一，宪衔可以增加使职威权。《柳河东集》卷 26《诸使兼御史中丞壁记》云：

> 凡使之号，益专焉，而行其道者也。开元以来，其制愈重，故取御史之名而加焉。至于今若干年，其兼中丞者若干人。其使绝域、统兵戎、按州部、专货食，而柔远人、固王略、和关石，大者戡复于内、拓定于外，皆得以壮其威、张其声，其用远矣。假是名以莅厥职，而尊严

---

① 参见王溥：《唐会要》，第 1964—1968 页。
② 此处记述殿中侍御史有两处，第一处记述殿中侍御史为 4 万钱，其后又有殿中侍御史为 3.5 万钱，因殿中侍御史较侍御史品级稍低，取殿中侍御史为 3.5 万钱的记述。
③ 参见《新唐书》，第 1403—1405 页。

若是,况乎总宪度于朝端,树风声于天下。①

柳宗元于贞元二十年(804)作此小记,相信其对使职带宪衔感触颇深。监察是对权力的规训,御史台官衔本身带有监察属性,有资格对官僚队伍进行纠察。高宗时韦思谦任监察御史,曾言"御史出巡,不能地动山摇,震慑州县,为不任职"②,御史威权之大,可见一斑。唐中后期加使职宪衔,表示授予使职推劾的权力,其人虽不在宪台,然而"尊严若是",可以"树风声于天下"。如此,使职得以"壮其威、张其声",减少履职的阻力,以便行事。类似的,不仅唐朝中后期给使职加宪衔增其威权,明清之际亦如此,如明清总督例兼尚书衔带右都御史衔,未加尚书衔带右副都御史,巡抚则例兼右副都御史。③ 此外,因御史台官衔"清而复要",较之幕职更彰地位,所以不少使府御史更愿意他人称自己的宪衔,如《送严侍御充东畿观察判官》④《送度支留后若侍御之歙州便赴信州省觐》⑤ 等,不胜枚举。

第二,宪衔可以帮助藩镇幕职确定相应的官资品位。由于使职是临时派遣性质,无品秩,所以需要用宪衔在内的带职来确定使职的地位。清人钱大昕云:"节度、采访、观察、防御团练、经略、招讨诸使,皆无品秩,故常带省、台、寺、监长官衔,以寄官资之崇卑。"⑥ 原本用以定官资的散官,因滥授而失去了确定品阶的作用,需要以职事官来代替。包括宪官在内的带职确定使职的班序,乃至章服品色。⑦《唐会要》卷25《文武百官朝谒班序》有:

---

① 柳宗元:《柳河东集》卷26,上海:上海古籍出版社,2008年,第439页。
② 《新唐书》卷116,第4228页。
③ 参见刘子扬:《清代地方官制考》,北京:故宫出版社,2014年,第66—75页。
④ 刘长卿:《刘长卿诗全集》五律,海口:海南出版社,1992年,第128页。
⑤ 刘长卿:《刘长卿诗全集》五律,第129页。
⑥ 钱大昕:《廿二史考异》卷58,上海:上海古籍出版社,2004年,第849页。
⑦ 关于章服品色,冯培红认为唐五代藩镇幕职的章服依据其阶序、京职事官、散官等带职的官品决定;陈文龙则认为带职官品是赐服的前提,带职并非直接取得章服的工具,只是为了某些幕职提供参照而已。相关论述参见:冯培红:《论唐五代藩镇幕职的带职现象——以检校、兼、试官为中心》,载高田时雄主编:《唐代宗教文化与制度》,京都:京都大学人文科学研究所,2007年,第201页。陈文龙:《北宋本官形成述论:唐后期至北宋前期官僚品位结构研究》,北京大学博士学位论文,2011年,第43—45页。

贞元二年（786）六月，检校官、兼官及摄、试、知、判等官，并在同位正官之次，其有行所检校、兼、试、摄、判等官职事者，即依正官班叙。除留守、副元帅、都统、节度使、观察使、都团练、都防御使，并大都督、大都护、持节兼外，余应带武职事位，在西班，仍各以本官品第为班序。①

使职通过所带宪衔、检校官等职得以有序班列朝会。荣新江在研究归义军带职的相关问题时，认为"节度使属于差遣官，本身没有品秩，所以都加检校官衔，以表示官资的高低崇卑"②，而宪衔与检校官同为带职，亦有表示官资高低的作用。直至宋代，各类的使职才有了相对应的品位。③

第三，宪衔是官员在中央与幕府之间迁转的纽带。唐中后期，幕府与中央之间职事官的迁转是相当频繁的，单纯的幕职根本无法同中央官僚体制联系起来，宪衔、检校官、试官等带职在这个过程当中就起到了关键的作用。

通过所带的宪官衔，幕府内的僚佐得以入中央任职。一般来说，士人多以进入中央任职为荣，④ 大量的优秀人才将入幕府作为仕宦的捷径之一，经历幕府迁转，再自藩镇入中央。中央朝廷也需要从各地幕府吸纳有经验的优秀人才。如李德裕：

（元和）十一年（816），张弘靖罢相，镇太原，辟为掌书记。由大理评事得殿中侍御史（使）。十四年（819）府罢，从弘靖入朝，真拜监察御史。⑤

李德裕在张弘靖幕内所加的殿中侍御史是宪衔，并非实职，至他随张弘靖入朝，其所兼宪衔为其拜真监察御史提供依据。再如卢简求：

简求字子臧，长庆元年（821）登进士第，释褐江西王仲舒从事。

---

① 王溥等：《唐会要》卷25，第563页。
② 荣新江：《归义军史研究》，上海：上海古籍出版社，2015年，第61页。
③ 《宋史》卷168《职官志八》，第4014—4017页。
④ 参见戴伟华：《唐代使府与文学研究》，桂林：广西师范大学出版社，1998年，第115—119页。
⑤ 《旧唐书》卷174，第4509页。

又从元稹为浙东、江夏二府掌书记。裴度镇襄阳，保厘洛都，皆辟为宾佐，奏殿中侍御史。入朝，拜监察。①

卢简求虽不似李德裕，其经过科举登进士，但还是选择进入幕府任职，转任各镇之间。在幕府，卢简求得兼殿中侍御史（从七品下），最终入朝，进入御史台任职，拜为监察御史（正八品上）。李德裕、卢简求入朝可以说是升迁，然而在任官时，却从殿中侍御史（从七品下）拜为监察御史（正八品上），可见此时中央朝廷在人才方面的吸引力。从另一个层面来看，入朝降衔也是朝廷刻意为之，目的是彰显中央朝廷对地方的优势地位，树立权威。但实际上，幕府御史拜为真御史并非尽是降衔入朝，仍然存在升衔入朝或是平衔入朝的例子，如王质：

> 元和六年（811），登进士甲科。释褐岭南管记，历佐淮蔡、许昌、梓潼、兴元四府，累奏兼监察御史。入朝为殿中，迁侍御史、户部员外郎。②

王质同卢简求类似，虽进士登科，却选择进入节镇幕府担任僚佐，成为幕府御史，其自幕府监察御史（正八品上）升衔入朝，官拜殿中侍御使（从七品下）。再如于敖：

> 登进士第，释褐秘书省校书郎。湖南观察使杨凭辟为从事，府罢，凤翔节度使李鄘、鄂岳观察使吕元膺相继辟召。自协律郎、大理评事、试监察御史。元和六年（811），真拜监察御史。③

于敖登进士第后，首先进入中央政府任职清官校书郎，之后进入使府任职，在此期间得宪衔"试监察御史"，元和六年入朝拜为真监察御史，是为平衔入朝。正如冯培红所言，④包括宪衔在内的带职给官员在中央与地方之

---

① 《旧唐书》卷163，第4271—4272页。
② 《旧唐书》卷113，第4267页。
③ 《旧唐书》卷149，第4009页。
④ 参见冯培红：《论唐五代藩镇幕职的带职现象——以检校、兼、试官为中心》，载高田时雄主编：《唐代宗教文化与制度》，京都：京都大学人文科学研究所，2007年，第188—193页。

间的迁转搭建起沟通的桥梁，官员的任职形式较为灵活，节镇官员与京官之间得以实现相互流动。

六、结语

御史台官衔原本仅是监察职官系统中的一部分，其司风宪、察百僚，地位清贵。自武周至玄宗开元天宝年间，随着散阶的滥授与史职的大量任用，御史台职官开始作为奖赏性质的带职授予使职。安史之乱后，中央虽然成功解决了此次叛乱，但不可否认的是，安史之乱大大加速了职事官阶官化这一进程。在散官构成的散阶因贬值而变质之后，包括御史台官衔在内的职事官明显起到了代偿作用。① 最终，随着官制的演变、皇权的衰弱、监察体系的崩坏，御史台官衔不断泛滥，失去了原本监察的职能，流为"宪衔"。

唐廷将御史台职官作为宪衔授予这种做法，并没有随着唐朝灭亡而消失，辽及北宋初年职官仍在加带宪衔。直至元丰三年（1080）九月，宋神宗诏御史台兼官"亦并除去"②，御史台官衔作为使职带衔的历史才算正式落幕。

（作者：高瑞泽　单位：长春师范大学历史文化学院）

---

① 参见阎步克：《"品位—职位"视角中的传统官阶制五期演化》，《历史研究》2002年第2期。
② 《宋史》卷164，第3870页。

狂欢与失序：辽代"放偷"日探析

辽朝立国二百余年，采取"以国制治契丹、以汉制待汉人"[①]的统治策略。草原游牧文化与中原农耕文化在其境内充分互动融合，由此衍生的辽代节日丰富多彩，"放偷"日就是辽代契丹族的重要节日之一。然而，有关辽代"放偷"日的记载多有出入，传承间又有一定流变，学界对其综合梳理甚少。本文不揣浅陋，对辽代"放偷"日的渊源流变、具体活动、后世影响等情况做一综合探究，以期加深对辽代"放偷"日的认知与理解。

一、"放偷"日渊源与《辽史》记载

（一）"放偷"日的渊源

"放偷"日是极具契丹特色的节日，持续时间较长，参与度极广，节日氛围浓厚。《契丹国志》言："正月十三日，放国人做贼三日，如盗及十贯以上，依法行遣。"[②] 溯其渊源，"放偷"习俗并非起源于契丹，早在北朝时期，就有关于"放偷"的记载。《魏书·东魏孝静帝纪》载："（天平）四年（537）春正月，禁十五日相偷戏。"[③] 鲜卑族有于正月十五日夜进行"相偷戏"的习俗，此处的"相偷戏"就是辽金时期的"放偷"。鲜卑和契丹同出东胡族系，二者同源，祭

[①]《辽史》卷45《百官志一》，北京：中华书局，2017年，第773页。

[②] 叶隆礼撰，贾敬颜、林荣贵点校：《契丹国志》卷27《岁时杂记》，北京：中华书局，2014年，第285页。

[③]《魏书》卷12《孝静纪第十二》，北京：中华书局，1974年，第301页。

祀、社会风尚、盟誓仪式等多有类似，辽金时期的"放偷"习俗就是来源于鲜卑。① 囿于史料，尚无法得知"相偷戏"是否就是"放偷"的源头，又或从别处沿袭而来，但可以确定的是，最晚在北朝东魏时期就已经出现"放偷"活动。

由此观之，"放偷"可视为北方少数民族的传统节日之一，在漫长的历史传承中发生了一定变化。北朝时期，"相偷戏"是正月十五日夜进行的游戏活动之一，而到了辽代，"放偷"获得更加充分的发展。辽代"放偷"日时间固定且持续三天，主要活动形式为"偷物"和"偷婚"，新奇刺激的活动带来与众不同的情感体验。而且"放偷"的参与度极广，无论是达官贵人抑或平民百姓都会走出家门，参与到这场游戏中来。就判定节日的五大标准而言，"放偷"日已经完全具备节日名称与时间的特殊性、活动内容与空间的特殊性，以及特殊的节日体验。② 同时，契丹人对"放偷"日的重视与庆祝程度也非同一般，故而"放偷"日对辽代契丹人来说，已经是一个重要的节日，燕京地区的汉人也颇受其影响，甚至是宋人也受到了不同程度的浸染。显然，辽代"放偷"已经从正月十五日夜的活动之一升级成为一个独立的节日。

（二）《辽史》缘何不见"放偷"？

"放偷"日在辽代如此重要，《辽史·岁时杂仪》是有关辽代节日的系统记录，却不见其中有"放偷"日的只言片语，这不免令人疑惑。而《契丹国志》《燕北录》《燕北杂记》等均记录了辽代"放偷"日的存在。《契丹国志·岁时杂记》载："正月十三日，放国人做贼三日，如盗及十贯以上，依法行遣（北呼为"鹘里叵"，汉人译云"鹘里"是"偷"，"叵"是"时"）。"③ 武珪《燕北杂记》也记载了"放偷"日："正月十三日，放契丹做贼三日，如盗及十贯以上，依法行遣，呼为鹘吕叵（鹘吕是偷，叵是时）。"④ 其中《燕北杂记》作为《契丹国志·岁时杂记》与《辽史·岁时杂仪》文本的来源之一，其重要性

---

① 吕一飞：《胡族习俗与隋唐风韵——魏晋北朝北方少数民族社会风俗及其对隋唐的影响》，北京：书目文献出版社，1994年，第217—220页。

② 张勃：《节日的定义、分类与重新命名》，《节日研究》2018年第1期，第38—44页。

③ 叶隆礼撰，贾敬颜、林荣贵点校：《契丹国志》卷27《岁时杂记》，第285页。

④ 曾慥编，赵龙整理：《〈类说〉选十八种·燕北杂记·治盗》，郑州：大象出版社，2019年，第278页。

与真实性在《辽史补注》中已有陈述，苗润博等多位前辈学者已经言明。[①]宋人洪皓的《松漠纪闻》也清楚记载了契丹确有"放偷"的习俗。以上各书成书年代均早于《辽史》，更可以证明辽代"放偷"日的真实性。

既然元代史官修撰《辽史》之时能将《契丹国志·岁时杂记》的文本抄录至《辽史·岁时杂仪》，那么应该能看到"放偷"日的记载，但为何对其视而不见，并未于《辽史·岁时杂仪》中收录"放偷"日呢？笔者推测是因为《辽史·岁时杂仪》体例模仿宋人陈元靓所撰《岁时广记》，《岁时广记》内容为传统的中原节日体系，包括元旦、立春、人日、上元、社日、清明、寒食、上巳、佛日、端午、七夕、中元、中秋、重九、冬至、岁除。所有节日都经长期发展流变，基本定型。而传统的中原节日中没有类似"放偷"日的存在，无法把"放偷"日放进已有的节日体系，"放偷"日对于中原节日系统来说显得格格不入。为了迎合《岁时广记》的体例，元代史官并没有选择将"放偷日"收录《辽史·岁时杂仪》，而是将其有目的、有意识地忽略了，因此《辽史》不见"放偷"日的记载。

二、辽代"放偷"日的具体活动

《燕北杂记》和《契丹国志·岁时杂记》对于辽代"放偷"日的描述异常简略，除时间和法律允许范围内偷窃数额的上限外并无其他记载。但我们可以借助宋人笔记中所记的金代"放偷"习俗来一窥辽代"放偷"日的面貌。

洪皓《松漠纪闻》对金代"放偷"的具体情况有所叙述，其中记录了金代"放偷"与辽代"放偷"极为类似。文惟简所作《虏庭事实》记录的"放偷"日内容虽与《松漠纪闻》大同小异，但包含"偷婚"的更多细节。因此我们可借助《松漠纪闻》和《虏庭事实》来考察辽代"放偷"日的具体情况。

《松漠纪闻》：

[①] 陈述：《辽史补注》卷53《礼志六·嘉仪下》，北京：中华书局，2018年，第2356页。苗润博：《〈说郛〉本王易〈燕北录〉名实问题发覆》，《文史》2017第3期，第141—155页。

> 金国治盗甚严，每捕获论罪外皆七倍责偿。唯正月十六日则纵偷一日以为戏。妻女、宝货、车马为人所窃者，皆不加刑。是日，人皆严备，遇偷至，则笑遣之。既无所获，虽舂锄微物亦携去。妇人至显入人家，伺主者出接客，则纵其婢妾盗饮器。他日知其主名，或偷者自言，大则具茶食以赎，谓羊、酒、肴馔之类。次则携壶，小亦打糕取之。亦有先与室女私约，至期而窃去者，女愿留则听之。自契丹以来皆然，今燕亦有之。①

《庑庭事实》：

> 庑中，每至正月十六日夜，谓之"放偷"。俗以为常，官亦不能禁。其日夜，人家若不畏谨，则衣裳、器用、鞍马、车乘之属为人窃去。隔三两日间，主人知其所在，则以酒食、钱物赎之，方得原物。至有室女随其家出游，或家在僻静处，为男子劫持去，候月余日，方告其父母，以财礼聘之。则放偷之弊，是何礼法？②

综合参考《松漠纪闻》和《庑庭事实》的内容，我们可以看到辽代"放偷"日主要有以下两大活动：

（一）"偷物"

辽代"放偷"日长达三天，正月十三日至正月十六日期间皆可尽情欢愉。节日氛围极其浓厚，"人皆严备"，全民严阵以待，谨防他人偷窃自家财物。"偷物"活动参与人员广泛，无论是普通平民百姓还是显贵人家都会参与到游戏中来，两个阶级之间也会娱乐互动，"妇人至显入人家，伺主者出接客，则纵其婢妾盗饮器"，平民若去显贵人家"偷物"，同样受到欢迎。"偷物"之时，巧遇主人家也无妨，主人会"笑遣之"。若是防范严密，只能寻到价值极其微小的财物，也会欣然带走。处于"偷物"范围内的物品很多，车马、衣裳、鞍马等各种器物，无所不偷，甚至是妻女都在可偷范围之内，"妻女、宝货、车马为人所窃者，皆不加刑"。查阅《辽史》等相关史

---

① 赵永春：《奉使辽金行程录》，北京：商务印书馆，2017 年，第 322 页。
② 陶宗仪编，刘宇等整理：《〈说郛〉选五十八种·庑庭事实》，郑州：大象出版社，2019 年，第 174 页。

料，未发现在"放偷"日有抓盗或者捕盗等记载，可见"放偷"日期间，民众纵情狂欢，法律法规的执行较平时宽松许多。

"偷物"并不是为了将他人财物据为己有，而是为了娱乐放松。"放偷"日偷窃的财物，偷窃者或自己放出风声，或主人打听到自家财物在何处，然后赎回，价值较高的以佳肴赎回，较小的则以饮器、打糕等赎回，"他日知其主名，或偷者自言，大则具茶食以赎，谓羊、酒、肴馔之类。次则携壶，小亦打糕取之"。值得注意的是，"放偷"日的狂欢并非完全失控，辽代"放偷"日规定了偷物数额的上限，意在将"偷物"活动限制在一个可控范围内，可见"放偷"目的就是娱乐，并非均衡社会财富。

为何会有"放偷"行为呢？吕一飞认为，"放偷"的形成是由于原始社会末期私有制的产生和贫富差距不断加大，某些贫穷的社会成员心理失衡，为了补偿此类人，产生了"放偷"习俗。[①] 笔者的看法与之类似，"放偷"是氏族社会时期财产共有制的遗风，那时阶级差异和贫富差距并未完全产生，诸多财产都是属于集体共有，人们心中"你我"的概念区分也并未完全建立，因此随意拿取他人财物也实属情有可原。但随着国家各种制度不断进步与法律法规逐渐完善，原始社会时期的习俗已不再和现有的社会现实相适应，所以北朝东魏时期就曾经企图禁止"放偷"。然风俗习惯由来已久，一时无法通过行政手段强制断绝。因此，国家选择了采取有限的管控措施，使之渐渐变成一年之中特定的几天或一天可拿取他人财物，而且设置相应上限。如此一来，既可纾解民众一年中积累的苦闷与压力，让民众尽情欢乐，又能把这种狂欢限制在一定范围内，以免对社会治安和风气产生更大的负面影响。

（二）"偷婚"

辽代"放偷"日的另一重要活动是相约心仪少女，与其私订终身。"亦有先与室女私约，至期而窃去者。""放偷"日时，乘女方与家人外出游玩之际，于僻静处假装将人窃去，在男方家生活数日后，告知女方父母，下聘举行婚礼。"至有室女随其家出游，或家在僻静处，为男子劫持去，候月余日，

[①] 吕一飞：《胡族习俗与隋唐风韵——魏晋北朝北方少数民族社会风俗及其对隋唐的影响》，第217—220页。

方告其父母，以财礼聘之"，此之谓"偷婚"。这在注重礼法的汉族士人看来不可思议、荒诞至极，以至于文惟简对此发出了"是何礼法"之感叹。明人刘侗、于奕所撰《帝京景物略》亦将其称之为"夷俗"，示其鄙夷之情："金元时，三日放偷，……虽窃至妻女不加罪，夷俗哉。"①

关于"放偷"日的"偷婚"习俗，《燕北杂记》与《契丹国志·岁时杂记》都未记载。幸而《松漠纪闻》保留了一些辽代"偷婚"的材料。但检索发现，该书并非所有版本都记录了辽代有"偷婚"之习俗。该书四库本描述如下：

> 金国治盗甚严，每捕获论罪外皆七倍责偿。唯正月十六日则纵偷一日以为戏。宝货、车马为人所窃者，皆不加刑。是日，人皆严备，遇偷至，则笑遣之。既无所获，虽舂锼微物亦携去。妇人至显入人家，伺主者出接客，则纵其婢妾盗饮器。他日知其主名，或偷者自言，大则具茶食以赎，谓羊、酒、肴馔之类。次则携壶，小亦打糕取。②

古今逸史本：

> 金国治盗甚严，每捕获论罪外皆七倍责偿。唯正月十六日则纵偷一日以为戏。妻女、宝货、车马为人所窃者，皆不加刑。是日，人皆严备，遇偷至，则笑遣之。既无所获，虽舂锼微物亦携去。妇人至显入人家，伺主者出接客，则纵其婢妾盗饮器。他日知其主名，或偷者自言，大则具茶食以赎，谓羊、酒、肴馔之类。次则携壶，小亦打糕取之。亦有先与室女私约，至期而窃去者，女愿留则听之。自契丹以来皆然，今燕亦有之。③

刊行于民国的辽海丛书本与古今逸史本相同。比较这两版与四库版，发现除个别字句不同之外，四库版删去了"妻女"和"有先与室女私约，至期而窃去者，女愿留则听之。自契丹以来皆然，今燕亦有之"。即四库本并未记录辽代有"偷婚"习俗和辽金"放偷"极为类似。通过查阅，笔者还看到

---

① 刘侗、于奕正著，孙小力校注：《帝京景物略》，上海：上海古籍出版社，2001年，第89页。
② 纪昀总纂：《四库全书·史部·杂史类·松漠纪闻》卷1，第15页。
③ 吴琯辑：《古今逸史》卷56《松漠纪闻》。

该书四库版删去"女真旧绝小,正朔所不及。其民皆不知纪年……亦有用十一月旦者,谓之周正"① 等内容。从删除女真旧时不知历法的相关描述,不难看出清人在编纂《四库全书》时为了某些目的,删去了《松漠纪闻》中女真早期的一些习俗记录,包括金代"放偷"日是沿袭契丹习俗和"放偷"日有私约少女的习俗。综上所述,古今逸史本和辽海丛书本较为可信,即辽代"放偷"日同金代"放偷"日类似,也有"偷婚"习俗。

契丹的"偷婚"习俗是否为其独有呢?《三国志·魏书·乌丸鲜卑东夷传》与《北史·室韦传》为我们提供了一些信息。

《三国志·魏书·乌丸鲜卑东夷传》:

> 其嫁娶皆先私通,略将女去,或半岁百日,然后遣媒人送马牛羊以为聘娶之礼。婿随妻归,见妻家无尊卑,旦起而拜,而不自拜其父母。为妻家仆役二年,妻家乃厚遣送女,居处财物,一出妻家。故其俗从妇人计,至战斗时,乃自决之。②

《北史·室韦传》:

> 婚嫁之法,二家相许竟,辄盗妇将去,然后送牛马为聘,更将妇归家,待有孕,乃相许随还舍。③

显然,类似"偷婚"的习俗早就在乌丸、室韦等少数民族中间出现了。乌丸、室韦等民族与契丹族同源异流,婚俗有共通之处也不足为奇。吕一飞认为,以上所载的乌丸、室韦的婚姻习俗就是原始社会时期的抢婚制,也就是掠夺婚制度。这是由母系氏族社会向父系氏族社会过渡时期的婚姻形式,至今东北个别地区依旧有类似习俗。④ 辽代的"偷婚"习俗应当也是此制的残留,属于掠夺婚制范围。李光军认为,由妻方居住婚制向夫方居住婚制过

---

① 纪昀总纂:《四库全书·史部·杂史类·松漠纪闻》卷1,第15页。
② 《三国志》卷30《魏书·乌丸鲜卑东夷传第三十》,北京:中华书局,1982年,第832页。
③ 《北史》卷94《室韦传》,北京:中华书局,1974年,第3130页。
④ 吕一飞:《胡族习俗与隋唐风韵——魏晋北朝北方少数民族社会风俗及其对隋唐的影响》,北京:书目文献出版社,1994年,第217—220页。

渡时期的"掠夺婚"并非使用暴力掠夺妇女为妻，而是强制改变婚姻的居地，转移至夫家居住，建立父系家庭，而且是在女子本人同意或其亲属同意的情况下进行，采用较为温和的"假抢劫"方式。① 辽代的"偷婚"就恰与此相符，假意劫掠室女，后期举行婚嫁仪式。

所以，辽代"放偷"日之"偷婚"应是氏族社会时期掠夺婚制的残留，但其与掠夺婚制并不完全相同。在原有掠夺婚制下，假意劫掠妇女可能意味着整个婚嫁仪式的完成。而随着辽代文化礼仪逐渐发展与婚姻制度完善进步，"偷婚"时的"窃室女"则逐渐转变成整个婚嫁仪式前的一种程序或习惯，并非完整的婚嫁仪式。"偷婚"并不意味着女子出嫁、男子娶妻的完成，后期会举行正式的嫁娶仪式，"候月余日，方告其父母，以财礼聘之"②。这种变化既有可能是国家发展和社会进步的结果，也有可能是渐慕华风之下，儒家礼仪文化逐渐渗入契丹族的生活，导致契丹原有习俗有所改变。

三、"放偷"的流变特点

"放偷"习俗的最早记载出现于北朝东魏时期，后竟无相关记载。数百年之后在契丹复苏而广泛传播，逐渐演变成为契丹族的重要节日，后又为金代所沿袭。在漫长的传播过程中，"放偷"的时间不断缩短，活动目的也趋于娱乐化，政府层面也一直保持不甚鼓励的态度。

（一）持续时间逐渐缩短

东魏时期的"放偷"记录甚少，无法窥知其全貌。辽金之际，"放偷"日的持续时间在不断缩短。按《松漠纪闻》所言，"唯正月十六日则纵偷一日以为戏"③，金代的"放偷"日在正月十六。而《契丹国志》等书记载"放国人做贼三日"④，辽代"放偷"日从正月十三至正月十六。"放偷"时间从

---

① 李光军：《论"原始掠夺婚"》，《贵州民族研究》1988年第3期，第165—169页。
② 陶宗仪编，刘宇等整理：《〈说郛〉选五十八种·房庭事实》，第174页。
③ 赵永春：《奉使辽金行程录》，第322页。
④ 蒋宗许等：《苏辙诗编年笺注》卷6《次韵景仁正月十二日访吴缜寺丞二绝》，北京：中华书局，2019年，第531页。

三日变为一日，表明了国家对这种活动的态度。因为国家和社会的不断进步，法律法规运行已经步入正轨，这种法律框架之外的活动不适合长时间进行，社会活动的暂时失序对国家的长治久安并无益处。但"放偷"活动由来已久且吸引力极强大，受到民众喜爱，不宜完全遏止，因此只能选择缩短时间，将这种相对混乱的状态限制在最小范围内。

(二) 活动目的趋于娱乐

北朝时期，"相偷戏"是正月十五日夜的游戏之一，游戏的目的不外乎为生活增添趣味，娱乐放松。此后隋唐两代，没有"放偷"的直接记载。但唐代元宵节的"金吾弛禁"极有可能是吸收"放偷"的结果。[①] 韦述《西都杂记》载："西都京城街衢，有金吾晓暝传呼，以禁夜行；惟正月十五日夜敕许金吾弛禁，前后各一日，谓之放夜。"[②] 夜晚"弛禁"的目的就是方便民众外出游玩娱乐。到了辽代，"放偷"日可偷取他人财物和"偷窃"心仪室女，也是为纾解压力，尽情欢乐，便于有情人终成眷属。金代"放偷"日基本与辽代相同。因此，自"放偷"有记载以来，不断向娱乐化的方向发展。

但"放偷"出现之始，显然不只为娱乐。氏族社会时期，公私财产界限尚未分明，财产大多共有，可以取用他人财物。这种拿取并非玩笑游戏，而是真的为了把财物变为归自己所有，因此最初的"偷物"具有均衡社会财富的目的。那时的"偷婚"更多地属于掠夺婚，是正式婚嫁仪式，是婚姻制度不完善的产物，"偷婚"就代表了婚嫁的完成，而非婚嫁活动前的程序。后随着社会的进步，"放偷"逐渐演变成以娱乐为目的的活动。这一天或几天，法律法规属于非常规运行状态，大家纵情欢乐，拿取他人财物以娱乐放松。有情男女也可借此向家长表明心意，"偷婚"慢慢演变成婚嫁前的仪式或者婚前程序的一种，而非正式的嫁娶仪式。

因而辽金之际的"放偷"，娱乐色彩明显加强。"放偷"初始的目的渐渐消逝，无论是"偷物"或"偷婚"，都更像是一场放松心情的游戏，增添欢乐热闹的氛围。

[①] 陈恩维：《"走百病"民俗的渊源与流变》，《民俗研究》2017年第2期，第42—50页、第158页。

[②] 曹元忠辑本：《两京新记》卷1《南菁札记》，清光绪二十一年刻本。

(三) 政府始终不甚鼓励

氏族社会时期尚无法律，"放偷"是促进氏族成员感情，平衡氏族成员财富差距、促进氏族社会稳定的重要手段。到了国家制度步入正轨、法律法规逐渐完善的时期，"放偷"日法律的非常规运行和社会的失序将对社会风气和治安产生一定的负面影响。这种失序不但是社会活动的失序，更是传统礼制的失序，偏离儒家礼教正轨。这在少数民族主政初期的影响可能并不明显，然而儒风北渐，必会有人认识到这与传统礼教大相径庭，与儒家所倡导的伦理纲常相去甚远，因而这种行为必然会受到抑制。所以，一直以来官方层面对"放偷"始终是采取不甚鼓励、相对抑制的态度。

东魏时期，首见"放偷"的记录便是皇帝下令禁止这种活动。虽然记载只有只言片语，无法窥探事件全貌。但我们可以合理推测，或是由于"放偷"带来的负面影响过大，民众"放偷"过火，扰乱正常社会秩序而禁断，或是与北魏孝文帝以来所倡导的汉化有所相悖而禁断。这次禁断应当是有成效的，"放偷"活动受到了一定的打击，以至于隋唐两代的文献中未见"放偷"的直接记载。但是此次禁断显然并未完全成功，"放偷"习俗可能仍残存于某些北方少数民族中，以至于到了辽代，"放偷"习俗再次"复活"。辽代"放偷"虽持续三日，但也设置偷物价值的上限，超过上限也要受到刑事处罚。金代"放偷"日的时间已经缩短到了一日，《庱庭事实》中还提到了"俗以为常，官亦不能禁"①，即金代可能也试图禁止"放偷"行为，但是显然没有成功，最终采取了缩短时间的折中手段。

总体而言，政府对于"放偷"设置的种种限制，大多都是较为温和并不剧烈的。笔者推测，若是采用强制的行政手段骤然禁断由来已久的风俗，政府管控的难度和复杂度将会大大增加，而辛劳一年的民众也无法放松，怨言极多，最终得不偿失，反倒不如将其控制在一个相对合理的范围内，对整个国家的发展最为有利。

四、"放偷"习俗的后世影响

"放偷"习俗影响深远，并非只存在于契丹、女真等少数民族。随着辽

---

① 陶宗仪编，刘宇等整理：《〈说郛〉选五十八种·庱庭事实》，第174页。

代统治逐步稳定和各族之间的交往融合逐步深入，汉族也不可避免地受到"放偷"的影响。按《松漠纪闻》所言，辽金时期的燕京汉族曾一度参与到"放偷"中来，"今燕亦有之"，与契丹族一同欢乐。这种习俗传播到传统汉地，演变成了各种各样不同性质的"偷类"活动。

宋代中后期出现上元夜偷灯盏的习俗："亳社里巷小人，上元夜偷人灯盏等，欲得人咒诅，云吉利。都城人上元夜一夕亦如此，谓'放偷'。得匙者尤利，故风俗于此日不用匙。一云，偷灯者生男子之兆。又《本草》云，正月十五日灯盏，令人有子。夫妇共于富家局会所盗之，勿令人知，安卧床下，当月有娠。"①《琐碎录》言上元夜偷人灯盏，放于床下有令妇人妊娠之功效，故有夫妻一同偷窃富人灯盏以求生男，且偷灯盏得人咒骂可使来年吉利。人们担忧钥匙被窃予相偷之人便利，以至于该日不用钥匙。这类活动是极为风靡的，即便是都城百姓亦不免俗，也同行"放偷"。由此观之，这极有可能是辽宋百年间的频繁接触使得"放偷"习俗流传至宋朝内地，这些地区上元夜也有了"偷类"活动。

辽金两朝灭亡后，"放偷"习俗也未消亡，元明两代亦沿袭之。明人刘侗、于奕所撰《帝京景物略》有载："金元时，三日放偷，……虽窃至妻女不加罪，夷俗哉。"② 明代郎瑛《七修类稿·事物五·放偷》载："金与元国俗，正月十六日谓之放偷。是日，各家皆严备，遇偷至，则笑遣之；虽妻女、车马、宝货为人所窃，皆不加罪。闻今扬州尚然，而燕地正月十六夜之走街恐亦遗俗也。"③ 元代北京地区也存在"放偷"，明代的扬州也有"放偷"习俗，可见受到影响的不光只有北方地区，连传统的南方汉地亦有浸染。清朝时期，"放偷"习俗也未断绝，查嗣瑮《燕京杂咏》有言："六街灯月影鳞鳞，踏遍长桥摸锁频，略遣金吾弛夜禁，九门犹有放偷人。"④ 今天部分地区

---

① 陈元靓撰，许逸民点校：《岁时广记》卷12《上元（下）·偷灯盏》，北京：中华书局，2020年，第249—250页。
② 刘侗、于奕正著，孙小力校注：《帝京景物略》，第89页。
③ 郎瑛：《七修类稿》卷44《事物类·放偷》，上海：上海书店出版社，2009年，第468页。
④ 查嗣瑮：《查浦诗钞》卷5《四库未收书辑刊》第8辑20册，北京：北京出版社，1997年，第64页。

仍有"放偷"的存在。通辽地区正月十五日依然流行亲朋好友间以"偷"为戏的娱乐活动,失窃者要请客赎回财物。① 地方史志记载显示,我国东南、华南、西南等多个地区,元宵节期间有"偷青"习俗。② 即在元宵节当天去他人菜地偷菜,以祈求一年的好运气。

跨越千年,辽代的"放偷"日以各种各样的方式延续下来,融入元宵节的活动,至今仍有余波,可见其流传范围之广,影响力之深。

五、余论

辽代"放偷"日让人们短暂摆脱日常法度和礼典规范的约束,肆意而为,纵情欢乐。其时间恰与中原上元节有所重合,二者之间是否存在一定联系呢?钟敬文认为,"放偷"日与上元节时间接近,节日内核都是尽情狂欢,二者有一定联系,但也并未全面解释。③ 陈永志认为,"放偷"日即辽代的上元节。④ 若要探究"放偷"日与上元节的关系,首先要确认辽代上元节存在与否。纵观《辽史》《契丹国志》等相关史料,并不能找到明确直接的上元节记载,仅能看到《辽史》有三条皇帝于正月十五日夜观灯的记载,分别是:

《本纪第六·穆宗上》:十二年春正月甲戌,夜观灯。⑤

《本纪第七·穆宗上》:十八年春正月乙酉朔,宴于宫中,不受贺。己亥,观灯于市。以银百两市酒,命群臣亦市酒,纵饮三夕。⑥

《本纪第八·景宗上》:五年春正月甲……汉遣使来贡。庚午,御五

---

① 续维国:《玩味老通辽》,呼和浩特:内蒙古人民出版社,2003年,第479—483页。
② 陈恩维:《"走百病"民俗的渊源与流变》,《民俗研究》2017年第2期,第42—50页、第158页。
③ 钟敬文、游彪等:《中国民俗史:宋辽金元卷》,北京:北京人民出版社,2008年,第357—372页。
④ 陈永志:《契丹风俗述要》,《昭乌达蒙族师专学报》1992年第3期,第6—14页。
⑤ 《辽史》卷6《穆宗纪上》,第85页。
⑥ 《辽史》卷7《穆宗纪下》,第93页。

凤楼观灯。①

以上是能确定皇帝在正月十五日夜观灯的记载。其中信息量最大的当为第二条，应历十八年，辽穆宗在上京观灯于市，又在街市购买价值百两的酒与群臣纵饮三夕。这条记载的独特之处在于说明了正月十五日夜的观灯并非完全是政府官方层面的行为，普通民众也可能具备去街市观赏花灯的条件，甚至观赏之余还能饮酒作乐。此外，《契丹国志》在论述外国贡物时说到"本国不论年岁，惟以八节贡献……"②陈述注解八节为"正旦、冬至、上元、清明、重午、重九、圣诞、太后诞辰"③。同时，从辽代所处的时间点来看，上元节已经发展成为重要节日，庆祝流程十分完备：皇室通常会举行大型的张灯和观灯活动、燃放焰火、进市食、赏赐臣下等活动，而民间通常去街市游玩赏灯、观看杂剧歌舞、购买各种节时物品。辽朝与宋朝交往频繁，且纳有燕京汉地，必然会受到汉人庆祝上元节的影响。由此观之，辽代应当是存在上元节的。

但是为何不见上元节的直接记载呢？参考钟敬文所言的上元节与"放偷"日时间相近，节日狂欢内核十分相似。④ 我们可以推测，当二者同时存在时，显然是"放偷"日活动更加新奇刺激，容易吸引民众，且"放偷"作为契丹本族的重要习俗，更容易受到契丹民众的欢迎，影响力更大。因此，在契丹人中"放偷"日的风采更胜上元节一等，其风头盖过上元节，所以未有上元节明确记录。而且就辽朝所处的时间而言，上元节整体的节日程序已经完全具备，官方民间都有各自的庆祝方式，而辽代文献中仅能明确三条皇帝上元夜观灯的记录，并无其他上元相关记载，且观灯也并不常见，远远不如打虎、钓鱼之类的活动频繁，也能说明在辽代上元节可能并不风靡，无法与"放偷"日争锋，并非如中原一般全民庆祝。

综合考虑，辽代极有可能存在"放偷"日和上元节并举的情况，只不过

---

① 《辽史》卷 8《景宗纪上》，第 101 页。

② 叶隆礼撰，贾敬颜、林荣贵点校：《契丹国志》卷 21《外国贡进礼物·新罗国贡进物件》，第 229 页。

③ 陈述：《辽史补注》卷 51《礼志四·宾仪》，第 2327 页。

④ 钟敬文、游彪等：《中国民俗史：宋辽金元卷》，第 357—372 页。

存在一定的民族与地域差别。契丹人以"放偷"日为重，大肆庆祝，一度影响到燕京汉人地区，甚至宋地亦受陶染，因而《契丹国志》等史料有明确的"放偷"日记载。而在汉人聚居地区，应当以上元节为重。但就整体而言，上元节并非一个全民性节日，影响力不如"放偷"日，但上元节最具特色与吸引力的观灯活动受到欢迎，流传到了契丹人聚居地。最初可能是仅有皇室观灯，到应历十八年（968）时，上京地区已经能够观灯于市观，普通民众也能参与观灯活动。

无论是汉人参与"放偷"，或是契丹人聚居地出现观灯活动，都是辽代"因俗而治"下草原游牧文化和中原农耕文化的融合与互动。这种积极互动有助于所谓的"华夷之辨"隔阂不断消弭，构建华夷同风，促进辽朝内部的稳定与团结。有助于形成集草原游牧文化与中原农耕文化之精华于一体的辽代文化，从而加强各民族对辽王朝的认同和归属，有助于国家的长治久安。

综上所述，辽代"放偷"日是沿袭于鲜卑族，久经沉淀的契丹族节日。节日活动趣味盎然，特色鲜明。其流变发展体现辽代国家制度建设之变化，余响绵延至今。辽金以降，"放偷"演变为各种各样的"偷类"活动融入元宵节中，这正是草原游牧文化与中原农耕文化融合汇聚的成果，展现了中华民族杰出的文化创造力。

（作者：王燕霞　单位：吉林大学文学院）

第二部分
近代东亚的学术思想交流

江户以降《论语》在日的译介与传播
——以 1603—1945 年《论语》日译本的变化为例

《论语》的传播对日本社会文化的形成与发展意义深远。从生活谚语「论语読みの论语知らず」（读论语而不知论语）、四字俗语「温故知新」（温故知新）等中便可窥见一二。《论语》作为一部传日的汉文典籍，其传播必离不开翻译。翻译是一项需要协商和执行，并伴有明确目的和预期结果的行为。① 具体表现是译作在目的语国传播过程中并非一成不变，而是积极地迎合当地政策、意识形态以及占据主导地位的文化观念等因素谋求发展，适度改变。

围绕《论语》日译本的传播，国内有学者从学术史、考据学角度出发，以《论语》原本、注释本为研究对象，将传播时代划为《论语》传日、古注读解、朱注流传、江户《论语》研究等四个阶段②③④，发现不同时期《论语》传播各具不同目的与价值⑤，指出江户以降是《论语》在日本社会传播发展的高峰；还有学者从译本出发，归纳整理当代《论语》日译本的出版时

---

① 杰里米·芒迪著，李德凤等译：《翻译学导论：理论与应用》，北京：外语教学与研究出版社，2014 年，第 117 页。

② 张士杰：《近世日本〈论语〉学述要》，《东北亚外语研究》2019 年第 3 期，第 14—19 页。

③ 张士杰：《日本〈论语〉接受的流变轨迹》，《日语学习与研究》2011 年第 1 期，第 78—85 页。

④ 孙鹏：《中国古代典籍对日本文化发展的影响——以〈论语〉和唐代中国典籍的传入为例》，《长春师范大学学报》2021 年第 7 期，第 184—187 页。

⑤ 瞿莎蔚、邓亚婷、王冰菁：《古代以来〈论语〉在日本的接受、传播与研究史述》，《燕山大学学报》2015 年第 2 期，第 27—33 页。

间、译法①以及江户明治译本的训读变化②。值得一提的是，汉文训读是日本人翻译《论语》的传统手法。为此，有日本学者重点考察了镰仓时代至江户初期的《论语》日译本的训读、训点变化特征③，进一步确定译作的成书年代④，梳理译本间的版本关系⑤⑥；还有学者研究了不同训读流派的历史作用⑦⑧。

　　基于既有研究可知，首先，《论语》在日传播的高峰期始于江户时代，不同阶段的传播各具目的、各有影响。然而，既有研究对江户以降《论语》日译本的变化及传播情况鲜有涉及。其次，日本学者虽提出通过译本训读、训点的变化考察译作的成书年代、历史作用的方法，但是，日方的研究过度重视译本的共时比较，而忽视了宏观历史考察，从而没有厘清江户以降《论语》日译本在日传播的演变脉络。由此，以江户以降《论语》日译本的变化为切入点，结合特定时期的政策、思想、教育等因素，梳理《论语》在日的译介传播，具备一定的可行性与研究价值。

　　本文从日本国立国会图书馆数据库收集1603—1945年的《论语》译作、读物共439本，计167个版本。在拉斯韦尔传播模式指导下，首先，通过整理译作的作者、出版社、标题及各时期译本出版数量等信息，推测《论语》

---

　　① 赵茜：《〈论语〉与〈孟子〉在当代日本的译介——兼及经典外译的一点建议》，《河南理工大学学报》2015年第2期，第190—196页。

　　② 陈镠霏、黄文溥：《江户和明治时期〈论语〉日译本的变化及其原因探讨》，《东北亚外语研究》2020年第4期，第65—70页。

　　③ 小林芳规：《論語訓読史から觀た大東急記念文庫藏建武本論語》，《かがみ》1968年第12期，第1—19页。

　　④ 高橋均：《鎌倉時代寫「論語集解」斷簡について（上）》，《中國文化：研究と教育》2002年第60期，第1—10页。

　　⑤ 高橋智：《慶長刊論語集の研究》，《期道文庫論集》1995年第30期，第107—277页。

　　⑥ 高桥智：《庆长刊论语集解の研究（承前）》，《期道文库论集》1996年第31期，第81—247頁。

　　⑦ 石山裕慈：《中世における〈論語〉古寫本の聲點について》，《弘前大學教育學部紀要》2011年第105期，第1—8页。

　　⑧ 鄭門鎬：《東洋文庫藏〈論語集解〉正和四年鈔本の漢字音について》，《研究論集》2018年第18期，第11頁。

江户以降《论语》在日的译介与传播
——以 1603—1945 年《论语》日译本的变化为例

译本在日传播的译介主体、受众、内容、途径以及效果；其次，归纳汉文训点及字音训读的变化情况，结合翻译目的论，联系特定的时期因素分析译本传播的环境与动机，从而厘清上述时期《论语》在日译介传播的整体变迁情况。

一、1603—1945 年《论语》日译本的出版情况

本文搜集的 9 种江户时期《论语》日译本中，明确写明译者的有 1 种，但因年代久远作者身份无从考证；由出版商出版的译作有 3 种，由官学藩校出版的译作有 2 种，寺庙印刷出版的译作有 1 种，未写明出版社的有 4 种。另外，未写明出版社的『论语 10 卷附南宗论语考異 1 卷』在序言中写道"……其版藏在南宗寺……"，因此，只能大致推断，江户时期《论语》的译介主体有僧侣、官学藩学的日儒，受众群体是僧侣、官学藩学的师生，途径是市井出版商。从译作标题看，以「集解」「集註」为题的译本有 5 种，超过半数，此类译作内容是解读《论语》的注疏。其中『论语集解国字弁』在序言写道"虽未学者仅识片言则得读之则略知其义理仁哉"，指明译作的受众是汉学初学者。由此，可推断江户时期《论语》译作是一部面向贵族、武士、市井布衣等阶层的汉学入门典籍。

明治时期 100 种《论语》日译本中，标明作者的译本有 98 种。其中标注"朱熹"的有 32 种；作者为日本儒学家、汉学家的有 33 种，其代表人物有安井息轩、安井小太郎、龟井南溟等；其余职业的译者有 9 种，如众议院议员稻田政吉、山田喜之助，第一生命保险创业者矢野恒太，新闻记者岸田吟香以及传教士理雅各等；剩下 24 种译本的作者身份不详。在出版者方面，官学藩校的有 5 种，如静冈学校、佐土原藩、早稻田大学等；标注「〇〇堂」「〇〇书店」「〇〇社」出版商的有 69 种，如「汲古堂」「兴文社」「杉本书店」等；标注人名的个人出版商的有 26 种，如吉冈平助、清水清太郎等。可见，明治时期《论语》译作出版传播热度高，除日儒、汉学家外，其他职业的《论语》爱好者成为该时期《论语》译介的主体，官学藩校、大中小出版商是当时《论语》译介传播的途径。另外，值得一提的是，明治时期《论语》译介主体首次出现传教士。

从书名标题上看，在上述 100 种译本中，以『论语』『四书·论语』为题的仅有 7 种，其余 93 种参照金培懿[①]的分类，大致可分为四类：一是以『讲义』『新义』为题的江户注解名著，共 57 种，此类书籍种类最多，原因与前代朱子学研究兴盛，《论语》传播广有关；二是以『新刻』为题的训点校对本，共 18 种；三是以『头书』『插画』『教科』为标题的《论语》译本，共 9 种，这是面向中学汉文的教科、参考用书；四是以『通俗』『ポケット』为题，面向成人的通俗读物，共 9 种。从中可推测江户汉学兴盛，即便改朝换代，学术思想仍对明治时期有较大影响。同时，为适应明治新学制的改革，《论语》译本的受众扩大至新制中学。从译作出版数量来看，明治时期共出版《论语》译本 239 本计 100 种。另外，还有《论语》读物 18 本。可见明治时期受江户汉学影响，《论语》译本在日获得积极的传播。

大正时期，有据可考的《论语》日译本作者共 8 位。其中 4 位是汉学者、儒学家，分别是中井履轩、根本通明、泷川龟太郎以及简野道明；剩下 4 位分别是实业家涩泽荣一、土佐藩藩士法制学家细川润次郎、诗人大町桂月以及长野县师范学校校长肥田野畏三郎。在出版社方面，除出版商、大学以外，还出现学会性质的出版者，如行道学会、斯心会、斯文会等。由此可推论，大正时期《论语》日译本译介主体与明治时期大致无差，而在途径上出现学会性质的出版者。从书名标注上看，大正时期的译本可分为两类，一是以『讲义』『集註』为题的注解名著共 16 种；二是以『袖珍论语』『三十日论语』为代表的通俗读物共 9 种。从出版数量上看，大正时期《论语》译本仅有 39 本，计 25 种。从中可推测，大正时期《论语》译本受众应与明治时期无异。但造成译本出版数量、种类下降的原因，一方面是大正时期社会动荡，《论语》传播受阻；另一方面与汉文教材专门化有关，如 1912 年出版的『新编汉文读本参考书』、1913 年出版的『中等汉文备考』等教材不再以《论语》为主体，而是将其作为教材的一部分。

昭和时期情况与前代大致相同，译者身份呈现多元化的特点，其构成有东洋学者武内义雄、五十泽二郎，东京理科大学教授内野台岭，汉学家安井小太郎等。在出版社方面，学会、协会、校友会性质的出版主体增多，如大东文化

---

① 金培懿：《近代日本〈论语〉诠解流变》，台北：万卷楼，2017 年，第 396 页。

江户以降《论语》在日的译介与传播
——以 1603—1945 年《论语》日译本的变化为例

协会、斯文会以及东京府立第四中学学校校友会等。可见，昭和时期《论语》日译本译介主体与大正时期基本一致，而在途径上出现协会、校友会性质的出版者。从书名标注、出版数量角度而言，昭和时期以『講義』『新訳』为题的译本降至 13 种。这与同期《论语》传播的目的变化有关。据笔者统计，同一时期以汉文教辅、汉文读本以及伦理读本为出版目的的《论语》读物便有 60 余种，远超大正时期（28 种）、明治时期（18 种）[①]。由此，大致推断《论语》译作传播虽然遇冷，但是"论语思想"传播依旧在积极地推进。

综上，1603—1945 年《论语》日译本的译介主体、受众、内容、途径以及效果的变化可汇总为下表：

表 1　1603—1945 年《论语》译本传播简况

	江户时期	明治时期	大正时期	昭和时期
主体	僧侣、官学藩学	日儒、汉学者、其他业余爱好者（如保险公司创始人、传教士等）	日儒、汉学者、法治学家等	东洋学者、大学教授、汉学家等
受众	贵族、武士、市井布衣	贵族、市民、学生	皇族、市民	皇族、市民
内容	汉学典籍	典籍、汉文教学参考书、注解书	汉文典籍、汉学参考书、道德读物	汉文典籍、汉学参考书、道德读物
途径	官藩学校、出版商、寺庙	官藩学校、出版商	出版商、大学、学会	出版商、大学、学会、校友会
效果	积极传播	积极传播	受阻、方向改变	译作遇冷、思想仍积极传播

据表 1 的分析结果可知，首先，1603—1945 年《论语》日译本传播主体由原来的僧侣、官僚、文人等知识分子阶层逐渐过渡至日儒、汉学家等专业人士与传教士、保险公司经理等非专业人士；传播内容由专业的汉学典籍演变成汉文教材、参考书、道德读物，呈现《论语》日译本世俗化的翻译趋

---

① 笔者以"论语"为关键词，1600—1945 年为时间跨度，检索日本国立国语图书馆数据库，搜集全文含"论语"的读物共计 106 种（检索时间：2022 年 3 月 20 日）。

势。其次，译本传播渠道日益丰富，传播受众也随之扩大。但是，就传播效果而言，《论语》译本在江户明治时期获得积极传播；进入大正昭和时期后，译作出版量下滑、传播受阻，而相关读物数量增加。这与日本人传播《论语》译本的环境、目的发生转变有关。

二、1603—1945 年《论语》日译本的变化及原因

下面，首先通过分析日译本汉文训点的变化，归纳译本传播环境的变化；其次以《论语·学而篇》首句"子曰：学而时习之"为例，分析其字音训读的变化特征与规律，探索译本传播目的的变迁。

（一）汉文训点的变化及原因

江户时期 9 种《论语》日译本中，对原文标注训读的版本有 6 种，无标注版有 3 种。明治时期的日译本共 100 种，其中有训读版为 71 种，无训读版有 29 种。大正时期共 25 种，其中有训读版为 11 种，无训读版有 14 种。昭和时期共 33 种，其中有训读版为 18 种，无训读版有 15 种。

江户时期主要采用"送り仮名＋返点"的形式对原文标注训点，进行直译。而无训读版中，只有 1 种标注句读，另 2 种只有汉文，无任何标注。另外，江户初期还存在「ヲコト点」（乎古止点法）标注的《论语》译本[1]。

明治时期对汉文的训点标注比前代更全面，具体表现为在「送り点」（送假名）的基础上增加「読み仮名」（读音假名）与「书き下し文」（书下文）[2]。而无训读版中，无标记的汉文版有 9 种，仅标注返点，提示读者阅读先后顺序的版本有 6 种，日文全文翻译版本有 2 种。

与前代类似，大正时期《论语》译本的汉文训点标注十分详细。另外，同一时期无标的汉文版数量只有 1 种，仅标注返点的日译本共 4 种，日文全文翻译版的数量增至 3 种，并且还出现日英对译版的《论语》。昭和时期的情况与前代类似，《论语》日译本汉文训点标注方式日趋详尽，同时附译文

---

[1] 乎古止点，以汉文为基础的传统训点法，此处将其归类至表 2 "汉文＋返点"这一类别下。

[2] 依据训点意译而成的日文文章，下同。

江户以降《论语》在日的译介与传播
——以 1603—1945 年《论语》日译本的变化为例

版本也陡增至 17 种，总体情况如表 2 所示。

表 2　1603—1945 年《论语》日译本汉文训点变化情况

种类	方式	江户	明治	大正	昭和
有汉文有训读	送り仮名＋返点	4（33%）	45（45%）	1（4%）	3（9%）
	送り仮名＋読み仮名＋返点	1（11%）	22（22%）	4（33%）	2（6%）
	送り仮名＋読み仮名＋返点＋書き下し文	/	4（4%）	6（24%）	4（12%）
有汉文无训读	汉文	2（22%）	9（9%）	1（4%）	3（9%）
	汉文＋返点	1（11%）	11（11%）	5（20%）	5（15%）
	汉文＋句読点	1（11%）	1（1%）	2（8%）	0
	汉文＋句読点＋返点	/	4（4%）	0	3（9%）
其他	書き下し文	/	2（2%）	3（12%）	10（30%）
	汉文＋返点＋書き下し文	/	/	2（8%）	3（9%）
	日中・日英对訳	/	/	1（4%）	2（6%）
	合计	9	100	25	33

注："/"表示未出现过这一译法；0 表示此前出现过此译法，但是这一时期的译作未使用。

结合表 2 数据，1603—1945 年《论语》日译本汉文训读标注上的变化可归结为以下两点：

第一，汉文训读标注形式日趋简化、内容逐渐详尽。尤其是明治时期以后，不少《论语》日译本放弃"汉文训读"这一直译，转向意译的「書き下し文」，从而减少训点标记。

第二，无训读版中仅标注返点或句读的译作数量逐渐减少。自明治时期以来，有汉文无训读的版本从 27 个降至 8 个（大正时期）、11 个（昭和时期）。

1603—1945 年《论语》日译本汉文训点的变化可以反映出，译本传播环境是日本汉文学习式微，具体表现为江户以来译作受众的汉文阅读水平呈现下降趋势。

江户时期《论语》日译本汉文训读标注形式简略，译本多用原文的原因与当时人们汉文阅读水平高、热衷《论语》研究有关。汉文训点是一种直译法，其作用是保留原文，以供读者按照自己的思维理解《论语》。但是，阅读汉文训点需要有一定的汉文阅读基础。江户时期，林罗山为《论语》译本创设"道春点"。凭借这一汉文训点方法，《论语》与朱子学在江户时期获得积极推广。同时，《论语》研究也呈现出"古义派、古辞派、折中派"等百家争鸣的局面，涌现出伊藤仁斋、荻生徂徕、片山兼山以及"农民圣人"二宫尊德等硕学大儒。综上，说明江户时期《论语》译作受众的汉文阅读水平较高。

明治时期，《论语》日译本汉文训点使用「読み仮名」（注音假名）甚至标注「書き下し文」（书下文）方便读者理解《论语》的做法，与当时文教政策下日本人汉文水平下滑以及《论语》传播目的由汉文素读转向道德训诫有关。首先，1872年，明治政府颁布「学制布告书」要求所有国民应当接受以近代科学为中心的学问①，开始实行"重视洋学、轻视汉学"的文教政策。一时间官学、藩校、寺子屋等旧学堂被废，传统汉学沦为"无用之学"，并被排除在新式大学之外。明治政府迫切希望学习西方，蔑视汉学的做法使得出生于明治时期的日本人的汉文水平一度下降。其次，这一时期《论语》译本传播目的由汉文素读转向道德训诫，以教化民众规范日常行为为目的的译本逐渐增多。如矢野恒太为其员工翻译、解读《论语》，期望员工能够从中获得教训，以规范自身的言行；北海道拓荒者冈本监辅汇集先贤诸说，期望学生能够学习儒家道德以修身，发挥"大道之万一"。同类的译本还有奥村梅皋的『ポケット論語註釈』、岸田吟香的『四書合講.論語』等，其特点均是开篇附上《教育敕语》、以道德训诫为目的。

大正、昭和时期的《论语》译本放弃汉文训点，使用「書き下し文」（书下文）的现象说明当时人们的汉文阅读水平再次下跌。这一时期具有代表性的汉文学习丛书和田锐夫的『論語講義：新訳』以及简野道明的『論語解义』，均是在训读原文的基础上，附上「書き下し文」（书下文）以及详细的注解。可见，当时学生已不能依靠汉文训点直接阅读《论语》，而是需要阅读译文以及注释进行理解。

---

① 片桐芳雄：《教育から見る日本の社會と歷史》，東京：八千代出版，2008年，第64頁。

江户以降《论语》在日的译介与传播
——以1603—1945年《论语》日译本的变化为例

综上，从汉文训点变化可见，1603—1945年日本汉文学习逐渐式微，《论语》译者为适应日本人逐渐下降的汉文阅读水平，推动《论语》的译介传播，简化了汉文训点标注，增加「書き下し文」（书下文）与注释，以便读者"目读"获取内容，而非"音读"学习汉文发音能力。

（二）字音训读的变化及原因

通过整理1603—1945年的《论语》日译本，发现"子曰：学而时习之不亦说乎"这句的字音训读变化主要在"曰""学""而""时""习"五个字，具体情况如表3所示：

表3 "学而时习之"字音训读变化表

字	字音	江户	明治	大正	昭和	字	字音	江户	明治	大正	昭和
曰	ノタマワク	1	11	3	3	時	ヨリヨリ	1	0	0	0
	イハク	0	1	1	0		トキニ	1	14	2	2
	イワク	0	2	0	0		トキ	0	0	1	1
	ハク	0	2	2	2		ニ	0	29	1	0
	ク	0	5	6	4		ジ	0	0	1	0
學	マナンテ	2	7	0	0	習	ナラフ	2	0	3	4
	マナンデ	0	9	1	1		フ	0	13	2	5
	マナビデ	0	0	0	1		ハス	0	5	0	0
	マナビ	0	0	3	1		シフ	0	1	0	0
	ビデ	0	5	3	7						
	ンデ	0	0	2	4						
	テ	0	32	1	0						
而	シカワシテ	0	1	0	0						
	シカウノ	0	1	0	0						

通过表3的调查数据，发现在1603—1945年《论语》日译本中：

（1）"曰"字「ノタマワク」这一读法逐渐减少，进入明治时期后，译本开始标注送假名「ハク」与「ク」两种读音。

145

（2）"学"字「マナンテ」与「マナンデ」两种读法逐渐减少，进入明治时期后，逐步简化为送假名「ビデ」「ンデ」以及「テ」等。

（3）"而"字本是「置き字」，即原文中有，但不发音，充作接续词、助词的字。但是明治时期却将其训读成「シカワシテ」与「シカウノ」。

（4）"时"字在江户时期有「ヨリヨリ」「トキニ」两种训读，而明治时期以后多简化为送假名「ニ」。

（5）"习"字在明治时期以后被简化为送假名「フ」，但值得注意的是"习"字在明治时期还被标注成「ハス」与「シフ」。

从上述五个字字音训读变化情况可以看出：首先，江户以降《论语》日译本频繁地使用送假名标注汉字字音训读；其次，明治时期训读读音、方式在前代基础上实现新的突破，如"曰"出现「イワク」的念法、对"而"的训读以及"习"的「ハス」与「シフ」等。

造成上述变化的原因是译者基于自身的翻译目的，对原文采取了不同的翻译方式。翻译目的论认为目的决定翻译行为。而在实际翻译过程中，翻译目的可被划分为多个层次，决定着诸多的翻译选择，越是处于宏观层面的翻译选择，越是可以感受到翻译过程受其目的和外部因素的制约。①

1603—1945年《论语》译本逐步使用送假名简化汉文字音标注的趋势反映出日本人翻译《论语》的目的是传播"论语思想"，而非单纯掌握汉字的"音读"，折射出日本《论语》译介的最终目的是追求"经世致用"之道。

江户时期，日本人使用送假名翻译《论语》，一方面固然与其汉文阅读水平高有关；另一方面也说明该时期《论语》译介的重点并非识字，而是研究、传播"论语思想"。江户时期出版了大量《论语》研究专著，如伊藤仁斋的《论语古义》、荻生徂徕的《论语征》、太宰春台的《论语古训》以及龟井南溟的《论语语由》等，表明此时的日儒已从《论语》翻译迈入"论语思想"研究阶段。另外，江户时期已出现体现"论语思想"的儿童读物、妇女读物。例如，孩童读物《和俗童子训》写「…人となれるものは、皆天地の徳を受け、

---

① 范祥涛、刘全福：《论翻译选择的目的性》，《中国翻译》2002年第6期，第27—30页。

江户以降《论语》在日的译介与传播
——以 1603—1945 年《论语》日译本的变化为例

心に仁義礼知信の五性をむまれつきたれば…」①（笔者译，下同：若要成人须受天地之德，心存仁义礼智信之五常），旨在强调"仁义礼智信"乃做人之本；妇女读物《女实语教》有「父母は天地の如し、舅姑は月日の如し」②（父母如天地，公婆如日月），意在教导女子要以家庭为本。

明治时期字音多标注送假名的做法也反映出译介目的是传播"论语思想"。但是与前代不同，此时出版《论语》译本的终极目的是提高国民道德修养、培养国民对天皇的忠诚。以东京专门学校出版、具有代表性的教科书『论语讲义』为例，谷口中秋（1900）在开篇论及"尊重论语的理由"时，指出「…論語の道義的観念及び文学的思想は共に国民の脳髄に浸染し居り…中略…国民の道徳の模範としても単に文学上の参考に供するとしても甚だ珍重すべき好書なり」（《论语》的道德观念与文学思想应当浸入国民的脑髓；这既是国民道德典范之作，也是文学参考书，更是一部值得我们极其重视的好书）③。以上论述透露出翻译《论语》的目的是要求国民学习《论语》中的道德与文学思想。而明治时期一切道德教育的终极目标是"忠君爱国"。『小学修身经』卷一写道，学习修身科的目的是：「父母を敬ふ てんしさまをたふとむべし くにのためにはみをもわすれよ」（孝敬父母，尊重天皇，为了国家废寝忘食）。结合这部义务教育阶段小学修身科教科书的论述，可以推断学习《论语》日译本是为了学习道德观念，而学习道德观念的终极目标是培养"忠君爱国"的国民性格。

明治时期的《论语》译本较之前代，在汉字训读读音上出现新的突破。这一点反映出日儒们在翻译《论语》时，企图以"科学治学方法"，挽救江户汉学，致力于将传统经典融入近代日本的决心。前文提及受到明治政府文教政策影响，江户汉学被排除在新式大学之外。其本质原因是继承自江户的汉学与西方科学精神格格不入。为将《论语》融入近代日本，日儒们以考据的方式对《论语》进行重译。以"曰""而""习"等字的字音训读为例，江

---

① 同文館編輯局：《日本教育文庫（學校篇）》，東京：同文館，1911 年，第 436 頁。
② 同文館編輯局：《日本教育文庫（教科書篇）》，東京：同文館，1911 年，第 118 頁。
③ 谷口中秋：《論語講義》，東京：東京專門學校出版部，1900 年，第 1—2 頁。

户时期的"曰"念作「ノタマワク」，是「いう」的尊敬语。而明治时期的译本中"曰"字逐渐被训成「イワク」，此训读已无尊敬之意。这一变化从侧面说明《论语》已走下神坛，正成为一项可被言说、被讨论的客体对象。①另外，"而""习"两字的字音变化反映出当时的日本人训点汉文，不盲信前人，主张"实事求是""无证不信"的考据精神。"而"训作「シカウノ」虽无从查证，但另一训读「シカワシテ」，据《广辞苑》介绍，该训音取自「三藏法师伝承德点」。"习"的「ハス」取自『源氏物语』，译为"掌握、学习"。而「シフ」取自「复习（ふくしふ）」，是因为译者川岸华岳不赞成朱熹"习，鸟数飞也"的说法，而是另辟蹊径选择程子"习，重习也"的解释。综上，明治时期的训点不盲从前代的道春点、流行的后藤点，而是通过从古籍考据进行训点的做法，体现出其科学的治学精神。

大正时期《论语》译本使用送假名标注字音训读的原因，从译介目的而言，译本旨在引导读者理解"论语思想"，希冀读者能从《论语》中获取力量涵养道德，从而协助政府达成建设近代日本的宏伟目标。从经济角度而言，读《论语》学习仁义道德是实现国家与个人的致富之道。涩泽荣一（1912）指出，天皇统治下的日本是一个国体完备的国家；国家若想进一步发展，必须在军事、内政、外交等诸多方面投入财富；然而，国家现有财富积累不足，需要全体国民全力以赴地积累；在这一过程中，仁义道德是实现致富的重要保障，如果没有仁义道德，则会产生贫富差距，阻碍真正的致富。在涩泽荣一看来，阅读《论语》提高个人修养，才能积累财富，从而帮助国家建设。从政治文教角度而言，读《论语》提高国民道德，是维系天皇统治，压制社会运动，建设日本帝国的重要途径。大正时期，日本社会日益高涨的劳动组织、妇女解放、社会主义等运动影响天皇统治。政府在1923年11月颁布「国民精神作兴に関する诏书」（《关于鼓舞国民精神之诏书》），试图通过鼓舞国体观念与国民道德，压制民主主义与社会主义运动，巩固天皇统治的国体。在这一进程中，读《论语》学习"论语思想"的作用是强化国民道德教育，维持社会稳定。诚如细川润次郎（1917）所言，阅读

---

① 刘萍：《江户时代以来〈论语〉在日本的传播》，《国际汉学》2016年第2期，第140—145页、第204页。

江户以降《论语》在日的译介与传播
——以 1603—1945 年《论语》日译本的变化为例

《论语》能提升道德修养，成全臣民本分，能"分圣天子宵旰之劳"，有益于国家建设。[①] 1920 年以后出版的"论语思想"读物，如高萩章的『现代青年の為めに：修养教训』、服部富三郎的『东洋道德原论』等也都在强调"论语思想"对国民道德的影响，鼓吹日本帝国主义的优越。

昭和时期传播"论语思想"的重要目的之一是在日本实施全面侵华战争背景下，美化、宣传法西斯主义。昭和时期，面向青少年的《论语》译本『论语读本：人たるの道.下论语』在序言中写道「…东洋の生んだ圣人の思想に亲しんで东洋の将来を考へ、わが身を修めて东洋の新建设を任ずることは、兴亚国民の今后に进むべき方向でなくてはなるまいと思ふ。…论语全篇は前途を照する大光明となるであらうと信ずる。」（学习东洋圣人思想，思考东洋将来，修身肩负东洋的新建设，想必这是我等兴亚国民今后应该前进的方向。……论语全篇将成为照耀前途的大光明）。该段描述的"东洋新建设"即是建设"大东亚共荣圈"；译者希望青年读者阅读《论语》，提升自我修养，肩负起建设新东洋的任务。而古谷义德（1942）在『少年论语读本』中将日本实施全面侵华战争、建设"大东亚共荣圈"视作一场长期建设，企图曲解孔子的政治思想，向青少年灌输"建设大东亚共荣圈"的想法。上述译本均把全面侵略战争美化成"兴亚""圣业"，试图掩盖战争的罪恶。与上述译本类似的《论语》读物还有『兴亚の道标』『皇道读本』等。另外，可联系当时的文教政策，1942 年，日本大东亚建设审议答辩会上提出教育宣言，强调全面侵华战争下人才培养的重要性，须向国民灌输"圣战"的意识形态，实施被称作「皇国民錬成体制」的教育体制。由此可合理推论，全面侵华战争期间，日本人出版《论语》译本、读物的传播目的与美化战争的侵略本质、灌输"圣战"思想有一定联系。

三、结论

综上所述，江户以降是《论语》译本在日传播的高峰，不同时期《论

---

① 原文为汉文。内容是"伏惟明治天皇以天纵之圣，建中兴之业，在宫廷者奉命兼顺，以全忠良臣民之本分，而犹未自安用官暇听讲经，为存养夙夜匪懈，以分圣天子宵旰之劳，则于国家治教之盛，不无所少补焉"。

语》译本的传播各具目的、各有价值。鉴于《论语》的翻译是一项有目的、有预期效果的行为，因此，通过译本的出版情况、训点标注以及字音训读，并结合特定时期思想文化、教育等因素，便能分析、归纳《论语》译本在日传播的轨迹变化。

从译本出版情况的变化，可以分析1603—1945年《论语》日译本传播主体、内容、途径、受众以及效果的变迁：译本传播主体从知识分子阶层下移至市井百姓，研究阵营分化成专业人士及非专业人士；译作内容也呈现出专门化、世俗化的变化趋势；传播途径日益丰富；译本传播受众也随之扩大；传播效果，以明治时期为界限，前代译本获得积极传播，而明治以后的译本传播遇冷，"论语思想"传播积极。这一变化与译本传播的环境、目的的转变有关。

从译本传播环境而言，上述时期日本汉文学习式微，具体表现为江户以降日本人的汉文阅读水平逐渐下降。在此译介环境下，《论语》译者为推动译本的传播，简化汉文训读标注，增加「书き下し文」（书下文）与注释，以便读者理解《论语》译本的内容。

从译本传播目的来看，《论语》译本传播目的是传播"论语思想"。然而，不同时期，译本传播的终极目的却各不相同。江户时期是"论语思想"日本化研究、传播的萌芽期，其间出现大量由日本人撰写的研究"论语思想"的著作及读物；明治时期是转折期，其间译作较之前代在字音训读上实现新的突破，反映出东西融合的治学精神，但是译作也逐步沦为培养国民对天皇忠诚的工具；大正时期"论语思想"传播受到帝国主义影响，其目的意在教化国民涵养道德，协助政府建设近代日本；昭和时期，"论语思想"被曲解，彻底变成向国民灌输法西斯主义的媒介。

（作者：潘呈　单位：苏州大学外国语学院）

儒学仁本论下涩泽荣一东亚近代资本主义发展观再反思

"士魂商才"[①] 出自日本近代企业之父——涩泽荣一所著的《论语与算盘》一书。其寓意是指一个成功的商人不仅要拥有"商"的能力与才干，更要具备"士"的品行操守和道德追求。短短四字可以说是对涩泽荣一一生思想品格的高度概括。关于涩泽荣一的思想和著作的相关研究，过往的国内学界在其儒商文化、儒家义利观、实业精神、近现代企业文化等领域的相关成果颇丰。其知名著作《论语与算盘》是深受人们欢迎的商学经典之一，对其进行解读和研究的学者众多。不过整体来看，以往对于涩泽荣一资本主义思想从儒学本身角度加以探讨的相关论题似乎还不够广泛与深刻。同时，对于儒学在东亚近代社会经济变革中是如何发挥其文化导向作用的讨论貌似以批判的声音占据多数，多数人认为儒学思想阻碍了近代资本主义的发展，甚至儒学一度被等同于封建礼教加以否定。而涩泽荣一的出现却令人欣喜与意外，他没有把中国积贫积弱的原因归罪于孔子思想，更没有否定儒学其深刻的内在价值，反而把孔子的儒学作为经商乃至发展资本主义的核心指导思想，并助力了日本在近代的迅速崛起。那么究竟是儒学思想中的哪些内涵因素左右了涩泽荣一的资本主义发展观，以至于他坚信要在走实业致富发展资本主义道路的同时也要恪守儒士之魂。这就涉及涩泽荣一思想的核心究竟是什么的问题，而这一点非常重要，否则我们将不能断清涩泽荣一本质上究竟是儒士还是商人。

中日两国在近代社会大变局的时代背景下，都是处于由儒学思想体系下的

[①] 涩泽荣一著，高望译：《论语与算盘》，上海：上海社会科学院出版社，2016年，第3页。

封建农业社会向资本主义工业社会过渡的关键阶段。但中日两国在变法过程中却走出了完全不同的两种结果。其中不乏因中日两国在政治体制、内政外交、经济结构与规模、地理地缘位置、人文风土、国民性格等多方面存在较大差异而导致变革路径与效果不同。不过单从处理与原有儒学体系的关系层面来说，虽然以福泽谕吉为代表的脱亚入欧派极力批判儒学的消极性，主张全面推广西学。但是在资本主义发展本身上，日本的资本文化却在涩泽荣一的引领下走出了独特的儒家风格，并奠定了直到今天依旧存续着的日本企业文化之根。涩泽荣一认为，他是遵循了孔子之道，在变与不变之中体现了儒家之道。那么涩泽荣一所认为的"道"究竟是什么，他的"卫道"与"变法"是否存在矛盾，儒家仁的价值理念在其思想中处于何种地位？这些都是本文着重探讨和论述的内容。

一、新儒士的诞生与近代资本主义发展的时代变局

长久以来，以儒家文化为深厚底蕴的古代官僚阶层似乎就与变法革新的进取精神不太相恰，或者说是缺少主动革新的作风传统。特别是涉及社会政治经济的大范围变动时，儒士官僚们往往会显得格外保守与谨慎。而在不得不变以解危局之时历代的变法者又经常会陷入来自其体制内部传统思想的重重障碍与阻隔之中。所以历史上能突破官僚内部守旧之风的新儒士是十分稀少的，因为人们害怕背上叛逆的骂名。

比如，宋代王安石的变法在当时遭到了官僚体制内以司马光为主的守旧派以"祖宗之法不可变"[①]为由的强力阻挠。而王安石则以著名的三不足论断去驳斥守旧派的观点并为自己的变法树立依据。其中最值得注意的就是"祖宗不足法"[②]，即：前人制定的法规制度若不适应当前的需要甚至阻碍当今社会进步，那就需要去修改甚至废除。这一言论也常常被后人引用以表达支持变革的精神。而所有东亚国家在近代社会转型的过程中其实也都面临着同样的问题，那就是儒家文化该如何应对新的危局和挑战。当然，答案不是

---

① 《宋史》卷 336 《司马光传》，北京：中华书局，1977 年，第 10764 页。
② 《宋史》卷 327 《王安石传》，第 10550 页。

儒学仁本论下涩泽荣一东亚近代资本主义发展观再反思

唯一的,众说纷纭难辨对错,但日本的涩泽荣一却用自己的方式给我们提供了一个独特视角去看待那段历史,那就是从遥远春秋时期流传下来的儒家文化和近代资本主义的发展也许并不冲突甚至能够和谐相容。而涩泽荣一也通过其自我的实践行动印证了儒家文化的精神内核包含了仁义正道与货殖富贵是相生相融的这一理法关系,从而成就了他近代新儒士的革命性地位。他的新不是为了刻意孤芳自赏、标新立异的新,而是其突破了传统礼教愚昧的束缚,在回归理性精神并重拾孔子思想精粹后得以返璞归真、焕然一新的新。

　　正所谓时势造英雄,这位新儒士的诞生也离不开具体时代浪潮的推动以及成长环境的塑造等诸多因素的影响。如果要先做一个整体性人物评价的话,那么涩泽荣一绝对是一位德才兼备且善于抓住潮流敢作敢为的俊杰。涩泽荣一出生在一个讲信修睦之家,自幼受其父兄教导学习汉学,受儒家礼仪教化并熟读儒家经典。他的母亲是一位贤淑善良的女性,她乐善好施、助人为乐的性格从小就对涩泽荣一的性情品格产生了潜移默化的影响。这种环境养成了他一副知书识礼、修仁行义的儒生风骨。[①] 此外,涩泽荣一年少时还经常外出售卖各种农副产品,在贴补家用的同时也让他积累下不少做生意的经验。二十几岁时,涩泽荣一血气方刚,参加了倒幕运动,后来却又阴差阳错地成为德川家最后一任幕府将军的家臣。他凭借善于理财经营的特长深受主公一桥家的赏识,其间他改革税制和军制,振兴地方农贸产业等,在事业上可以说是崭露头角。青年时代的涩泽荣一亲历了近代日本社会的动荡不安与危机重重,下定决心要探寻经世济民之道。在幕府统治的最后几年他有幸陪同德川昭武游历考察欧洲,目睹了西方国家在资本主义工业化推动下的繁荣景象。眼界大开且备受震撼的涩泽荣一不能不对西方社会和资本主义本身产生了种种思考。[②]《涩泽荣一传》作者幸田露伴说:

　　　　荣一仿佛是置身于世界各国的大课堂里勤奋学习的小学生,又是将历来与东方相隔绝状态的西方文化的洪流导向遥远东方的大水渠……他还通过目睹西方人民的友好和善意,从内心里进行了公正的自我批评,

---

[①] 幸田露伴著,余炳跃译:《涩泽荣一传》,上海:上海社会科学院出版社,2015年,第1—17页。

[②] 幸田露伴著,余炳跃译:《涩泽荣一传》,第41—100页。

将过去所持有的锁国攘夷的感情及坐井观天的思想局限全部摒弃，像脱壳后的羽蝉一样，具有远走高飞、择善而行的英迈气概了。这以后的荣一真正是站在不偏不倚的立场上，为国为民奋发效力了。①

在旅欧期间他着重学习了欧洲的经济管理学知识，还通过对银行、公司、交易会所等机构的实际接触与观察掌握了许多经济学乃至慈善学方面的知识。这时的他就像是置于水中的海绵一样，汲取了欧洲社会各方之长并准备将其付诸实践。② 至此为止的涩泽荣一可以说是已经完成了他一生中最重要的一段心路转变。他寻到了真正求富自强的方法，那就是要借助西方资本主义的浪潮大力发展工业和商业，在广泛与西方接触交流并融入资本全球化的进程当中，才能实现日本社会的富强与振兴。虽然幕府的统治在很短的时间内倒台，但归国后的涩泽荣一依旧不辱使命地运用自己的才智和所学帮助其原主公德川庆喜建设了他所在的静冈藩，以及后续出任明治政府官员、投身于浩大的资产阶级社会改革运动之中。

面对发展资本主义的时代潮流，成长在封建社会下且受过传统儒家教育的涩泽荣一深刻明白这究竟意味着什么，人们急切地需要突破以往在士农工商社会中已经固化了的视商为贱的偏见思想。因为在当时的日本社会也同样存在"祖宗之法不可变"的思想禁锢。除了德川幕府在对外接触过程中十分谨慎，就连当时日本的倒幕势力本身也具有强烈的排外性和保留了大量封建势力残余。即使是到了明治维新初期，日本社会中的商人群体依旧是地位低下遭人看不起的存在，初入明治政府的涩泽荣一深深感到改革事业的艰巨。涩泽荣一的上司时任民部大辅的大隈重信曾对他推心置腹地说道：

> 财政也好，税法也好，工商立法也好，货币、度量衡的事也好，没有一个人对这些事是胸有成竹的。可是大家都在抱定建设繁荣的国家这一根本信念，以非常的努力打破一切旧制度，开拓新的事业，希望足下也一起为国尽力。只要大家齐心协力，朝着共同的目标奋斗的话，就没有不成功的事。创业之时岂有旧法可依？③

---

① 幸田露伴著，余炳跃译：《涩泽荣一传》，第93页。
② 幸田露伴著，余炳跃译：《涩泽荣一传》，第96页。
③ 幸田露伴著，余炳跃译：《涩泽荣一传》，第115—116页。

这一番话着实是感动了涩泽荣一，也坚定了他践行改革、剔除旧制的决心。就如同瓜熟蒂落、水到渠成所蕴含的道理一般，只有当必备的条件聚集并成熟后才会催生事物的真正转变。含仁怀义的内在品格，聪慧勤奋的经营天赋，尽忠职守的幕臣操守，博学多闻的旅欧经历，以及近代危机下日本社会谋求变革的时代诉求，正是这些要素共同的作用才使得这位新儒士得以诞生。

二、涩泽荣一义利观背后的仁本思想

在当时西学东渐和西方资本主义全球扩张带来的世界变局下，涩泽荣一的改革态度既不盲目崇洋，也不顽固守旧。他深刻地观察到西方文明成果进入日本后带来的种种先进之处与弊病，他并不认同西方国家在资本主义发展过程中所采取的种种失德行为。他的思想的重要成就之处就是在儒家文化同发展资本主义之间做出了"两破、一立、一守"的决断。"两破"，其一是破除以往封建礼教架空仁义、否认进取精神的教条思想；其二是破除资本主义发展过程中的拜金之风和功利主义，避免社会的堕落与腐败。"一立"，是确立士魂商才义利结合的发展观念。"一守"，是坚守孔子的仁义忠恕之道，不背离初心和道德。他还主张人人平等与相互尊重，反对官尊民卑并对官员的贪污腐败和纸醉金迷之风嗤之以鼻。而这些背后所折射出的其实就是涩泽荣一始终所坚守的儒家仁本思想。

首先，关于破除以往封建礼教架空仁义、否定进取精神的教条思想这一点，涩泽荣针对的是中国宋代理学盛行后传播开来的教条发展模式。他在著作《论语与算盘》中写道：

> 如果把为自己的利益而奔忙的人视作欠缺仁义道德的俗人，那就太极端了，社会上的工作都没有人干，就会逐渐衰落。……在一千多年前的宋代，当时的学者所走过的正是刚才说的那种路线。他们提倡仁义道德，排斥发展经济而进步的想法，只空谈脱离实际的理论。除去人的利欲，人的进取心也被去除了，结果王朝随之衰弱，终于遭到了蒙古族的攻击，战乱持续好多年，最后被蒙古族（元）这个外来民族统一了中原。这就是宋朝的悲惨结局。架空仁义只是空中楼阁，只会削弱国家的元气，降低物质生产力，甚至导致王朝的灭亡。可见空洞的仁义道德也

可能导致恶果，我们必须要记住这个教训。①

在这里，涩泽荣一认为宋代的儒士们陷入了空谈仁义、不谋实利的僵化思维。虽然关于宋朝灭亡的原因他可能只看到了局部且并非完全充分的认识，但是他提到的儒学发展僵化的现象也确实值得我们深思。那就是宋儒和先秦儒学之间存在的巨大差异性。宋神宗熙宁年间，周敦颐的濂学、张载的关学、二程的洛学主张用"内圣"治国，即一方面通过凝练与提升君臣间正心诚意的"气质"，另一方面侧重于清理人心以杜绝人欲横流，从而最终实现治国平天下的愿景。但这些理想化的主张在实践过程中不可避免地让儒学脱离务实而变得务虚。过度扼杀人的进取心和自然欲求造成了儒家本来的人文关怀逐渐消失，也使得"存天理，灭人欲"这样的知名言论得以诞生。可见理学对后世儒学的发展确实产生了一定负面且深远的影响。关于这一点涩泽荣一批判的并非没有道理，而且从孔子思想本身去考量的话，也并不能找到当初孔子否定人们追求利益正当性的相关言论。涩泽荣一深谙孔子之教，他认为是后儒曲解滥用了孔子思想并私自加以改造，才导致了宋明以后儒学走向教条化。他曾用《论语》中"富与贵，是人之所欲也，不以其道得之，不处也；贫与贱，是人之所恶也，不以其道得之，不去也"（《论语·里仁》），以及"富而可求之，虽执鞭之士，吾亦为之。如不可求，从吾所好"（《论语·述而》）来说明孔子的本意并非鄙视富贵与赞扬贫穷，而是说要通过正当手段去取得财富，要走正道行仁义去实现富贵。如果是合乎道义的富贵功名，孔子自己也会积极争取的。② 从这里涩泽荣一就彻底否定了礼教教条思想，重新匡正了真正来自于孔子的义利观，为民求富、为国求强、以德护民即是儒家仁本思想的重要体现。

其次，关于破除拜金之风和功利主义。官商勾结，以权谋私的现象在日本封建旧社会其实就已经存在，而在近代资本主义工商业同商品经济高速发展的大背景下，腐败的快速滋生之势则是以往所不可比拟的。当时涩泽荣一所在的日本社会，经济改革正在自上而下地进行。众多行业领域都是空白，

---

① 涩泽荣一著，高望译：《论语与算盘》，上海：上海社会科学院出版社，2016年，第91页。

② 涩泽荣一著，高望译：《论语与算盘》，第96—97页。

而相关的政策准入与法律许可等硬性门槛则被官僚系统牢牢掌控。商人们为了更有利地涉足相关经营领域,逼不得已就会向专门的官员行贿,而道德意识与法治意识相对淡薄的官员就会欣然受贿,致使权钱交易现象频生,甚至官僚群体之内开始流行奢靡享乐之风。从我们如今的社会视角来看,腐败的整治需要通过健全完善的法律体系,以及构建严格的社会监督机制去监督官员方能实现。一个多世纪前的涩泽荣一也深刻地观察到腐败正在社会上滋生,但他思考的角度则是放在了人性本身。他认为商人和官员走向奢靡与腐败的根源是放纵欲望的无限扩张,他们在追求利益的同时背离甚至抛弃了仁义道德之本。他曾在书中用德国西门子公司行贿案以及三井公司行贿案等恶劣事件去批判个人私欲的膨胀正在侵蚀国家秩序。为此,涩泽荣一呼吁人们要摒弃那些在发展过程中将仁义道德同经济利润分割开来的怠惰思想,只要人人把通过正当经营获取利润的行为当作信条就可以杜绝种种腐败现象。[1] 此外,涩泽荣一还提倡富豪商人们在社会层面上要履行一定的道德义务。他认为商人实现富有并非只靠他一个人赚得的,而是社会带给他的。他曾用地主向外出租土地盈利来举例说明,使土地产生经济价值的根本原因是土地上努力工作的人们,而随着人们事业的高升也带来土地价格的上涨,这才使地主的土地能够赚钱。因此人们必须认识到自己的财富是依靠社会上的分工合作得来的,所以应该积极地参与社会救济和支持公共事业,尽力做出自己的贡献,这样对自己的事业也大有益处。而那些自私自利蔑视基层劳动者并对公共事业弃而不顾的富豪,他们会激化社会矛盾,引起社会上的仇富情绪以及罢工运动,最后的结果对谁都不利。所以在追求财富的同时一定不要忘记回报社会,履行道德上的责任和义务。[2] 也就是要做到以仁求富。

最后,关于"一立"与"一守"。他主张的破除礼教教条与拜金之风其实都是为了重塑孔子思想的本来面貌,给长期偏离孔子之道的儒学发展打开沉闷的天窗透一透光亮,驱散那积聚已久的陈腐之气。而确立士魂商才与义利结合的发展之路的根本就是坚守孔子之道,孔子从来没有说过他的弟子必须从事什么行业什么岗位,不论身处于何种社会角色或身份地位其实都可以

---

[1] 涩泽荣一著,高望译:《论语与算盘》,第105—106页。
[2] 涩泽荣一著,高望译:《论语与算盘》,第112页。

按孔子所指明的道路去堂堂正正地做一名君子。商人自然也是不例外的,更何况商人这一行业自古有之,早在商周时期就已经活跃于市井之中,即便到了近代社会资产阶级出现,其本质上同商人阶层一样都是以牟利为主要目的的,充其量多了一层成规模的雇佣关系,即通过占用工人劳动去经营的模式。而只要是存在牟利的行业那就适用于涩泽荣一所阐述的士魂商才与义利结合的发展之路。"穷则独善其身,达则兼济天下"(《孟子·尽心上》),涩泽荣一常常用这句话勉励自己以及后来的年轻人。在他看来,富贵也好权势也罢,只要得志就要将儒学真正的精神借势发扬出去,造福天下。同样的道理,"己欲立而立人,己欲达而达人"(《论语·雍也》),人如果真的爱自己,就应该以同等的程度去爱社会,官员和商人也应如此。[①] 孔子曾说过:"邦有道,贫且贱焉,耻也;邦无道,富且贵焉,耻也。"(《论语·泰伯》)其中富贵与道的关系不是矛盾和冲突的,而是目的与途径的关系。即主张"不以其道得之,不处也"(《论语·里仁》)这种精神,所以道才是关键。

在儒学中"仁"内在于人性,是人之所以为人的道德理性。[②] 由孔孟传续而来的儒家思想中一直将"仁"置于最高的道德位阶,是儒家最重要的核心思想。而《论语》作为记录孔子言行的重要史书,一直被历代儒士视为绝对真理一般的存在。受过儒家思想洗礼的涩泽荣一也不例外,他坚信仁义与富贵相结合的发展之路才是正道。

正如他在《论语与算盘》中写道:"我们的职责就是努力确立义利结合的信念,采取仁义道德为本、推行经济生产的方针。财富与仁义兼得之的例子比比皆是,我们必须立刻从根本上改变那种义与利对立的观念。"[③]

在那个东西方文化错乱的时代氛围下,他能如此清醒且理性地看待儒学与资本主义之间的关系,归根结底在于他对孔子仁本思想的深刻领悟与坚定信守。

[①] 涩泽荣一著,高望译:《论语与算盘》,第99页。
[②] 曾振宇:《论先秦儒家思想中的"孝本论"与"仁本论"》,《哲学研究》2019年第11期。
[③] 涩泽荣一著,高望译:《论语与算盘》,第110页。

三、涩泽荣一是"变法者"亦是"卫道者"

如果从明治维新前后的日本社会政治与经济体制的变化来考量，那么涩泽荣一所提倡发展的实业、商业、金融业等资本主义社会架构无疑是对以往封建社会的一种彻底颠覆。随着日本资本主义的快速发展以及民族资产阶级的快速壮大，财富与科技的积累使得日本逐渐进入能与西方国家平起平坐的强国之列，从以上角度来看，涩泽荣一绝对是一位不折不扣的变法者。在他的助推下，日本社会的生产关系发生了巨大转变，即从封建自然经济过渡到了资本主义商品经济。可以想象，在短短数年间，原本古朴单调的城市街道两侧突然冒出许多会社、工厂、商店、银行、股票交易所和证券交易所等景观是何等的社会巨变。因此，涩泽荣一所投入其中的这场社会变革绝对称得上是前无古人且划时代的成功变法，而涩泽荣一本人也绝对称得上是成功的变法者。

回顾之前所提到过的宋代王安石变法，先不论其变法是否成功以及利害关系如何，单就其决心坚持变法不畏旧俗与旧制束缚的精神就值得后人称赞。而这种变法的决心与气度也是衡量一个变法者的重要标尺之一。涩泽荣一对于变法有着过人的决心，他在新政府工作不到五年就因政见不合而辞去官职转身投入实业的建设之中，用行动去践行士魂商才之道。① 虽然同是为国为民谋求富强的儒士风骨，但在涩泽荣一看来宋儒们的种种行为并不符合孔子之道，大概也包括王安石提倡的新学。新学和理学等宋代儒学之所以都不能入涩泽荣一的法眼，是因为他看待儒学之道的角度以及关于践行道的方法与宋儒们有着巨大差异。涩泽荣一认为宋儒在仁义思想上务虚，而自己则是务实，这个差异将直接影响后人对历代儒士们的主观评价。解开迷局的关键就在于要弄清孔子的道究竟是什么，又该如何去实践孔子之道。只有这样才能断清涩泽荣一是否真的是孔子之道的忠实卫道者。

"君子务本，本立而道生"（《论语·学而》）中的"本"即根本；"务"即专心于、致力于；"道"即孔子所提倡的仁道，也可以说是修身齐家治国平天下的基本原则。有了根本也就有了"道"，而无本也就无道。所以君子要先立本，将仁之道植根于心，落实于行。钱穆在《论语新解》中曾对孔子

---

① 幸田露伴著，余炳跃译：《涩泽荣一传》，第 175—224 页。

之道进行过相关解释:"孔子之学所重最在道。所谓道,即人道,其本则在心。人道必本于心,如有孝弟之心,始可有孝弟之道。有仁心,始可有仁道。"以及"孔子教人学为人,即学为仁"①。仁的思想可以说是对《论语》精髓乃至孔子之道的高度概括。正如孟子所说:"仁也者,人也。合而言之,道也。"(《孟子·尽心下》)又因为人之道必本于人之心,所以孟子又表达过:"仁,人心也。"(《孟子·告子上》)即本于仁心才能有仁道。也就是说,如果要评价一位儒士是否践行了孔子之道,就要去看他的思想言行是否在以仁之道为准绳依据。从仁之心到仁之行最看重的就是其言行一致与知中有行。儒家的这一评价准则不论放在任何时代和地域都不会发生本质上的变化。

如果一定要坚守这个儒家之道,是否意味着人们就可以不求思变,安于现状呢?答案肯定是否定的,因为时代在变,事物在变,人心也在变。人类文明与人类社会根本上是不断向前发展的,而这个发展过程可能有时是好的,有时是坏的。而道的存在就是为了给人类的发展指明一个积极的上升方向,但为了能迎合不同时代以及不同条件下的社会发展需要,实践道就需要有不同手段和方法。《周易》认为事物总是在不断变化的,时时刻刻都有新的东西产生,因为天道所蕴含的就是大化流行、生生不息的哲理,而事物的变革与易变则是天道之下前进发展的真实本质。正所谓:"日新之谓盛德,生生之谓易。"(《周易·系辞上》)因此天道不变与变法维新其实是事物发展的一体两面,简单地说即道不变,术常新。以此为出发点再来回顾涩泽荣一对宋儒们的看法就会有新的认识,王安石变法虽一定程度上充盈了国库并改善了财政,但其政策所造成的冗官腐败和对农民的盘剥却是实打实的穷民之术。而涩泽荣一所主张的藏富于民、振兴实业、发展商品经济的经世济民之道才是真正对仁之道的落实,也真正将仁的关怀传递给了最普通的民众,借用一句话来概括就是"义以生利,利以丰民"(《国语·晋语》)。所以从这个角度来看,涩泽荣一的士魂商才与义利结合的发展之路的确是遵循了孔子之道,在追求财富的同时不背离仁之本心,做到君子爱财取之有道。而且从他自身的实践行动来看也算得上是成功的典范。涩泽荣一一生先后参与创办的企业组织超过五百家,涉及金融、贸易、矿产、机械、化工、印刷、纺

---

① 钱穆:《论语新解》,北京:九州出版社,2015年,第3页。

织、酿酒等众多行业领域，可以说经他手的资金不计其数，但他却始终过着简单朴素的生活，没有利用自身权力和影响力去巧取豪夺，足见其品德之高尚。

涩泽荣一认为，自古以来经济生产与仁义道德的结合就不完善，故而有"为仁不富，为富不仁"这样的说法。这种将仁义与富贵完全对立的观点实在是不合理，很容易教导人产生极端的做法。种种极端言论实则都是后代学者曲解孔子思想造成的罪过，只要用心读过四书五经就能清楚发现，孔孟的教诲是义利合一，为此他还列举了后世儒者曲解古人思想的案例，比如宋代朱熹在为《孟子》写的序中说道："用计用术，假饶立得工业，只是人欲之私，与圣贤作处，天地悬隔。"这种极力贬低货殖功利，宣扬仁义与富贵对立的思想绝不是孔孟之教的精髓，那只不过是程朱理学捏造出来的谎言而已。① 前文关于孔子以道取利的观点已经阐述，这里着重说一下孟子。孟子虽然提到过舍生取义的人生境界追求，但他却并未否定人们追求利益的天然合理性。孟子的仁政思想主要包括养民和教民两大内容，养民即"不违农时，谷不可胜食也；数罟不入洿池，鱼鳖不可胜食也；斧斤以时入山林，材木不可胜用也。五亩之宅，树之以桑，五十者可以衣帛矣；鸡豚狗彘之畜，无失其时，七十者可以食肉矣；百亩之田，勿夺其时，数口之家可以无饥矣"（《孟子·梁惠王上》）。其中的核心思想就是倡导经济民生不该受到干扰，统治者应该去保障和促进经济民生的稳健发展，做到为民谋富。而教民即"谨庠序之教，申之以孝悌之义，颁白者不负戴于道路矣"（《孟子·梁惠王上》）。也就是要实行教化，使得百姓能知仁行义，从社会根本上恢复礼制。仔细观察就会发现，涩泽荣一义利结合的发展模式同孟子关于养民与教民相统筹的仁政王道思想可以说有着相似的原理和初衷，而这正是由于涩泽荣一完好地继承了孟子以德保民的仁义王道思想。

涩泽荣一在他的书中写道："我认为如果富豪、贫民都能遵循仁义这个王道，也就是按照人类应有的行为准则待人处事，那么其效果就远胜过百条、千条的法律法规。"②

---

① 涩泽荣一著，高望译：《论语与算盘》，第108—109页。
② 涩泽荣一著，高望译：《论语与算盘》，第186页。

翻阅涩泽荣一的著作就会发现其中处处都流露着他对于仁义、忠恕、中庸思想的深邃见地。他曾在书中表达过中日两国文字相通、种族相同,又有着共同的历史文化源头,所以在现实中更应该互相提携,互相合作。具体而论无非在于理解人情,做到己所不欲,勿施于人,即秉承所谓的相爱与忠恕之道进行交往。而商业存在的真正目的就是互通有无、彼此互利,经济生产也要本着道德原则才能达到真正的目的。因此他一直主张在发展与中国相关的事业时,日本应该抱有忠恕的观念,在追求本国利益的同时也要对中国有利。从而实现两国互利互惠的真实成效。[①] 在那个混乱的世界格局下,涩泽荣一能提出这样博爱的观点就足以见得他是真的在恪守孔子的教诲,行孔子的大道,更体现出了他的君子之风与浩然之气。涩泽荣一的一生就是不断追求仁爱忠恕的一生,他将孔子的思想从久远的春秋时代近乎无染地带到了近现代社会,让我们体会到了孔子思想那感人心弦的人文关怀。在仁本思想的指引下实现物质与精神的双重进步才是道的价值凸显之处。儒家之道是变与不变的辩证结合,天道不变与变法维新是一个事物的正反两面。也正因为涩泽荣一贯彻了此道,他才可以是那个时代的"变法者",同时亦是儒家思想的"卫道者"。

四、儒学仁本思想对日本近代资本主义发展的影响

从宏观角度来看,追求物质财富是人类的自然属性,而资本主义的诞生又是人类社会经济发展到一定程度时生产关系发生改变的必然结果。如果说近世的封建礼教与欧洲天主教都利用禁欲主义去遏制人的自然欲求阻碍了资本主义发展的话,那么以涩泽荣一为代表的一众批判礼教僵化腐朽并倡导回归孔子思想本貌的新儒士们可能会和文艺复兴期间的欧洲诗人艺术家们有着几分相似之处。那就是他们都反对虚伪且极端的禁欲主义,以理性为出发点重新审视传统文化与当下社会发展之间的取舍问题,突出以人为本的精神内涵,强调对人本身的价值、情感、需要、自由的尊重。新教伦理的核心是所谓天职观,意为人的任务皆由上帝安排,人们应把世俗义务当作至高无上的

---

① 涩泽荣一著,高望译:《论语与算盘》,第 201—202 页。

天职，从而抛弃天主教原有的禁欲主义和空洞训令，试图从客观上证明世俗活动具有道德意义，这也为资本主义的发展提供了精神源泉。但是，儒学仁本思想对于东亚近代资本主义发展的影响又不同于西方新教主义思潮那般起到了刺激与激发的作用，更多的则是体现在价值观导向下的运筹与调和。从涩泽荣一"士魂商才"的角度来说那就是既肯定了人们追求财富的合理性，又告诉人们应该如何去追求财富，而其中关于道德与利益的辩证关系则是儒学仁本思想带给日本乃至整个东亚国家发展资本主义的最重要影响之一。

综观日本近代实业企业的创设与发展之路，儒家文化的价值导向从一开始就未曾缺席，以义取利、诚信为本、勤奋进取、责任担当、兼济天下的道德操守成为众多日本企业家和商人们的行动指南与处事准则。

涩泽荣一的光辉事例可以说是再经典不过了，如我们耳熟能详的"日本资本主义之父""日本金融之王""日本企业之父""日本近代实业之父""日本近代经济的领路人"等，光是从后人为他所起的众多誉号就足以见得其在日本近代史上的重要地位。西方现代管理学之父彼得·德鲁克在其经典巨著《管理》中评价涩泽荣一在商业上的社会责任感是无人能及的，他是明治时代伟大的奠基者之一。涩泽荣一将儒家的仁本思想无比纯粹地融入实业的发展之中，为日本近代发展资本主义的时代浪潮铺下了专属于儒家文化的恢宏底蕴，他对于日本近代社会的发展以及对孔子儒学思想的传承可以说是功不可没的。

总结日本近代发展资本主义的历程，不难看出，涩泽荣一为日本后续企业家们开启了一个无比光辉的时代篇章。其以儒家仁之道为魂，化身为日本近代产业先驱、工商业界的精神领袖，以其个人的努力推动了日本近代化进程，即便是在百余年后的今天，涩泽荣一依然是日本企业家们最尊崇的人。[1]

（作者：孙煜人　单位：长春师范大学历史文化学院）

---

[1] 马国川：《国家的启蒙》，北京：中信出版社，2018年，第222—223页。

《游学译编》呈现的
日本人对华认识观研究

一、对中国人的丑化与侮辱

(一) 认为中国人没有爱国心

通过此书中可以看到，日本人认为中国人没有爱国心的一大表现就是冷漠。当土地被其他国家占领之时，当自己的同胞因生计而在此做苦力时，其他中国人的反应却极度冷漠，就像是一名路过的旅客，注视着一切，仿佛都和自己没有关联。没有觉醒的意识，没有一个民族的尊严，那么为什么会变成这样呢？日本人认为一部分原因在于政府守旧和腐败，但是归根结底还是其内部的人民无知无耻，且没有所谓的爱国热血，因此日本人便草率地将中国上自政府，下及人民，都冠以"无爱国血"的称号，正如文中所说："我国民论支那朝廷之现状，泛以顽梦二字抹煞之，不知支那之患不在朝廷守旧，而在政府腐败，亦不在政府腐败，而在全国之民无智、无耻、无独立性质、无爱国血。"[①]

从以上可以看出，日本人对中国人的爱国认识浅显而片面，他们只看到了底层人民的麻木与无奈，却没有看到更多中国人投身到救亡图存的斗争中；他们只看到了清朝的腐败无能，却没有看到有雄心壮志的官兵已经着手改变中国的现状，而之后的抗日战争的胜利则说明了一切，中国人的爱国精神与斗志不容其他国家践踏。

---

① 游学译编社编辑：《游学译编》（影印本），长沙：湖南师范大学出版社，2008年，第268页。

(二)认为中国人具有奴性

奴性可以说是在此书中提到最多的词语了,日本人认为中国人面对国家的衰败与外来的入侵,只会在嘴上说着所谓"国家兴亡匹夫有责"这种冠冕堂皇的话,一旦涉及实际行动,就默不作声了。因此,在日本人眼中,中国人就只是被儒家思想荼毒至深的"伪君子"罢了。"自戊戌以来,其冠儒冠服儒服者,谁不曰:天下兴亡,匹夫有责。谁不曰:士生今日当以天下为己任,惜惟口头禅则然耳,究其志趣,仍不免利禄是图,一身一家之,是计脑筋中固无所谓国家思想也。西人曰:凡人无国家思想者,谓之无人格,无人格和谓谓奴性也,合无数奴性之人,以成一国,谓之奴国,奴国未有不亡者,岂可论哉。"①

至于当时的中国人为何具有奴性,日本人则把其原因归结到教育上,"谓支那人之奴隶特质,西报几无日不诟辱之,然西人之论支那人民,仅知其然而不知其所以然,何也?支那人之奴性虽缘于政府之威迫利诱,几于一网打尽,究之人民所以入其彀中,亦实因近千余载恒自迷信,古来失真之教育颇受影响"②。而除了教育带来的奴性,在历史发展的角度上,日本人对中国的批判则更加夸张,把中国人的奴性生硬照搬进中国历史,认为整个中国古代社会的历史发展都是奴隶的发展史,而在此生长的中国人便会自然而然地生出奴性以及迷信的劣根:"数千年之学术思想皆动为奴隶之绍介,书数百代之祖传秘诀,皆学努力之金科玉律,数万里之风俗习惯皆制造奴隶之药料品,祖龙崛起制奴隶之手段大加改良,由是奴隶历史愈发达,奴隶程度骎骎涨增高,上自王公大臣,下至马庸沽保,日月所经营所希望所交涉者,无一不根据于奴隶,而其寻常高等之阶级则以势力范围之大小为比例,差甲奴隶乙,乙还之丙,丙再至于丁,丁如是处相奴隶以至于无穷。"③

日本站在这种片面的视角把中国划分为"奴隶之国"实在是以偏概全。中国古代确实经历过奴隶制社会,但随着中国社会的发展,中国也创造了众多源远流长的文化,而日本向中国学习的历史更是世人皆知。我们可以发

---

① 游学译编社编辑:《游学译编》,第267页。
② 游学译编社编辑:《游学译编》,第328页。
③ 游学译编社编辑:《游学译编》,第372页。

现，日本在不断地贬低中国的文化，从而突显本国的优势，进而侵略中国，其手段可谓无所不用其极。

（三）认为中国人恃强凌弱、唯利是图

在很多日本人眼里，中国人的本质是极度贪婪的，而恃强凌弱、唯利是图则是中国人显露给世人的一大性格。书中提及中国政府及人民就是欺软怕硬，自己比他人强大之时，就会发动战争，侵略他人，而别人强于自己时，就会瞬间放弃抵抗甘愿对强国俯首称臣。而仁慈和善良也是根本没有用的，不可能触动中国人的内心，更不可能让人民变得忠诚勇猛。关于清政府，更是无可救药，无法扶植，"难沐仁政仁德而绝无感激之念，唯知计利益之多少也"，"现时即当要求报酬，不可稍延，因彼等眼中仅有利益交换无义侠亲切之感情也"①。

这些看法反映了日本对中国深层次的恶意，与其说是"政府无能人民贪婪"，不如说是想消灭中国建立自己的势力，通过所谓"优秀民族"取缔"劣等民族"的理论来达到扩张自己势力范围的目的。

（四）认为中国人没有危机意识，总是安于现状

中国受到列强疯狂瓜分的原因，日本人认为是中国人没有危机意识，极易得到满足，虽经历了许多朝代的更替，但一旦稳定了政权，有了自己的根基，便开始奢靡腐败，"试观其历史，其间不拘何邦种族之豪杰，平日素轩昂慷慨雄踞一方，一旦威夺彼土有形之主权，不数十年即潜移混合英气消耗于无形浸淫，而人民之聋聩日增，政府之涂饰日巧，此今日支那之末运所以万难图存者之一大原因"②。可见日本人对中国的历史社会发展的分析所具有的片面性与偏激性，认为中国人极易骄奢淫逸，未看到中国封建社会历朝历代的革新与转变，也并未看到历代统治者为维护统治所做出的成就。

（五）认为中国人没有能力且不懂得变通

在《开发支那社会机关》这篇文章中，日本人把其认为中国人没有的能力划分为行政财政组织能力、经济组织能力、军事组织能力、警察组织能力、教育组织能力，并一一展开叙述。在政治上，一直死守着中央集权专制统治，并且不能随着时代潮流而积极改变，自己深受其害竟浑然不知；在经

---

① 游学译编社编辑：《游学译编》，第 345 页。
② 游学译编社编辑：《游学译编》，第 493 页。

济上，虽然能忍耐困苦，孜孜不倦地赚取钱财，但并不懂得充分利用，纵使商人拥有了很多的财产，最后也都归于买官以求得更高的地位，不懂得继续投资；在军事上，日清战争后，清朝虽然开始认识到自己的实力不足，并且开始筹备练兵等相关事宜，但是军队内部并没有形成凝聚力，因此战斗力并没有得到提高，下次战争面临的还会是失败的结局；在司法上，日本人认为中国人本身容易犯罪，而又没有完备的警察制度，再加上刑罚苛刻而严酷，并且数百年来都没有任何进步，社会才会如此不堪；在教育上，中国人深深地陷入儒学的体制当中无法自拔，殊不知自己的思想已经落后于世界，而自身的文明又没有吸收接纳新文明的能力，因此才会如此落后。

在进行完这些尖锐讽刺后，日本便"理所应当"地表明自己有承担起"复兴"这片土地的必要："特以东亚大局责无旁贷，此我日本之对于支那所谓开发主义者，非政策之上之一大关键乎，我国人士其勿轻以真面目泛应与支那人且研究经营其著宝之地步以确立基础而已。"①

这些偏激的观念影响了一部分日本作家，让他们从景仰中国变成厌恶中国。日本近代文学界泰斗夏目漱石就是其中之一，他曾在1909年受邀来到中国旅行，并撰写了游记《满韩处处》。这部作品充分体现了他作为一个知识分子对于中国百姓的鄙夷："他看到中国马夫用鞭子抽马，看到人们对街头一个受伤的可怜的老头儿不予理会，就得出了'残酷的支那人'的结论；在奉天（今沈阳）喝茶喝出咸味来就相信是沈阳人的粪便渗透到地下所造成，便得出了'肮脏的支那人'的结论；看到住处窗户后面埋着一口接废洗澡水的大缸，也觉得可怕。"② 这些民众的生活日常在他看来是那么的突兀可怕，这不仅仅是文化差异，更是他对于中国人的鄙视。可见在当时的日本知识分子心里中国早已经面目全非，他们偏激刻薄，以偏概全，在日后的侵略战争中更是化身成了所谓的"笔部队"，开始美化战争，歪曲战争，造成了极其恶劣的影响。

这种对华观在影响了文学界的同时，更是影响了千千万万日本人对于中

---

① 游学译编社编辑：《游学译编》，第619页。
② 王向远：《日本侵华史研究》，《王向远著作集》第9卷，银川：宁夏人民出版社，2007年，第29页。

国的看法，这种思想在之后的侵华战争中更是展现得淋漓尽致，在对中国人如此扭曲评价的背后，是日本人的优越感以及对侵略中国的野心，比如冈仓天心的"日本伟大特权论"。他认为中国本就不应该存在，根本就没有统一的中国，而日本作为中国曾经的"学生"，有责任也有能力统一亚洲以及复兴亚洲。他把亚洲和欧洲放在了对立面，从而宣传日本振兴亚洲的"光辉使命"。因为文化的不同而将欧洲亚洲分而对立，又因中国存在南北差异而将中国的概念撕裂，这种牵强而可笑的逻辑终归是经不住历史的检验的。但在当时的大环境熏陶下，一部分日本侵略者却将其奉为圭臬，"在后来日本帝国主义全面发动侵华战争时期，他的'亚细亚是一个'成为被军国主义当局利用来进行侵略宣传的一个著名口号，他们甚至把这句话刻在了石碑上。在这句口号的掩护之下，对中国的蹂躏和占领成了'建立大东亚共荣圈'的义举，对中国的'三光政策'成了'弘扬亚洲文化'的圣战，侵华战争也被说成是把中国从英美的殖民统治下解救出来的'大东亚战争'"①。无论侵略者多么巧舌如簧，这些"根据"也终究是"借口"罢了，当日本侵略者贪婪而丑恶的嘴脸被世界看到时，一切谎言都将不攻自破。

二、对"中国亡国论"的评价

甲午战争带来的不仅是日本对华观的急剧转变，同样也掀起了列强瓜分中国的狂潮。在时代的分岔路上，日本内部也产生了不同的言论，在《游学译编》中，对于"中国亡国论"大致有以下三种不同的反应：

（一）隔岸观火，发出所谓"感叹"

对于"中国灭亡"，一部分日本人摆出了事不关己高高挂起的态度。甚至直呼"地球之上五洲之内，再阅十年其无支那国之名乎，试翘首以待之，转瞬间将使我国民亲睹此惨剧矣"②。

在提及中国与列强之间窘迫的外交关系时，日本则展示出十足的嘲讽和戏谑，甚至将这一行为比喻为"二十世纪世界历史之第一大特色"。他将对

---

① 王向远：《日本侵华史研究》，《王向远著作集》第9卷，第21页。
② 游学译编社编辑：《游学译编》，第335页。

太平洋的争夺比作一个大舞台，而俄国美国以及西欧列强都位于舞台上，或争抢或结盟，使出了各种光怪陆离的手段。而"竞争之目的，则莫不注射于支那，莫不注射于支那之香肴美饵，而亟亟而夺于怀中，合奏乱舞演出有地球以来未曾见之奇剧，懿与铄与二十世纪世界历史之第一大特色其在斯于"①。可见部分日本人不仅对于中国的遭遇十分冷漠，对于列强哄抢中国的行为也是嗤之以鼻，自己装作优雅地对其他国家评头论足，而对自己的殖民侵略却闭口不谈，用迂回战术巧妙地避开了自己对中国的野心。

（二）"中国分割论"

"中国分割论"的支持者主要有伊藤博文、山县有朋等藩阀，他们参与了甲午中日战争，认为中国已经没有维持生计的能力，被列强分割也只是或早或晚的事情，而日本则要抓住机会，获取更多利益。"1898 年 1 月，《时事新报》又重新登载了 1885 年 10 月曾刊载过的'中国分割论'，并称：支那帝国的分割，是有识之士在数十年前就已预想到的，如我辈同志会谈东洋形势之时，常论及此事。"②

在《支那之前途》中，便能看出日本对中国铁路的觊觎，并且极力倡导在中国发展实业、铺设铁路，以取得更多的经济权益。而对于俄国独自占领满洲地区的情况，日本表面对俄国示好，强调两国"今且与我同盟，故满洲无论为俄国有，为它国有，苟不封锁则于我国之利害无大差别也"③。先表明了绝无与俄国争夺满洲之意。进而从占领者的身份出发，拿朝鲜举例，进一步拉近两国距离："而俄国未认我国于朝鲜，为有特别之关系，则我国视俄国之于满洲，亦何必认为有特别之关系哉。"④ 在最后表达了日本无意与俄为敌，并且希望两国能保持和平的想法，"彼此各维持其现象，可免无益之纷争，使我必于满洲覆俄国之势力，俄亦将于朝鲜害我国之权力，两国纷争，伊于胡底，倘更缘此，而启他国之问题，益我国之不利也"⑤。不得不说，日本用这

---

① 游学译编社编辑：《游学译编》，第 335 页。
② 杨栋梁主编：《近代以来日本的中国观》第 6 卷，南京：江苏人民出版社，第 209 页。
③ 游学译编社编辑：《游学译编》，第 1033 页。
④ 游学译编社编辑：《游学译编》，第 1033 页。
⑤ 游学译编社编辑：《游学译编》，第 1034 页。

一套逻辑掩饰住了对于满洲的觊觎,在当时看来确实很有迷惑性。

(三) "中国保全论"

"中国保全论"主要倡导中日提携"保全"中国,为一些亚洲主义倾向的民间团体以及一部分政党所提倡,他们主张在日本的主导下实现日清提携以保全中国。"1898年6月,进步党的元老铃木重远,在党报上明确提倡中日提携下的'中国保全论'。今之东亚问题为整个社会所讨论,人们意见各异,甚至有人主张与欧洲列强共同瓜分支那。以予之管见,我帝国之独立只能由帝国自己来维护,东洋整体之独立,则需东洋各国来维护。"[①] 表面上看这套理论充满了对中国的关怀,但实质上就是让中国顺理成章地屈服于日本,日本就可以坐享渔翁之利了,因此"中国保全论"只是名义上的"保全",实则是日本的"独占"。

在此书中充斥着日本的这套言论。日本先是从整个东亚入手,把东亚当作一个共同的主体,而将西方列强占领中国的行为看作"此大陆胥落于碧眼奴之掌握,令彼冷笑东亚之无人万一,以阻碍社会文明妨害世界公理相纠责,能无为之结舌乎"[②]。日本认为西方列强是一群破坏世界和平的侵略者,而为了维护整个东亚的秩序,日本也必须占领中国。"凡我国民,决不甘因循姑息坐失时机,让彼白人独握其利权而扩展其势力也,故庚子以还我国权势直达彼土者,日见增长非一端矣。"[③] 通过这套理论,能隐约看出日本以后极力推崇的"大东亚共荣圈"的影子,其真实意图是从地缘上将列强排除在东亚之外,从而达到独占中国之目的,由此窥见日本对整个东亚的觊觎和野心早已形成。

从另一个角度来说,日本认为插手东亚是因为道义,"自庚子围匪以来,我日本义侠之声闻久已传播其土,夫即一旦瓜分,期促彼等急而投我,我日本固非无得心应手之处"[④]。而后在此分析中国政府的做法以及其无药可救之处,并强调日本之所以"帮助"中国,是为了压制白种人的嚣张之风,也是为了避免战争的发生,"可类推支那之前途亦可窥见一斑矣,然则当此列强逼迫,而欲暂保和平以遏东亚之战云者,舍我日本其谁属焉"[⑤]。由此可见,

---

① 杨栋梁主编:《近代以来日本的中国观》第6卷,第209页。
② 游学译编社编辑:《游学译编》,第327页。
③ 游学译编社编辑:《游学译编》,第327页。
④ 游学译编社编辑:《游学译编》,第494页。
⑤ 游学译编社编辑:《游学译编》,第494页。

日本把自己塑造成了"和平使者"的形象,并把战争的责任归结到中国的软弱无能以及西方人的野心上来,以此美化自己的战争目的,这种"借口"在日后的多次侵略战争中都屡见不鲜。

三、污名化中国的目的

(一)树立本民族自信

日本所宣传的这些中国观很重要的一个目的就是树立本民族的自信。日本自古以来都是向中国学习的国家,因此一直都对中国有一种无形的敬畏感,而自近代以来,尤其是甲午战争后,中国惨败的模样深深地印在了日本人的脑海中,因此对于日本来说,想要树立本民族自信,拿昔日强国中国的现状来对比如今的日本是再好不过的了。

在《应聘箴言》中,日本人就把这种对比运用得淋漓尽致。先是用"败军之将不可与言勇,亡国之民不可图存"[①]嘲讽了中国学习日本的想法,然后炫耀了本国明治维新的成功,称日本的明治维新是"惊天动地"的举动,甚至认为中国的行为是在向日本示好。而对于中国的此次变革则称"夫支那之国体对于世界文明诸国全无共同之性质"[②],因此改革变法是不可能成功的。

既然中国没有"世界文明诸国之性质",那日本是凭借什么活跃在世界中呢?日本人的答案是"我日本携手同行雀跃于活泼之舞台,共享此文明之幸福,岂非一人之臆断哉,若夫孰我邦医学与武士道二原因"[③]。谈起武士道,文章中认为"今日之文明虽于泰西列强并峙,无论何物悉有共通,然吾人目此共通之物究,不能不归功于封建时代之武士道较为确当也,封建时代之留遗,今独有赖之以通知国民之志,操树立竞争之目的,英德法各国民莫不皆然"[④]。接下来,文章分别阐述了英意法俄的民族风气并认为这些都与武士道精神有共通之处,因此是一直以来的武士道精神带领了日本快速与世界

[①] 游学译编社编辑:《游学译编》,第263页。
[②] 游学译编社编辑:《游学译编》,第263页。
[③] 游学译编社编辑:《游学译编》,第264页。
[④] 游学译编社编辑:《游学译编》,第265页。

融合。反观中国，虽然有着两千多年的封建历史，但十分单薄，缺乏内涵。"且如武士道之精求训练轩昂一世者，罔闻无怪乎？一遇他族之逞雄图、动远略，顽强突进以启封疆者，莫不望风披靡。"①

文中曾多次提及武士道，也多次拿封建时期的日本与中国做对比，归根结底就是想从历史的角度来否定中国的文化，而文章反复强调武士道的先进性，就是想向国民证明日本的文化精神早已优于中国文化，并且在封建时期就已经是世界文化的佼佼者了，甚至武士道精神仍适用于当今世界。如福泽谕吉在《文明论概略》中说道："然而，到了中古武人执政时代，逐渐打破了社会的结构，形成了至拿未必至强，至强未必至尊的情况，在人的心目中开始认识到至尊和至强的区别，恰如胸中容纳两种东西而任其自由活动一般。既然允许这两种东西自由活动，其中就不能不夹杂着另外一些道理。"②

（二）为种族优劣论提供依据

种族优劣论一直是二战时纳粹政权侵略其他国家的借口之一，而战时的日本更是种族优劣论的疯狂鼓吹者，因此在书中经常可以看到日本的报纸杂志在无孔不入地宣传着民族优劣论。这些想法与福泽谕吉的"文明""进化"理论不谋而合："他把日清战争说成是'文明对野蛮的战争'，认为日本是在'文明'的大义下同中国作战的，因此，在他看来，使中国屈服乃是'世界文明之洪流赋予日本的天职'。"③

《国家学上之支那民族观》详细叙述了对中国的民族观，文中掺杂着浓厚的民族主义色彩。文章中认为民族是一个统一的混合体，而其他民族力量的强大或者薄弱，会使不同种族之间产生融合，最终形成一个民族，强大的民族会在民族融合的交流中使融合后的民族更强大，而最后的目的是建设世界的国家进而实现全人类的幸福。这种简单把民族融合概括为文明对野蛮的带动显然是没有说服力的，而简简单单地把自己的民族概括为优秀的民族来侵略占领其他民族更是肤浅而可笑的。

而对于中国，文章中认为中国已经丧失了主人翁的资格，"则固能建设

---

① 游学译编社编辑：《游学译编》，第266页。
② 福泽谕吉：《文明论概略》，北京：商务印书馆，1959年，第29页。
③ 福泽谕吉：《文明论概略》，第31页。

最完善之专制政体而达此初期之目的者也,然即今日而观之,非独堕失其为将来世界主人翁之资格,且堕失其为祖国国土主人翁之资格"①。铁路不是本民族制造的,而是其他国家其他民族所制造的;矿产不是本民族所开发的,而是其他国家其他民族开发的;航路没有本民族竞争,而被其他民族竞争。文章中认为中国的一切都不属于中国,那么中华民族显而易见地就没有存在的必要了。

对于自己国家参与分割中国的战争,文章也指出其独特的"苦衷","视吾民族之生死尤不足轻重,然而彼种人一举手一投足,无不置吾民族于灭亡之陷阱中,故吾民族欲推求主权者,不可不亟亟视察此主权存在于彼种人之情态"②,认为是其他国家把自己的主权置之度外,不尊重主权,因此不可以放任其他民族滥用,并且不能完全放弃主权而任由他族把持。表面上看来是迫不得已,但其实蕴含了浓厚的侵略色彩,把自己打造成一个被欺负者的形象试图蒙混过关。

文章的最后,作者偷换概念,将满洲打造成一个没有统治者的领土,并且将自己的势力范围划出,强调"吾民族全体之存在,即吾民族主权之存在,而外来之势不容毫末加入其间,为其不属于满政府"③。而这种想法与思路在日后被一一应验,成为武力侵略中国的重要思想源头。

(三) 多次强调"无主之地",为侵略战争提供借口

为侵略战争提供借口是日本污名化中国的根本原因,而日本多次强调"无主之地"本身就是一种强盗逻辑,这种思想不仅在 20 世纪初就体现出来,甚至在日后的伪满洲国成立时,继续被日本"发扬光大",为其侵略中国东北提供了一次又一次的文化支持。

在《支那灭亡之风潮》中,作者直截了当地说:"支那四百万英方里而曰无主家焉,可以地球通例殖民学公理,无人之地无主之物人人有占领之权。"④ 由此可见其嚣张与自大。在《列强在支那之铁道政策》中,为了给列

---

① 游学译编社编辑:《游学译编》,第 1087 页。
② 游学译编社编辑:《游学译编》,第 1091 页。
③ 游学译编社编辑:《游学译编》,第 1097 页。
④ 游学译编社编辑:《游学译编》,第 374 页。

强在中国修建铁道提供依据,提出"夫利用无主之地以实行移民政策",[①] 而中国的灭亡是物竞天择的结果,在文章末尾又再次强调"无主之物他人分取营缮而享有"[②],并提出自治是立国的基础,其中暗藏着分割中国的野心。

结　语

事实上,在鸦片战争后,日本人的对华认知就逐渐转变为轻蔑、敌视,这种观念至甲午中日战争后最终成型。从前对华的仰慕心理不再,甚至于试图将中国拉下"神坛",以此达到重塑自身的目的。日本人通过丑化中国人的形象,歪曲中华民族性格,唱衰中国政府,为自己再造"皇帝的新衣",进而打着"公平公正"的幌子参与列强的分割中国之争。在"中国灭亡论"的问题上,虽然众说纷纭,但深究其目的都是为之后的侵华战争服务。产生如此偏激对华观的背后,是日本对中国的野心以及对既得利益的不满,在宣扬自己的武士道精神时不忘贬低中华民族,最后强调土地的无主性以更方便自己对中国的占领,这种种目的都在日本全面侵华战争中得到了全面的体现。

(作者:朱婧维　单位:东亚历史与文献研究中心)

---

① 游学译编社编辑:《游学译编》,第 438 页。
② 游学译编社编辑:《游学译编》,第 459 页。

性别视域下"王道乐土"幻境分析
——以《盛京时报·妇女周刊》为对象

《盛京时报·妇女周刊》于 1933 年 3 月创刊，至 1942 年 7 月停办，其存续时间几乎覆盖伪满洲国的存续期。作为东北地区近代第一大报——《盛京时报》的副刊，其对东北沦陷区妇女的性别意识建构起到了重要作用。《妇女周刊》内容涉及妇女生活的方方面面，从道德、品行、能力、教育、权利、参政、婚姻、母职、职业等各方面，为其塑造东亚连带真实情感[①]，意图建立使东北全境脱离中华政权的殖民统治，以王道思想为其"建国精神"的核心，充斥着宣传以"友邦"为榜样、美化战争的殖民地"顺民"思想，以塑造符合"新国家""王道治下"标准的"女国民"为目的展开叙事。

一、《盛京时报·妇女周刊》创刊始末

（一）中国女权思想发轫

清末以降，受西学东渐的影响，中国少数智识女性开始觉醒，然而女性在女权运动的发轫阶段仅作为时代的客体而非主体，她们仅仅因自己是需要被改造的对象而存在。真正带动当时女权运动的弄潮儿是男性，其中著名者如维新派人士梁启超（1873—1929），他出于挽救国家、民族于危亡之目的，提出"强国保种"之主张。他认为妇女首先应该成为贤妻良母，其在著名的"分利""生利"学说中阐释了国弱家贫是女子只有"分利"而无"生利"的缘故，女子需要接受教育并非因为其具备了独立的"人"的属性，本就拥有

[①] 刘晓丽：《伪满洲国语境中东亚连带的正题与反题》，《厦门大学学报》2021 年第 2 期，第 68 页。

接受与男子同等教育的权利,而是出于扭转其"分利"属性的需要。

与梁启超同时代的金天翮(1874—1947)在中国第一部女权思想著作《女界钟》中,以"女权与民权""公德与私德""破坏与建设"三个面向①阐发了"乌托邦式"女权革命思想,以"天赋人权""不自由,毋宁死"的自由主义思想为基调而提出女权问题。② 然而这种"乌托邦式"充满唯美辞藻的浪漫主义色彩浓郁的论调,对于当时深受几千年封建传统礼教浸染与三从四德思想根植于心的中国妇女来说,最多只能引起思想上的点点波澜,却无法令其从实践上真正做出以改变现状为目的的"破坏"行为,但其对妇女解放的预言具有思想启蒙的重要意义。

直至马君武(1881—1945)开始译介西方女权理论,其译著的《斯宾塞女权篇达尔文物竞篇合刻》将19世纪英国两位著名思想家斯宾塞和达尔文的理论学说一同介绍到中国。马君武提倡自由平等,认为女子只有获得与男子同等的受教育权利,才是能够使其冲破封建旧俗束缚、发挥高尚才智和激发雄心的关键。

这些启蒙思想家引领女权运动、提出各自女权思想都是在近代中国民族与国家危亡之时,在运动发展过程中,广大女性的命运逐步与国家命运相捆绑。自中国女权思想发轫至1931年以前,中原地区尤其是北京、上海及南方城市已经完成了以反对缠足为发端的女权意识萌芽,继而是兴女学、女国民思潮、妇女回家、妇女劳动与就业、妇女参政运动等一系列运动,"女性话题成为社会结构和历史变迁的显性表现"③。

(二)中国女子报纸繁荣

清末以降,大众传播意义上的近代报纸在中国的出现、发展以及中国人自办报的热潮是妇女报纸诞生的大环境、大背景。④ 1898年光绪帝颁布的《明定国是》上谕中规定,对报纸一律免税、准许自由开设报馆。这极大地

---

① 刘钊:《女国民:近代中国的女权乌托邦》,《河南师范大学学报》2021年第6期,第139页。
② 刘钊:《女国民:近代中国的女权乌托邦》,《河南师范大学学报》2021年第6期,第140页。
③ 王鑫:《商务印书馆与中国现代女性启蒙》,北京:商务印书馆,2016年,第9页。
④ 刘人锋:《中国妇女报刊史研究》,北京:中国社会科学出版社,2012年,第17页。

性别视域下"王道乐土"幻境分析——以《盛京时报·妇女周刊》为对象

刺激了维新派人士的办报热情,加之晚清妇女解放思想的萌芽以及进步人士对于妇女解放运动的实践,妇女报纸便在维新运动的前沿上海创办了。1898年陈撷芬创办了第一个专门的妇女报纸《女学报》,然而这"中国古来所未有"[1]之第一份妇女报纸随着维新变法失败而被迫避祸停刊,但《女学报》开先河之功不可没,为后来国人自办妇女报纸提供了可以借鉴的经验。同一时期已知的妇女报纸还有《天足会报》《女子世界》《岭南女学新报》,以及著名民主革命志士秋瑾的《中国女报》等30多种。[2]

社会背景变迁,时代主题变化,妇女问题被仁人志士标榜为解决国家存亡问题、探索救国救亡道路的方法之一,继续被裹挟在时代主流思想变迁之下。继清末女子办报兴起之后,受留日学习热潮影响,在辛亥革命时期诞生的妇女报纸以揭露封建军阀在共和外衣之下的封建统治实质,以及在妇女解放运动中要求妇女获取参政权利为宗旨;五四之后受新文化运动影响,一批先进的妇女报刊先后问世,掀起了又一波高潮,各种"主义"之争层出不穷;1921年伴随中国共产党的诞生,在党的领导下的新型报纸自此诞生;1931年以后随着九一八事变爆发,国家受到外族侵略的形势日益严峻,妇女解放运动的步伐与国家救亡图存紧密联系在一起,大量妇女报纸的宣传亦以此为主要内容与宗旨。妇女杂志如雨后春笋般创立,虽然受各种时局、政治等因素制约,这些报刊寿命普遍短暂,但是对于妇女尤其是智识妇女自我意识的唤醒功不可没。然而上述报刊主要集中在中原地区或经济相对发达的沿海地区,东北地区则仅吉林省磐石县有由反日妇女会创办的不定期刊物《妇女通讯》(1930.6—1937.3)一种可查。[3]

由此可见,东北地区妇女报刊的发展,相较于中原和沿海地区已经严重滞后。1932年伪满洲国建立后,对于日本殖民者与伪满当局来说也急需一份专门的妇女报纸,用以引导舆论、建构理论、宣传思想,在"东三省日人报纸之领袖"[4]《盛京时报》中设立妇女副刊,利用其现成的传播与发行优势占

---

[1] 潘璇:《论〈女学报〉难处和中外女子相助的理法》,《女学报》第3期,1898年8月15日。
[2] 刘人峰:《中国妇女报刊史研究》,北京:中国社会科学出版社,2012年,附录。
[3] 数据据刘人峰《中国妇女报刊史研究》所列附录得出。
[4] 戈公振:《中国报学史》,北京:中国传媒大学出版社,2016年,第90页。

据宣传舆论高地，符合当时东北地区妇女报刊荒的社会现实。此外，还有两个重要原因，一是随着妇女在家庭生活中的重要作用不断凸显，她们作为人数占伪满洲国国民一半的群体与"国家"命运相互连接，妇女问题受到重视的形势，引导妇女服务于战争的需要，将妇女建构成符合伪满洲国"女国民"标准的目标，都迫切地召唤在言论长期禁锢、备受战乱影响的东北地区出现专门性的妇女报纸。二是从传播学的角度分析，伪满洲国实际"统治者"意识到作为媒介"把关人""宣传者"可以利用报纸媒介对受众的影响，将《妇女周刊》办成宣扬其"大东亚共荣""伪满洲国一体""王道乐土"等殖民思想的舆论工具。

（三）《盛京时报》加强东北性别话语

戈公振在《中国报学史》中评价《盛京时报》等"外报"时说，"其言论与记载"，"均与其国之外交方策息息相关"，"因军人压制言论之关系……借外交之后盾，为离间我国人之手段"，"今彼报代表其政府，以我国之文字与我国人之口吻，而攻击我政府与国民"。① 《盛京时报》是日本制造"满洲共同体""东亚共荣圈""王道乐土"的重要媒介工具之一，通过新闻报道和舆论宣传，试图将东北从中国割裂出去，从而泯灭东北民众的民族意识，培养亲近日本、羡慕日本的思想，使其甘受日本的殖民统治。② 《盛京时报》自1906年创刊后便长期霸占东三省的舆论空间，充任"意见领袖"之角色，笼络欺骗了许多东北民众。③

《妇女周刊》创刊于伪满洲国建立一年之后，此时东北民众被赋予的新的身份是"满洲国民"，所以东北妇女当然是"满洲国妇女"，对"满洲国妇女"的性别意识建构便是《妇女周刊》作为媒介载体的首要之责。

九一八事变后，东北地区全境沦陷，中国人民生活在水深火热之中，当时的社会现实是东北人民已然处于殖民统治之下沦为侵略者的奴隶，而其中妇女处于旧的封建礼教与殖民统治的双重压迫之下，其处境更是相当于"奴

---

① 戈公振：《中国报学史》，第94页。
② 王宇昕：《日本殖民政策与"满洲共同体"认同的制造——基于〈盛京时报〉的考察》，《日本侵华南京大屠杀研究》2019年第1期，第53页。
③ 王翠荣：《20世纪20年代东北新闻界对日本新闻侵略的抵制——以〈东三省民报〉与〈盛京时报〉笔战为中心》，《江西社会科学》2019年第11期，第122页。

性别视域下"王道乐土"幻境分析——以《盛京时报·妇女周刊》为对象

隶的奴隶"。虽然其在教育、经济、法律各方面受到歧视,但作为母亲、妻子,妇女的作用又不能被低估,她们的言行、情感会直接影响到其子女。所以"要王道政治完善,必得由妇女做起"这个问题得到了日伪统治者的共识。①《妇女周刊》由1933年创刊不久的《家庭周刊》演变而来,在《家庭周刊》的发刊词中,第一任主编芙蓉即写道,"家庭组织的重要分子就是妇女与儿童,详言之,现在的儿童就是未来的家长……对于他们的教育、卫生,以及衣食住行等琐事都要正当引导。……至于妇女度她们为妻为母的生活"②。可见当时的日伪统治者对于东北地区妇女最主要的身份认知是其为妻子与母亲的角色。要将"女国民""国民之母"和"下一代国民"都网罗进"王道治下"的乐土幻境,占"满洲国"三千万人口半数的妇女们作为一个整体成为日伪统治者抢夺的资源,她们的"为妻为母"的地位似乎提高了,然则妇女们实际上是在被限定的网中以提高母职能力而继续接受压迫其作为独立"人"所具备的其他属性。这一幅"王道乐土"的"美妙"画面在东北地区性别话语体系的建构中成为麻痹、奴役东北妇女的精神"鸦片"。

《盛京时报》就是非常典型的帝国主义文化侵略的舆论工具。它作为东北的喉舌刊物,总是隐藏自己的真实面目而扮演"救世主""友人"的形象,鼓吹"王道乐土",以高人一等的"同胞"自居,称沦陷区人民为"我国民",将日本人塑造成为"先进民族",将日本人的生活方式描绘得美妙、令人向往且超前于时代,通过鼓吹日本优越于中国东北当时社会经济生活水平的手段,引起读者对日本社会的艳羡、向往,造成日本"友人"呕心沥血地要带领伪满洲国"同胞"走向同一片"王道乐土"的假象。在《家庭周刊》面世之前,《盛京时报》将关于妇女主题的新闻、社说等报道刊载于《世界珍闻及其他》《神皋杂俎》等两个副刊,与其他类别的文章混同刊发,并未独立出来。早些时候的《市井杂俎》栏目也有关于妇女的新闻刊出,却多以私奔、乱伦、强奸的市井新闻为主,并未针对妇女问题进行讨论,也无政策导向等文章。

---

① 刘晶辉:《民族、性别与阶层——伪满时期的"王道政治"》,北京:社会科学文献出版社,2004年,第6—7页。
② 《盛京时报·家庭周刊》伪大同二年(1933)三月八日,刊头语。

《世界珍闻及其他》中的妇女文章，以介绍世界各国妇女的生活情况居多，涉及奇闻趣事、妇女界名流、妇女职业或成就等相关内容，例如《日文坛巨子婚姻条例（谷崎氏求妻）》《英国之新婚律打破伦常尊卑》《欧洲的女子人口总数超过男子一千八百万》《怨偶分离顾忌儿童于佳节中暂止离婚——影响美国离婚市场》《八十一龄处女张雪姑归真记》《英国女子侦探队专与地方盗贼作战》。这些介绍国外风情的文章，在当时战火纷飞、时局动荡的东北，确实在一定程度上如《盛京时报》发刊词说的那样，对沦陷区的妇女具备一定的"启民智"作用。《神皋杂俎》中的妇女报道多以社说、白话、小说等体裁为主，针对女性问题的讨论有例如《讨论：男女平权之理论与征实（一）导言》系列、《理想的母亲》《劳工与生育》《夫妻论》及续、《摩登女子》《赤足问题》《主妇的常识》，这些论说性质的文章随着时局也随着日本殖民者在东三省的统治需求而变化，利用讨论妇女问题的机会，驳斥于己不利的妇女问题论调，与其他报刊进行笔战，实则在建构妇女思想，引导妇女行动、思维，将特定的逻辑强加给妇女们，形成伪满妇女文化价值观。在专门的《妇女周刊》出现之前，《神皋杂俎》就是《盛京时报》对于沦陷区妇女进行意识建构的有力工具之一。

二、《盛京时报·妇女周刊》描绘"王道乐土"幻境

清末逊位皇帝溥仪作为日本殖民者代表充当了统治伪满洲国傀儡政权的代理人，其自身的属性即代表了死而不僵的封建意识形态，把纲常伦理作为维护统治的思想纲领，这在有几千年封建历史底蕴的中国具备着易于被接受的深厚土壤，加之其"国务总理"郑孝胥大肆宣扬糅合进日本"皇道"思想的"王道"思想作为伪满洲国"建国精神"，大肆宣扬其为遵从"孔孟之道"，通过诚意、正心、修身、齐家、治国、平天下来实现"王道乐土"的理想。宣扬"友邦""仗义尽力""不惜重大牺牲"，所以"必助我满洲国发扬光大"[①] 的殖民思想。在《妇女周刊》的传播中淋漓尽致地体现出了这种

---

① 《日满不可分割》，伪满洲国文教部通信演讲资料，原载于《中等满州文教科书》卷1，第53—54页。

性别视域下"王道乐土"幻境分析——以《盛京时报·妇女周刊》为对象

政治力量影响报刊的话语表达的实景。

无论是《妇女周刊》还是其前身《家庭周刊》①都站在了当时"政治正确"的立场之上,"东三省为亚洲沃腴之土,纵横三千余里,生产之富为全球之冠,居民不下三千万以上,土地之广人民之众,理宜建设新国家","张家世传……重税繁刑,陷民于水火之中,居此之民下堪聊生,痛苦极矣,于去岁三月朔日,友邦始辅吾三省民众,建设新国家,驱除野心之军阀,解除一切之痛苦……"②,"成民国时直奉军阀耗费民财牺牲人命不知亲近善邻。吾国乃以王道治国。维持东亚之和平,建设满洲国为一乐园,更变为世界之模型耳"③。以上文字来自克山县高二级学生的来稿,字里行间体现出作为"新国家"之民众对于"友邦"来统治东三省之地之众的热切盼望,此类文章散布于副刊各处。连宣传妇女健康常识的科普类文章也要被冠以"王道"的题目,委实可笑:《王道下妇女们的卫生(上)》《王道下妇女们的卫生(下)》。个中关于妇女生理卫生健康的保持、产妇生育时对自身及对新生婴儿的处置事项等科普内容在当时是比较先进的、具备科学性的知识,然而科普之前却强调"王道下的新妇女们……一个是精神上的'爱丈夫爱子女爱家爱国爱友邦',一个是'强健自己的体格,给国家尽一把子力'"④。表明此妇女生理卫生文章是专为"王道"妇女而作,似乎非"王道"的妇女构造与其有所不同并不适用统一的生理卫生标准,而妇女们保持健康与科学卫生的前提与目的是要"爱友邦",为"新国家"尽力奉献,无限迎合与发扬中国妇女本身已具备的甘于奉献的优良传统。

《妇女周刊》描绘的"王道乐土"幻境意欲给东北妇女造成古代社会"男耕女织"的美妙印象,"男女都在王道的花园里,男有分,女有归,夫唱

---

① 《家庭周刊》于1933年3月8日创刊,出刊3期,即"因稿件拥挤将园地略展……就是家庭周刊专开妇女儿童两栏",《妇女周刊》伪大同二年(1933)三月廿四日。

② 《满洲建国一周年纪念日之感想》,《盛京时报·家庭周刊》伪大同二年(1933)三月十五日。

③ 《满洲建国一周年纪念日之感想》,《盛京时报·家庭周刊》伪大同二年(1933)三月十五日。

④ 大姑:《王道下妇女们的卫生(上)》,《妇女周刊》伪康德四年(1937)一月十五日。

妇随，家庭和乐圆满也"①。报纸极力宣扬家庭与妇女的母性是影响社会的至关重要的因素，"一个现代母亲是不会忘记她的家庭责任的，她须时时注意到整个家庭的幸福"②。将家庭对于社会的作用无限放大，再鼓吹"为妻为女"的妇女们对于家庭各项事务的掌握、处理能力，家中一切简直非妇女不可完成，麻醉妇女们自我定位为家庭的女主人，不要在这经济"不景气"③的时期再到社会上去争本来应该属于男人们的职位，回到家庭中料理与教育"下一代国民"已然是为"新国家"做出无尚贡献的"美妙事业"。

对中国的侵略是日本帝国主义早在"大陆政策"逐步形成过程中就早有的预谋，至1937年全面侵华战争爆发，而我中华民族全面抗战亦开始于此。纵观《妇女周刊》中关于"王道国家""非常时期""新时代"妇女建构主张的文章在1937年非常集中。1937年，《妇女周刊》连续发布的《投稿规约》中，编者声明"本刊旨在发扬'王道精神''满日妇女协和精神'，极端欢迎贤妇节妇事迹，满洲妇女生活写实，……王道浅说，建国精神等稿"④。其站在舆论高地上在"建国"五年后依然在为"新国家"的"建国精神"高声呼吁，望"新女国民"和"下一代国民"亦要为"国家"宣传造势。

"妇女回家"与"母职高尚"论调被极力鼓吹，战争的形势变化要求在报刊宣传内容中鼓吹"王道治下"的"国民之母"们要回到家庭中，不要"受到少数特殊女性在社会上的鼓动"，"去发展女性固有的天赋责任……妇女在家服务即是在社会服务……不如在非女子不可的地方奉献社会"⑤，"女子是在家里面帮助男子干业务呵"⑥。《妇女周刊》在鼓吹妇女回家操持家庭"事业"的

---

① 硕□磊：《王道政治下的妇女》，《妇女周刊》伪康德四年（1937）四月二日。
② 《摩登母亲》，《妇女周刊》伪大同二年（1933）三月卅一日。
③ 米田和歌著，笳啸译：《妻之义务》，《妇女周刊》伪大同二年（1933）四月十四日；陈口：《一个女司机的自白》，《妇女周刊》伪康德四年（1937）七月九日；亚生：《妇女应多经营家庭副业》，《妇女周刊》伪康德四年（1937）三月十二日；鲁迅：《女人及其他》，《妇女周刊》伪康德四年（1937）四月廿三日。以上等文章均出现过记述经济不景气，男子亦多有失业的情况。
④ 编者：《投稿规约》，《妇女周刊》伪康德四年（1937）二月十九日。
⑤ 孙玉：《妇女们回到家里去》，《妇女周刊》伪康德四年（1937）一月廿九日。
⑥ 孙玉：《妇女们回到家里去》，《妇女周刊》伪康德四年（1937）一月廿九日。

性别视域下"王道乐土"幻境分析——以《盛京时报·妇女周刊》为对象

同时,反对妇女"独身主义",认为"女人里最美的是做了母亲的"①,并且结婚生育的妇女比独身主义和已婚不孕的妇女生活更加满意。同时将"满洲国帝国"的妇女问题与中国普遍妇女问题割裂开来,认为今日只产生"王道下"的妇女问题,而"王道"是以"全民为对象不分男女贫富阶层……"②,迎合着妇女们渴望男女平等、家庭美满和乐的美好愿景。

《妇女周刊》在东北妇女教育、职业、家庭、婚姻、参政、解放等各方面建构的幻境,麻醉了一批智识未开、意志薄弱的妇女,在一定程度上也影响了"下一代妇女"③的性别思想建构,其幻境麻醉性之强可见一斑。

三、幻境悖论的批判

自清末以来,由男性主导的女权运动是为解决国家与民族的现实发展困境而探索的有效思想与行动,那么反观《妇女周刊》则是表现出日伪统治者妄图以复古逆流重新建构思想道德标准与妇女行动规范,再次将妇女与"新国家"联系在一起。《妇女周刊》描绘的"王道治下""时代下"的东北沦陷区妇女们事实上是受到封建思想束缚与殖民统治双重压迫之下的社会底层群体。所有观点、提倡、要求、呼唤似乎都在谈妇女问题、谈家庭、谈发展、谈解放、谈平等,但是咀嚼细品之后发现里面一再谈论的都是"国家",妇女们的思想、行为要与"国家"的标准要求保持一致方是符合"国家"利益。以妇女问题为主题讨论"民族""国家"的发展建设,使妇女们的思想、行动都被框进这个被设定的框架之内,在承认"友邦"妇人是上层民族菁英榜样的同时,默认了自己是低等阶层的反例。如伪康德四年(1937)五月《妇女周刊》连载了田武逸作的《日本妇女的优点(上下)》,内容阐述了日

---

① 山口八重子:《世上最美丽的女人是做了母亲的女性由经验得到的人格最为尊重法克达的母性美人论》,《妇女周刊》伪康德四年(1937)九月三日。
② 硕□磊:《王道政治下的妇女》,《妇女周刊》伪康德四年(1937)四月二日。
③ 《妇女周刊》于伪康德四年(1937)五月廿一日和廿八日连载了一个名为姜满堂的初三年级学生作的《女子的责任(上下)》,虽语言稚气未脱,但行文却几乎是近代版本的三从四德,认为古语有云"井臼自操",顺丈夫、孝公婆、和妯娌、爱姑叔、和睦乡里、谨慎米柴都是女子们应该做的,作者被编者称为"下一代妇女"。

本虽然也是男权社会,但是日本女子却不被关在屋内,对丈夫每日的跪迎跪送都是一种活泼自动的动作。日本女子是绝对的贤妻良母,从小受到各种教育和熏陶,温顺娴静、夫唱妇随、善理家务;日本女子也"没有我国女子求学的那种安闲作乐,……训练自立的技能,实行'贤妻良母'的教育,学校里的课程就是社会上平凡的课程实习"①。

首先,当时中国人的地位低于所谓"五族协和"的其他民族,而在家庭与婚姻中妇女地位又在男子之下,仍然屈于从属位置。其次,妇女界内部本身也有等级之分,贵族妇女与智识妇女的地位略高,旧式家庭中女性长辈的地位高于女儿与儿媳,若家中仍有奴婢则其更是处于社会"食物链"底端。《妇女周刊》要建构的"女国民"与金天翮在《女子世界》发刊词(1904)中所阐述的内涵有本质不同,它是在破坏了东北妇女自身民权基础上的"女权",是妇女们看似在家庭中掌握了更多事务,但实际上此消的是真实的"权"而彼长的却是"新织"的网。

在一篇呼唤彻底妇女解放的文章中描写道:智识妇女婚后"仍维持她的职业地位,她一定会感到家务和职业两重任务的疲倦",而"庸妇没有机会求知,连她们的子孙求知的机会也是很少",农村妇女"一天的工作是田地的活计,办家事,育小孩,一年没有一天的休息"②。这样的一幅图景描绘了当时妇女们生活的真实状态,即使是智识妇女阶层依然不能幸免地要被"家庭""职业"二重重压,若选择了婚姻则只能无奈地在家庭与职业之中做出二选一的选择,取舍成为必须的经历。智识妇女尚且如此,遑论农村妇女更是过着"非人生活",且"连她们的子孙求知的机会也是很少"。《妇女周刊》大肆鼓吹"日满协和","在新天地覆载下的妇女们只是穿了二十世纪的时装,或者能够信口开河地谈些什么解放……这些都是次要问题……要做现代的王道下妇女,……去践行下面几个基本条件才是"③,而以下则要求妇女们需要具备健康的体格、质朴的习气以及模仿日本女性的"贤妻良母"精神。

---

① 胡颜立讲,徐友文记:《日本的女子教育》,《妇女周刊》伪康德元年(1934)五月十八日。

② 《妇女到那里去?回到家庭抑到社会?(续)》,《妇女周刊》伪康德三年(1936)。

③ 菲女:《王道下的新妇女》,《妇女周刊》伪康德三年(1936)十二月十一日。

性别视域下"王道乐土"幻境分析——以《盛京时报·妇女周刊》为对象

女子要"'在范围内'拿自己的品学去为社会服务。以此与同体魄同知能的男子角逐是成绩不是荣誉,这样才造成女权的全盛,帮助丈夫教养子女孝婆顺姑是美德,这是王道治下的水准线"[1]。

女子在家庭事务中仅仅是需要从事更加繁重的工作量,一切服务于"王道治下"符合"时代下""新"妇女标准,然而这些所谓的"新国家"妇女在全面掌管着家中的大小事务同时却于家中大小事务均无权置喙,此乃悖论也。《妇女周刊》在1936年12月18日至次年1月8日连续四期刊登了同名文言文章《王道妇女格言录》[2],用格言的形式教导女子要立身立学、要贞洁、男女有别、女子守内不可与外男通名等封建礼教思想,其中包含三贞九烈的节妇观、孝妇守则等内容,再次将近代东北妇女推进封建社会三从四德的框架之内。"王道思想"的思想内核并未将妇女从旧式婚姻、家庭中解放出来,而只是使其被阂于半新半旧的家庭中继续遭受着新旧两重压迫。

"王道治下"的妇女从来也没有具备过作为独立人格所应有的反抗人身依附、政治专治和精神压迫的权利,少数智识妇女关于妇女解放与自由的斗争在《妇女周刊》的语境之下被描述为少数"特殊阶层妇女独享的权利"[3]和"少数女人提倡平权便是不顾女子使命"[4]等污蔑的语言。随着政治操纵舆论话语空间的力度逐步加大,真正讨论符合近代妇女观、妇女问题、妇女解放运动等相关文字鲜见于刊头。终于,在关于"女人是否是贱骨头"的一阵空前笔战后,欧阳婉儿愤慨地发出了"编辑先生是否欠缺了稿子……妇女周刊是指示女人怎样去做一个男人的玩赏品"[5]之语。日益扩大的广告信息逐步占据了周刊的版面,直至伪康德五年(1938)一月七日首次出现了广告占据一半版面的情况,与创刊最初几年稿件来源丰富尚需编者在"编者余墨"版

---

[1] 凯娜:《王道妇女的水准线》,《妇女周刊》伪康德四年(1937)五月七日。

[2]《王道妇女格言录》分别由第二任主编菲女与里撰写,其中有半文半白的文字,也有直接引用《女训》等古代女德标准的文字。

[3] 剑冰女士:《由女性的出路谈到职业》,《妇女周刊》伪大同二年(1933)三月卅一日。

[4] 田武逸:《非常时与妇女使命(上)》,《妇女周刊》伪康德四年(1937)六月四日。

[5] 欧阳婉儿:《偶然想起(下)》,《妇女周刊》伪康德四年(1937)八月二十日。

块规范标点及写作格式的繁荣景象形成鲜明对比。《妇女周刊》作为探讨妇女问题的公共空间资格遭到质疑，其建构的东北地区妇女性别意识思想也被受众与时代排斥与淘汰，至伪康德九年（1942）七月二日最后一期《妇女周刊》时其只能屈与时事政治共用一版，篇幅仅占三分之一而已。

总之，对于《妇女周刊》的研究，能够窥探妇女话语表达在伪满洲国这个特殊时期与地域环境下呈现出的特殊性。伪满洲国统治者意识到妇女界对于社会变革具备一定力量而以期加以控制和建构，然则其实际目的却只是利用"王道乐土"的虚假幻境拖住"新国家"全面近代化的步伐，以复古逆流的思想主义建构女性顺民的性别认同。

如果说梁启超的女权思想是"强国保种""生利"的改良路线，金天翮《女界钟》代表着"破坏"的"乌托邦式"女权革命，那么《妇女周刊》则是以"王道乐土"为幻境对东北地区妇女的"女权"意识进行的全面扭曲。

（作者：霍树婷　单位：长春师范大学）

第三部分
日本侵华时期的东亚社会

近代日本对中国东北水电资源的掠夺

近代中国东北水电资源的开发，同日本侵略者的掠夺行径密切相关。既往关于近代日本掠夺中国诸种资源的研究成果已相当丰硕，但中日学界对日本掠夺中国能源型资源，尤其是具有重要战略意义的水电资源关注尚显不足。[①] 水电资源与一般资源相比，其掠夺形式更具隐蔽性，但其所提供的能源又成为日本维系在中国东北统治及攫取其他资源的重要能源支持，这是揭露近代日本侵华罪行的重要一环。因此，有必要探析战前日本对中国东北水电资源的调查、掠夺与配置过程及对水电劳工造成的苦难记忆，这有助于多维度剖析近代日本帝国主义侵华手段，更能深化对近代东亚地区能源型资源开发的历史认识，以及对东亚社会历史记忆的形成产生深层的理解。

一、盘算：日本攫取东北水电的谋划

20世纪初，日本囿于国际政治环境与自身发展水平，尚无力在中国东北

---

① 基金项目：国家社科基金重大项目"近现代日本对'满蒙'的社会文化调查书写暨文化殖民史料文献的整理研究（1905—1945）"（项目编号：19ZDA217）。个案研究主要有廣瀬貞三：《「滿洲國」における水豊ダム建設》，《新潟國際情報大學情報文化學部紀要》2003年第6卷；南龍瑞：《「滿洲國」における豊満水力發電所の建設と戦後の再建》，《アジア経済》2007年第48卷第5期；井志忠：《"丰满水电站"的殖民动机与客观效果》，《外国问题研究》2010年第198期。整体研究包括小林英夫：《1930年代植民地「工業化」の諸特徵》，《土地制度史學》1976年第71號；須永德武：《滿洲における電力事業》，《立教經濟學研究》2005年第59卷第2號；須永德武：《1940年代の滿洲工業》，《立教經濟學研究》2011年第65卷第1號；林美莉：《外资電業的研究（1882—1937年）》，臺灣大學碩士學位論文，1990年；陳慈玉：《二戰結束前東北電力事業的發展》，《新亞學報》2015年第32卷。

构筑水电工程，故而依托"满铁"，先积极攫取东北的火电能源。但由于当时修建的火电站相对分散且规模较小，火电提供的能源相对有限，不能满足日本对中国东北进行领土侵略与资源掠夺的实际需求。因而，随着日本势力在东北地区的逐渐渗透，日本人愈发垂涎东北的水力资源。

早在1900年，日本人已经注意到位于松花江支流（牡丹江干流）的镜泊湖蕴含丰富的水电资源，计划蚕食中国东北后用以攫取水力资源，这是其在中国境内最早注意到的水力资源及利用构想的记录。[1] 虽然调查者心怀叵测，但客观上，对中国水电资源的开发有一定启示意义。此后日本为侵略东北掠夺资源做准备，继续派遣专人开展对中国东北水力资源的实地调查。1916年至1917年，日本曾经两度派出了鸭绿江调查队，对中国东北与朝鲜的界江鸭绿江所蕴藏的水力资源展开深入调查。[2]

20世纪20年代，陆续有日本学者带着政治使命赴中国东北开展水能调查并发表了相关看法，为其掠夺中国东北水电资源做准备。日本专家降矢芳郎认为，中国东北地理条件优越，既蕴藏着丰富的水能资源，又拥有广阔的平野，可以开展长距离的水电运送，且启动引水工程也具有可操作性。同时，中国东北与朝鲜边境的鸭绿江，其上游形成的天然落差会带来大量势能，因而，中国东北的水电具有较大的开发潜力，[3] 可为日本提供重化工业所需要的大量能源。是时，掌控东北的奉系军阀受其利诱，亦苟同日本共同开展水电工程的痴想。但华盛顿会议所塑造的新国际环境，使日本短期之内未敢将妄念轻易付诸实践。[4] 此后，东京帝国大学教授内丸最一郎也通过实地踏查，宣称朝鲜与中国的界河鸭绿江流量丰沛，松花江和嫩江流域降雨量与贮水量亦较好，尤其适合水力发电的建设。[5] 1924年，日本富宁公司针对

---

[1] 缐瑞亨：《从广州到满洲》，广州：民声日报社，1943年，第116—117页。

[2] 山口本生：《滿州水力資源昔がたり》，載滿洲電業外史編纂委員會編：《思い出の滿州電業》第1卷，滿洲電業會，1982年，第12頁。

[3] 降矢芳郎：《朝鮮南滿京津研究旅行報告書》，九州帝國大學工學部，1923年，第13頁。

[4] 谷光世：《滿洲河川誌》，滿洲事情案内所，1941年，第291頁。

[5] 内丸最一郎：《講演鮮滿、臺灣及び樺太の旅》，《日本機械學會志》1938年第41期。

天然堰塞湖——镜泊湖所蕴含的丰沛水能,向日本政府提交了《镜泊湖水力工程调查书》。① 日本在中国东北凭借"满铁"的渗透,怀着掠夺资源的目的,曾多次派遣相关专家学者调查中国东北水力资源的潜力,实地调查的日本人大多认同中国东北水能具备大容量、大水量、高落差等优点。当然,也有专家坦言多数河流的流量颇为一般,但可以通过兴建大坝式水库的方式来解决这一问题,② 这系列思考显然已把中国东北地区视为日本的囊中之物。加之中国东北与当时日本殖民地——朝鲜接壤,使日本对中国东北水能垂涎久矣。

1932 年,随着伪满洲国的成立,日本肆无忌惮地加紧掠夺东北的一切资源,认为"虽然在殖民地(水电工程)施工运费成本可能会增加,但土地与水能资源却全无代价,而且雇佣中国工人的成本极其低廉"③。就此日本决定假手伪满洲国政府,开始将攫取中国水电资源提上日程。1933 年,日本关东军侵占热河省,确立其在中国东北军政"二体合一"的绝对统治权后,由其牵头并授意伪满洲国国道局第二技术处的治水科和利水科,对中国东北的水能蕴藏状况展开全面调查。1934 年,伪满洲国临时产业调查局也加入对东北水能的调查行列,并以水电开发为调查重点,着重对松花江、太子河、辽河、鸭绿江等地的水能蕴藏开展了实地考察。④ 同时,关东军与伪满政权签署了成立日(伪)满合办电气公司的合同,为其掠夺更为廉价的电力资源服务。⑤ 调查结果表明,东北境内的诸多河流蕴含丰富的水能资源,符合日本在中国东北开展支持侵略的重化工业的需要及维持对该区域人民奴役统治的基本需求。⑥

1937 年,水利电气建设局及委员会成立,关东军又授意伪满政权实施产业开发五年计划。由于该计划将钢铁的增产列为重中之重,因而,此时煤炭

---

① 毛民治主编:《松花江志》第 3 卷,长春:吉林人民出版社,2002 年,第 622 页。
② 满史会编著:《满洲开发四十年史》下卷,北京:新华出版社,1988 年,第 147 页。
③ 東洋経済新報社:《東洋経済新報》1666 號(1935 年 8 月 10 日),第 33 頁。
④ 滿洲國史編纂刊行會:《滿洲國史·各論》,滿蒙同胞援護會,1971 年,第 675 頁。
⑤ JACAR(アジア歴史資料センター)Ref. A09050349200、満洲に於ける電業合同に関する株式會社設立要綱(国立公文書館)。
⑥ 谷光世:《滿洲河川誌》,滿洲事情案内所,1941 年,第 105 頁。

资源已经从大量供给发电转为大量投入炼钢,① 东北煤炭资源渐渐不能满足当地工业发展需求。经营多年的东北火力发电工程开始受到资源限制。② 为解决这一问题,日本关东军决定大力开发中国东北的水电资源,其能源攫取导向也从既往的"水火并重"转变为"水主火从"。为全面落实这一构想,1939 年 3 月,镜泊湖水力发电所和松花江水力发电所并行建设。③

日本关东军授意伪满洲国兴修水利工程所能带来的诸种收益亦是其推进的动力。当时"亚洲第一坝"是位于松花江丰满峡谷谷口的丰满大坝。日本专家称,其竣工后,即可获得九点好处:一是能够解决松花江的水患问题;二是预计发电设备共计可达 70 万千瓦,一年的发电量会达到 300 亿千瓦,数额巨大;三是下游的 17 万公顷农田也可得以灌溉;四是使稻米增产预计多 300 万石;五是还能建设中国东北第一景"松花湖";六是确保了饮用水和工业用水的水源;七是将吉林塑造为"电都";八是松花江的水面增高有利于通航;九是有利于周边渔业及林业等资源开发,④ 日本报刊媒体称其有一举多得之效。⑤ 1942 年大坝建成,水库开始蓄水后,其产生的电力资源陆续供给长春、吉林、哈尔滨、沈阳等东北地区的重要城市,为日本维系其侵略统治提供了重要的能源支持,至日本投降前,累积供电量达 123500 万千瓦。⑥

日本关东军也注意到鸭绿江的水能条件优越,其横跨伪满洲国与朝鲜,有利于日本对殖民地进行资源统合,更加助长了日本推进"满鲜一如"的妄想。⑦ 日

---

① JACAR(アジア歴史資料センター)Ref. C01002910700、満洲経済統制関係書類の件(防衛省防衛研究所)。
② 佚名:《満洲産業開発五年計畫綱要》,関東軍司令部,1937 年,第 14 頁。
③ 满史会编著:《满洲开发四十年史》下卷,北京:新华出版社,1988 年,第 155 页。
④ 満洲國水力電気建設局:《松花江水力發電計畫概要》,満洲電氣協會,1941 年,第 27—34 頁。
⑤ 《満洲開発の原動力明春発電開始:不適の定評覆す凱歌:松花江の豊満ダム》,《大阪毎日新聞》1942 年 11 月 8 日。
⑥ 丰满发电厂志编辑室:《丰满发电厂志(1937—1985)》,吉林:丰满发电厂印刷厂,1991 年,第 31 页。
⑦ JACAR(アジア歴史資料センター)Ref. C13010069000、第 2 章 満洲電気事業の沿革と其概要(防衛省防衛研究所)。

本曾宣称"朝鲜现今处于关键位置。作为日本与中国东北之间的'栈桥',基于日本与中国东北不可分离而言,朝鲜处于心脏位置,得天独厚"[①]。1936年,朝鲜产业经济调查会召开,日本政府、伪满洲国、满铁、关东军、朝鲜等多方的代表列席其间,时任朝鲜总督南次郎与满铁总裁松冈洋右决定联袂推进"鲜满经济协力诸问题",并且借此探讨"满鲜一如"的具体方法,同年决定开始共同实行鸭绿江水电计划。[②] 此后,朝鲜总督府与伪满政府通过了《鸭绿江·图们江架桥协定》[③],该协定旨在促使中国东北同朝鲜的交通和经济关系进一步结合,从而为日本攫取中国东北的水电资源进而为总体战服务。日本开发鸭绿江与图们江水电资源,这不仅是政治需要,也因产业开发第一个五年计划里对电力资源需求巨大,因此驱使大量中国劳工构筑水电工程,从而攫取水电资源,自然成为关东军备战与发展重化工业的当务之急。因此,由日本控制的朝鲜总督府与伪满洲国政府共同牵头,在构筑松花江水电产业的同时开展了鸭绿江及图们江水电产业的开发,并象征性地昭示出公摊共得的四条章程,即按《鸭绿江及图们江发电事业实施谅解事项》:两条河流电力开发由日本国的朝鲜鸭绿江水电和伪满洲国的满洲鸭绿江水电共同经营,共同开发水力,投入资金对半均摊,电力供给对半平分。[④] 如此,水丰大坝的修建与电力的供给都在日本侵略者的规划下井然有序地推进,而这种所谓均摊恰恰是总体战模式的一种体现。

二、进程:总体战指导下的水电掠夺

1921年,日本的野心家永田铁山、冈村宁次、东条英机等人在密议后提出了"总体战构想"并结成"巴登巴登密约"。1931年,日本关东军悍然发动九一八事变,对中国东北进行了军事占领,继而扶植傀儡政权——伪满洲国,作为其控制中国东北及掠夺当地资源的"白手套"。当然,这都是其对

---

① 満洲電業史編集委員會:《満洲電業史》,満洲電業會,1976年,第472頁。
② 御手洗辰雄:《南総督の朝鮮統治》,京城日報社,1942年,第106頁。
③ 《鮮満國境の共同開発》,《満州評論》1937年第12卷第4號,第6—8頁。
④ 朝鮮電気事業史編集委員會:《朝鮮電気事業史》,中央日韓協會,1981年,第290—292頁。

外侵略之一环，而非最终目标。策划事变的石原莞尔曾提出"世界最终战争论"，这不仅是构想，也是此后日本不归路的"预言"，即"黄种人"与"白种人"之间的最终一战。而在实现"黄种人"胜利前，日本要整合一切现有资源，供给日本扩大战争。此后的"国家总动员法"即规定"由总动员到军需动员再到军动员"，从而开启真正的世界全面战争。① 太平洋战争爆发后，日本总体战需求进一步扩大，工业动员成为当时日本最重要的课题之一。② 这符合日本侵略者对中国东北的战略定位："重点开发有事之时所必需的资源，且尽可能谋求该地的资源自足并及时供给日本。"③

又因为中国东北与朝鲜北部接壤，地理条件特殊，为此日本特意制定了一套过送电网整备计划，企图通过电力实现贯通"满鲜"，从而带动朝鲜北部以兴南为中心的重工业地带建设与中国东北地区相应的重工业发展，为其开展"全面战争"的对外侵略行动提供助力。日本为尽快实现经济军事化，以供给资源实现总体战，需要在其殖民地大力发展重化工业，也亟须升级当时稍显不足的配套能源——电力。④ 在东北地区主要由关东军主导，与"满铁"协调出策，借助伪满洲国这副"白手套"具体行事。

1932年10月，为了总体战目标，关东军即谋划成立日满产业统制委员会，为攫取东北水电做好充分前期准备。⑤ 同年，关东军还驱使傀儡伪满洲国实业部设立电业管理局，并通过制定《满洲电气株式会社要纲》，企图完成中国东北电气实业一元统制。⑥ 所谓电气统制，一方面是满铁与关东军妥

---

① 堀場一雄：《支那事変戦争指導史》，原書房，1968年，第162頁。
② 纐纈厚：《総力戦体制研究——日本陸軍の国家総動員構想》，三一書房，1981年，第14頁。
③ 陈本善主编：《日本侵略中国东北史》，长春：吉林大学出版社，1989年，第470页。
④ JACAR（アジア歴史資料センター）Ref. C13010069000、第2章 満洲電気事業の沿革と其概要（防衛省防衛研究所）。
⑤ JACAR（アジア歴史資料センター）Ref. C01002909400、日満産業統制委員会設置の件（防衛省防衛研究所）。
⑥ 満鉄経済調査会：《満洲電気事業方策満洲瓦斯事業統制方針》，1935年，第23頁。

协的产物，另一方面又是关东军和伪满洲国合力的结果。① "满铁"与关东军虽在中国东北长期存在策略决断的矛盾与争端，但就东北水电资源开发问题，"满铁"的经济侵略与关东军的军事需求达到高程度契合，都是为日本总体战服务，并且通过伪满洲国操作具体事务。

1936年，日本为了长期窃据东北及开展新一轮侵华行动，对东北资源加大了攫取力度。关东军授意伪满洲国制定第一次产业五年计划，其中发电量规划高达140万千瓦，水力发电规划量则要求达到59万千瓦。中国东北的水力发电，虽较之火力发电起步晚，但占据份额相当可观。② 不过由于水电开发的基础设施需要大量劳工完成修筑，关东军决定役使大东公司加大宣传力度，诓骗以华北为主的中国各地劳工赴东北参与水电工程，致使大批中国劳工或当牛做马，或客死关外，笔笔血债皆在汗青。

1938年，在日本总体战需求的变动影响下，关东军通过伪满洲国产业部及总务厅调整电力规划，较此前既定指标，竟上浮至257万千瓦。尔后，松花江丰满水电站开工，关东军企图加大水电资源掠夺力度，又授意伪满政府制定产电量新目标，要求未来4年总发电量需达750万千瓦。③ 对东北电力能源不遗余力地榨取，并以无视中国劳工生命的劳动强度与肆意破坏周边生态的横暴行径，为诸多日本在东北的重化工业供给能源，为其进一步侵略扩张做后备保障。1941年太平洋战争爆发，日本又将其国内有修建难、维护难等问题的重要电力及重化工产业，尽数放在中国东北发展，无视其对中国东北的生态破坏，极力榨取该地区各类资源，尤其对中国东北的发电量需求逐年剧增。

20世纪30年代起，日本对殖民地的重要规划即统筹中国东北、台湾，以及朝鲜水电产业为总体战服务。日本相继授意伪满洲国实行的第一次、第二次产业五年计划，指令台湾总督府实施的生产力扩充四年计划，要求朝鲜完成的送电网整备计划，从中都可窥见日本侵略者非常重视电力资源，而将

---

① 堀和生：《「満州國」における電力業と統制政策》，《歷史學研究》1987年第564號。
② 满洲電業史編集委員會：《满洲電業史》，满洲電業會，1976年，第731页。
③ 满洲電業史編集委員会：《满洲電業史》，满洲電業会，1976年，第453—454页。

之列为生产力调整的最重要课题之一。① 在总体战要求下，日本强制大量劳工，以高强度作业极力榨取其价值以换取电力工程的竣工。在此基础上中国东北的电力生产额，从 1936 年的 900 万日元上升到 1940 年的 3900 万日元，翻了四倍有余，这也带动了日本化学工业产值猛增至 5.1 亿日元，而每一次产值增长的背后都是欠下中国劳工的血债。

当时，堆满中国劳工森森白骨换来的是，电力及瓦斯产业占东北工业生产指数第二位且 1938—1943 年基本处于平稳增长状态②，1936 年其资本构成名列该区域第二，1937—1939 年达第一位，并从 1.37304 亿日元上升到了 3.22168 亿日元，翻了将近三倍，电气投资指数也急速扩充，从 1934 年的 80 到 1939 年的 185，翻了两倍有余，逐渐满足了当时各工业的电力需求。1935—1941 年间，在东北的日系金属工业、化学工业与矿业的电力需求位居前三，且金属与化工长期保持在每年 2000 万千瓦以上③，因这种巨额用电需求，关东军不断对水电工程加大投入人力物力。至 1944 年，即使遭受美军的空袭干扰，第二次产业开发五年计划仍将电力生产量提高至第一次产业开发五年计划的 194%④。在工业设备相对缺乏的时代，人力投入无疑巨大，而修筑水电工程的劳工多被压迫致死，随即被弃尸万人坑，这一切残暴行径只是为了满足日本扩大侵略的工业指标与总体战目标。

1943 年 7 月，为拯救日本日趋颓势的战争局面，关东军假手伪满洲电力协议会制定了《开发电源及产业分配基本方针》，并极具欺骗地声称该方针旨在全面调整"大东亚共荣圈"内电力开发与产业分配。此时，日本已考虑背水一战，将大量日本本土的电力产业转移至东北，并且调配日本发电机，加紧掠夺东北资源准备做困兽之斗。同时，关东军要求东北水电工程仍统一采用拦坝式，只要还能开工建设的水电工程全部继续建设，同一水系有多所水电工程则对新修水电站要优先建设。在总体战大背景下，其规定水电资源

---

① 小林英夫：《1930 年代植民地「工業化」の諸特徵》，《土地制度史学》1976 年第 71 號。

② 佚名：《舊滿州経済統計資料》，東京：柏書房，1991 年，第 41—42 頁。

③ 數據統計轉自須永德武：《1940 年代の滿洲工業》，《立教經濟學研究》2011 年第 65 卷第 1 號。

④ 滿史会編著：《滿洲開発四十年史》上卷，北京：新华出版社，1988 年，第 72 頁。

分配需要优先供给日本的军工相关产业，或重工业里遭遇困难的产业[1]。1943—1945年，日本在中国东北进行资源掠夺的重要工具——满洲人造石油株式会社、满洲轻金属株式会社、四平人造石油工场等日资重工业生产组织，都是依靠丰满水电站的供电，大力掠夺东北资源，完成其既定的生产指标[2]，为日本继续侵略战争提供支持。

日本侵略者对中国东北水电工程投入成本时，主要由关东军谋划，伪满政府代为执行，因其均不谙能源生产之道，只为增大产出供给其重化工业需求，一味地加大投入人力物力，这使东北逐渐出现了严重的电力产能过剩问题。

1935年，仅火电供给的实际发电量就达到4.02亿千瓦[3]，但包括纺织、金属、机械、化工、印刷、杂工、矿业、电气等日本在东北实际控制的产业，年度电力需求总量不过3.74299亿千瓦[4]。即便从1935年到1938年，电力需求最多的化学工业翻了2.6倍，也不过维持需求占比的26%左右。后因钢铁产业的煤炭需求，火力发电占比有所下调，水力发电继之而起。在太平洋战争爆发时，电力过剩问题日趋明显，1941年的年电力需求总量为13.643亿千瓦，电力生产额居然达到了21.64亿千瓦。这暴露了日本侵略者的规划问题，一方面，极力压榨中国劳工过度攫取电力资源，另一方面，却未能及时发展配套产业，致使以中国劳工的血汗换来的电力产能大规模浪费。

关东军高层为了完成总体战的需求指标，只重视通过伪满洲国实业部获取大量电力资源，却忽视了发展配套的电力消费产业，导致在东北的其他日资重化工业投入劳动力严重不足。20世纪40年代，伪满地区的工业生产与经济发展最大阻碍因素，就是劳动力不足问题。[5] 1941年劳动力缺乏甚至高达需求的19.2%。由于缺乏投入生产所必需的劳动力资源，使得金属、电气

---

[1] 满史会编著：《满洲开发四十年史》下卷，北京：新华出版社，1988年，第160—170页。

[2] 闻师：《丰满电站的沧桑》，载吉林市政协文史资料研究委员会编：《吉林市文史资料》第五辑，1986年，第49页。

[3] 满洲电业史编集委员会：《满洲电业史》，满洲电业会，1976年，第684—685页。

[4] 须永德武：《1940年代的满洲工业》，《立教经济学研究》2011年第65卷第1号。

[5] 隅谷三喜男：《满洲劳働问题序说（下）》，《昭和制钢所调查汇报》1942年第2卷第2号。

与化学等日本在东北的重要化工产业很长时间处于一种低迷的状态①，并不能在最大程度上缓解日本多线作战所面临的巨大军需压力，只是造成了大量的资源浪费，阻碍了日本扩大侵略战争的总体战目标实施。

关东军对中国东北电力供需调配的处置情况并不合理。自1941年起，伪满洲国各地的电力企业完全统归日本满洲电业株式会社监督与调配，一切权责尽统于日本之手。这种一元制的统合，符合太平洋战争期间日本总体战要求。但战争准备过程中过分强调资源的重要性，②并借此大肆扩招劳工，对水电资源投入过多的劳动力，导致产能过剩，造成了电力资源浪费。③ 通过残酷地榨取中国劳工用以过度开发资源，却没有合理的利用空间，这不仅浪费了大量人力、物力，同时阻碍了日本在东北地区的其他工业发展，并严重影响了太平洋战争期间的日本在东北资源调配的总布局，其罄竹难书的罪恶纪录中又增添了"愚蠢"的成分。因而，战后即便日本国内对总体战的评价，也存在着批评的声音。④

三、残影：水电劳工的苦难记忆

日本为了攫取东北水电及其他资源，假伪满洲国政府之手开始修建水电工程，企图满足日本在东北重化工业发展需求。然而，修筑大坝工程量巨大，施工的基础条件又不充分，在没有合适机器设备襄助的情况下，只能依靠大量人力完成工程。⑤ 因而，对关内与东北的劳动力进行统制，成为实现其攫取各类资源的前提。大量中国劳工被日本选为完成对外侵略与统筹殖民地资源的重要生产工具。日本辞书更将苦力直接释义为中国人。近代日本在中国东北完成的每个水电工程，无疑都留下了累累白骨，浸透着中国劳工的

---

① 须永德武：《満洲における電力事業》，《立教經濟學研究》2005年第59卷第2號。
② 冯·塞克特著，篠田英雄譯：《一軍人の思想》，岩波書店，1940年，第83页。
③ 满史会编著：《满洲开发四十年史》下卷，北京：新华出版社，1988年，第42页。
④ 步平：《跨越战后：日本的战争责任认识》，北京：社会科学文献出版社，2011年，第87页。
⑤ 内田弘四：《豊満ダム——松花江堰堤發電工程実録》，大豊建設株式會社，1979年，第3页。

汗水与血水，其剥削的残酷程度令人发指。同时，饱受苦难的中国劳工不甘被欺压，压迫与反抗构成了共同的历史记忆场。

1933年，日本关东军特务部曾召集了"日满劳动研究会议"，随后授意伪满政府成立劳动统治委员会，并假手大东公司实际操办，① 限制华北劳工进入东北。② 此举主要为了防范抗日人员在东北地区活动，防止中国人扩大在东北的影响并解决当地工人失业等问题。不过，东北当地劳工数量无法满足日益增长的东北日资重化工业的实际发展需求，随后不得不放宽进入东北劳工的限制。③ 并随着"劳务新体系"的形成，关东军劳动统治委员会逐渐退居幕后，日本的"白手套"——伪满洲国国务院劳务委员会成为制定劳务政策的"门面"。④

1937年4月，伪满政府开始执行"第一次产开发五年计划"，但面临东北当地劳动力不足的现实问题，无法满足日本既定的资源攫取规划的要求。故而，在日本授意下，伪满当局又开始调整限制中国劳动力进入东北的政策，采用把头招募制度（即"外包工制度"），以高额收入与发放返乡礼金等方式，骗招了来自天津、北京、上海、河北、山东、湖北、湖南等地的大量劳工。仅1939年，外地赴东北务工的劳工数量就超过了49万。⑤ 此外，伪满政府通过收编保安补充队、强制犯人劳动和实施《劳动者紧急就劳规则》与《国民勤劳奉公法》等方式完成日本强征指标。⑥ 被伪满强征的劳工

---

① 1938年7月12日拟定的《劳动统制纲要》中将大东公司并入满洲劳工协会以强化其机能，1939年7月正式实施。铃木隆史：《日本帝國主義と満洲1900—1945》下，塙書房，1992年，第330页。

② 《东北简讯述评：限制劳工入东北了！设立"劳工会社"，名曰"劳动统制"》，《行健旬刊》1933年第24期，第4页。

③ 《抗日消息：伪国入境手续缓和：由于封锁之后，东北缺乏劳工（山海关特讯）》，《东北通讯》1935年第3卷第9—10期，第16—17页。

④ 解学诗、松村高夫主编：《满铁与中国劳工》，北京：社会科学文献出版社，2003年，第42页。

⑤ 中共吉林省委党史研究室、中共丰满发电厂委员会编：《劳工血泪史》，长春：吉林人民出版社，1991年，第11—13页。

⑥ 闻师：《丰满电站的沧桑》，载吉林市政协文史资料研究委员会编：《吉林市文史资料》第五辑，1986年，第49—50页。

不仅在中国东北从事水电工程，还有部分劳工被日本哄骗到中朝边境的鸭绿江，强制参与修筑水丰水电站工程。大多数劳工在修建水电站过程中都不同程度地遭受了无情剥削与非人虐待，相当一部分劳工沦落至客死异乡的悲惨结局。①

日本的不公待遇从修筑大坝招募的人员上可见一斑。在技术人员的招募方面，修建丰满大坝时，最初日本委托伪满政府从大同电力、朝鲜长津江水电会社、伪满洲国国道局招募近500名日本与朝鲜技术工作者，又从哈尔滨工业大学、吉林与沈阳的工业学校招募了50至60名中国毕业生。然而，同为技术工作者，国别差别带来了一套不公平的工资体系。日本技术工作者的工资，锻工最高可达5元，电工最低也有2元，而朝鲜技术工作者则从5.7元到1.4元不等。相较而言，中国技术工作者的薪资最高不过2.1元，这与日本技术工作者的薪资下限相差无几，② 这种待遇上的差异反映出劳动者之间充斥着明显的歧视因素。

较之技术人员，在东北建造水电工程的劳工受尽"非人"的虐待。在关东军撑腰的局面下，伪满政府在大坝附近布置了严密的军警监督机构，用以监视大坝施工与维持治安、防止抗日武装的突袭。警备队、宪兵队、警察署、兵团等同驻发电所修筑地，同时采用政治压迫、经济剥削、肉体及精神摧残等诸般残忍的手段进行控制及虐杀水电劳工。③

在镜泊湖发电所筹建时，关东军授意伪满政府拨付6万元专款，用以修建15种警报与警备设施，且设电网3条，兵营2处，堡垒5个，警察派出所1处，并派专人负责监督及捕杀逃跑的劳工。④ 在修筑丰满大坝时，该处设有丰满警备队、丰满警察署、丰满宪兵队、伪满洲吉林第二宪兵团丰满分团、日军108部队、日伪军高射炮团、丰满劳务股等监察迫害劳工。1941

---

① 松村高夫：《満鉄労働史》，日本経済評論社，2002年，第213—225頁。
② 吉林市地方志编纂委员会：《吉林市志·电力工业志》，长春：吉林人民出版社，1995年，第40—41页。
③ 中共吉林省委党史研究室、中共丰满发电厂委员会编：《劳工血泪史》，第21—33页。
④ 中共吉林省委党史研究室、中共丰满发电厂委员会编：《劳工血泪史》，第21—33页。

年，丰满大坝最多日出工量达到 18000 人次，持续劳动长达十余小时，温饱也得不到解决，遑论医疗卫生。贫病冻饿与毒打、工伤等事时常发生，并夺走了数以千计的劳工生命。① 起初，对死难劳工尚给予薄棺一口，后来死亡人数攀升，监工便将尸体随意丢弃在附近 3 条百余米长，6 米宽，4 米深的天然沟壑及修筑的大坝处。② 吉林的丰满万人坑便是由成千上万劳工尸体堆积而成。据不完全统计，仅修筑丰满大坝的死难劳工就超过 6500 人。

当时，为了掩人耳目与减少工人罢工，1941 年伪满洲劳务协会召开劳工大会，在吉林丰满江东五垧地修建了一座慰灵塔。由伪满洲劳务协会理事、大东公司原负责人饭岛满治题写碑文，其中称死难工人为"因公病故许多无名英雄"，并"为了吊唁英雄们的精灵，（伪）康德八年（1941）五月三十日敬请（伪）满洲国早期水力发电局长直木伦四郎博士挥毫，建造工人慰灵塔"③，此举的欺骗性不言而喻，该塔现已拆除。在丰满万人坑处新建了劳工纪念馆与丰满陵园，且树新碑题有"不忘阶级苦，牢记血泪仇"句，以此铭记历史，不忘苦难。

日本的残酷剥削引起了劳工的激烈反抗，其反抗行动从侧面反映了日本剥削程度之大。修筑丰满大坝期间，劳工们"磨洋工""糊弄鬼"的怠工和每年数以千计的逃跑行为，已经属于较柔和的反抗；类似丰满的变压器爆炸事件等破坏行为，1941 年夏季大罢工、中之岛罢工等罢工行动，三惩菊地痛打监工与大屯炸狱等一系列武装暴动，④ 则属于较为激烈的斗争。虽然最终都遭到了日伪武装势力的残酷镇压，但在这些反抗斗争中，充分反映出中国人民的不屈精神，也窥见日本侵略者的剥削压迫之严重。对抗的两者形成了施暴与反抗的共同历史记忆场。记忆历史的目的，不在于铭记仇恨，而是为了更好地守护今后的和平，这具有极其重要的现实意义。

---

① 丰满发电厂志编辑室：《丰满发电厂志（1937—1985）》，第 3—4 页。
② 吉林市地方志编纂委员会：《吉林市志·水利志》，长春：吉林人民出版社，2002 年，第 969 页。
③ 佟杰：《万人坑纪实》，载中共吉林省委党史研究室、中共丰满发电厂委员会编《劳工血泪史》，第 293—295 页。
④ 佟杰：《劳工的反抗》，载中共吉林省委党史研究室、中共丰满发电厂委员会编：《劳工血泪史》，第 43—50 页。

东亚历史与学术思想论集

　　1945年日本投降后，熬过痛苦岁月而存活下来的水电劳工群体，对这段"噩梦"既有各自的苦难记忆，又有共同的历史记忆。已经撤回日本本土或残存在中国东北的"施暴者"——水电监工群体，与水电劳工共同形成了相互对抗的"记忆场"。水电劳工或监工的个体记忆和共同记忆之间，都会相互产生复杂的反应。一方面，劳工或施暴者的个体记忆会同集体记忆产生一种"互恰"关系；另一方面，劳工或施暴者的个体记忆的发展，也可能满溢出以往既定的集体记忆，从而又构成新的集体记忆。

　　水电劳工的集体记忆会形成一种群体认同和外部认同。而一般的施暴者群体通常会选择承认错误倾向，以期能够获得相应的社会谅解或历史声誉，从而获得生活或心灵的救赎。[1] 但在战后日本的实际情况则不同，日本社会有部分施暴者任岁月的增长与记忆力的衰退，对以往所作所为选择遗忘或歪曲。由此以东北遗存的水电工程为物质承载体，形成了不同的历史记忆群体及相悖的历史记忆。这种现象的形成也与战后日本政治导向息息相关。日本战败后，东久迩宫内阁曾提出的"一亿人总忏悔"，这并非日本向受害国及盟国忏悔，而是日本国民向天皇和国家的忏悔，[2] 这种偷换"发动战争责任"与"战争失败责任"概念的忏悔，对日本国民的战争记忆的形成与反思无疑起着错误的导向作用。

　　相左的历史记忆不论是重现或者重构，都深刻影响着中日之间的现实政治关系，甚至呈现出一种真实的对抗性形态，这可能是东亚社会所独有的政治现象。现今，曾受日本侵略的东亚诸国，面对日本这一曾经的"施暴国"选择遗忘的行为表示深恶痛绝。东亚国家间互不信任的因素，也随着受害者群体的记忆传承而不断继续滋长与变异。相信东亚社会的真正历史和解，未来还有很长的路要走。[3]

---

[1] 李少鹏：《东亚社会"集体受难记忆"的整合路径探究》，载郑毅、川村邦光、申寅燮：《虚像与实像——东亚世界的战争记忆》，长春：长春出版社，2015年，第175—177页。

[2] 東久邇稔彦：《日本再建の方針》，《每日新聞》1948年8月30日。

[3] 郑毅：《东亚社会对抗性历史记忆问题研究》，载郑毅、川村邦光、申寅燮《虚像与实像——东亚世界的战争记忆》，第5—18页。

结　语

中国东北被称为"天然的宝库"，蕴藏各种丰富资源，日本对其垂涎已久。随着其势力逐渐渗透，日本通过满铁染指中国东北多种资源。九一八事变前，日本在东北拥有的"特殊权益"有限，且碍于国际形势的阻力，尚不能肆无忌惮地开发东北电力资源，因而只以修建小型火力发电所为主。但日本借机踏查中国东北河流情况的行动早已开展，且留下了利用中国境内水电资源的构想记录。

九一八事变后，关东军扶植建立伪满洲国，并开始了水力发电工程的修建，此后其电力发展方针更是调整为"水主火从"。日本攫取中国东北水电资源，是为带动其在东北的重化工业建设，完成总体战目标，遵循着"大东亚共荣圈"的"电力资源开发和产业分配的基本方针"进行资源调配。其电力规划对日本发动"全面战争"，起到了一定的资源整合作用。而在中国东北修建水电工程需要大量劳动力，为此关东军以大东公司为媒介，坑骗数以万计的中国各地劳工进入东北，迫使其参与水电工程的修建。在严苛的管控与残酷的剥削下，为修坝而死伤的中国劳工达数万人，这是日本侵略者欠下的一笔血债。

战后日本对中国东北水电工程仍保持高度关注，中国需要对此予以警惕。尽管日本投降与伪满洲国覆灭后，中国东北的水电事业已焕然一新，但电力能源开发的观念与配套资源更新的意识等问题仍值得思考。尽管在中国东北参与当年修建水电工程的劳工多已辞世，但其历史记忆的传承，绝不仅是劳工苦难者的个人追溯或共同悼念，而是构筑东亚各国集体历史记忆的重要组成部分。东亚的现实政治也在对历史记忆进行重构，东亚社会现实国家间，也因这种对抗性历史记忆，时而呈现出紧张和对立，这是东亚社会所独有的一种现象，也是破解现实政治困局的一个突破点。

（作者：魏仕俊　孙艳新　单位：湖北大学历史文化学院）

二战时期东北"开拓团"中的日本女性移民探究

日本在殖民侵略期间，曾向中国东北输送大批日本"开拓民"，后为安抚这些殖民者又实行"大陆新娘"政策。国内学术界对二战时期日本在中国东北殖民问题的研究大多是以开拓团男性或战后日本遗孤遗孀为主体，[1] 从日军政治统治、经济控制、奴化教育以及中国人民抗日斗争等角度展开分析，[2] 对当时在中国东北的日本女性研究偏少，并不太关注战时她们在当地

---

[1] 部分学术论文如林志宏：《两个祖国的边缘人："遗华日侨"的战争、记忆与性别》，《近代中国妇女史研究》2014年第24期，第1—45页；孙继强：《战时日本报界视野下的女性动员》，《阅江学刊》2015年第3期，第59—66页；李淑娟、王希亮：《日本的大陆扩张与"满洲开拓"女性》，《学术交流》2015年第9期，第204—208页；储晶：《战后滞留中国的日本人遣返研究》，辽宁师范大学硕士学位论文，2017年；刘茹：《日本遗孤问题探究》，黑龙江省社会科学院硕士学位论文，2014年。

[2] 此类学术研究文章如张晓刚、段凡：《战后日本学术界关于"满洲移民"问题的研究管窥》，《延边大学学报》2019年第5期，第33—42页、第140—141页；王胜今、高瑛：《以"开拓"为名的日本移民侵略——日本移民侵略档案分析》，《东北亚论坛》2015年第2期，第45—51页、第127页；姜懿桐：《近代日本向东北移民之研究综述》，《西部学刊》2021年第20期，第140—142页；杜娟：《近代日本移民政策的转变》，《北方论丛》2021年第3期，第195—202页；黄昕玉：《抗战时期日本移民侵略辽宁地区问题研究》，沈阳师范大学硕士学位论文，2018年；田峰：《日本移民开拓团侵略中国东北述论》，齐齐哈尔大学硕士学位论文，2013年；王楠：《日本移民开拓团的社会史考察》，黑龙江省社会科学院硕士学位论文，2019年。

的生活状态,也鲜见有从女性角度探究此问题。① 日本学术界关于日本"开拓"中国东北的研究主要集中于农业经营、经济发展、殖民教育、社会文化等方面,对当时日本女性移民研究相比国内较丰富。② 不可否认的是,女性在男性主导下的移民过程中往往会被忽视,在研究中也长期被边缘化,相关史料记载零散。基于前期研究成果,本文通过探究这群既是侵略者又是受害者的日本女性移民在中国东北的殖民活动、产生的影响,试图进一步了解她们的身心状态。

一、日本女性移民到中国东北的动因

作为邻国的日本,长期觊觎着中国东北地区丰富的自然资源和重要的战略地位。1894年甲午战争后,日本实施对外侵略扩张的大陆政策,日俄战争后日本进一步加强对中国东北的殖民侵略,巩固其殖民统治。日本侵华战争时期又采取各种殖民手段占领中国东北,奴役、控制和剥削中国东北人民。但因前期殖民期间性别失衡等原因导致"开拓东北"殖民计划无法顺利推行,于是日本又施行向中国东北输送日本女性的殖民计划,将日本女性移民作为安抚日本男性移民的"工具"随行前往,一同执行"满洲开拓"计划。

---

① 有关日本开拓团的女性移民者的研究,参见王青:《日本侵华期间"大陆新娘"政策研究(1931—1945)》,首都师范大学硕士学位论文,2011年;金海林:《日本女性动员与"满洲移民"(1932—1945)——以"大陆新娘"教育机构为中心》,吉林大学硕士学位论文,2019年;石艳春:《日本"满洲移民"中的女性》,《社会科学辑刊》2010年第2期,第170—174页;孟月明、张洁:《日本"开拓团"中"大陆新娘"》,《炎黄春秋》2012年第10期,第58—61页;李淑娟、王希亮:《日本的大陆扩张与"满洲开拓"女性》,《学术交流》2015年第9期,第204—208页;吕秀一、沈楠:《浅析日本"大陆花嫁"计划提出的原因》,《大连大学学报》2020年第1期,第1—5页;孙炜:《"大陆花嫁"生活与日本国内的舆论宣传》,《史学月刊》2017年第9期,第127—129页。

② 日本关于"满洲移民"相关的研究,参见日本满洲移民史研究会编:《日本帝国主义在中国东北的移民》,哈尔滨:黑龙江人民出版社,1991年;日本满洲移民史研究会编:《满洲开发四十年史》,长春:东北师范大学出版社,1988年;矢内原忠雄:《满州問題》,岩波書店,1934年;拓務省拓北局:《女子拓殖指導者提要》,廣業館,1942年;池田林儀:《永遠の貧乏》,文友社,1926年;吉岡彌生:《女性の出發》,至玄社,1941年。

(一) 为平衡移民性别推行"大陆花嫁"政策

日本对在中国东北实行殖民侵略的谋划由来已久。1926年《朝日新闻》多次发文强调满洲特殊的地理位置、丰富的生活资源以及对日本国家未来发展的重要性,指出"满洲是改善日本国民生活的、缓和国内矛盾的、独一无二的大陆发展地,因而对于满洲的政策从现在开始要慎重考虑,这是转变对满政策的绝好时机"①。九一八事变后,在关东军的策划和推动下,1932年拓务省制定了向中国东北进行大规模的"武装移民"的方案——《满洲移民计划概要》②,概述需要向中国东北移民进行"新国家"建设,并详细论述了向中国东北移民的种类和政府建设方略,获得内阁会议批准后正式施行。1936年,日本国内发生了"二二六"事件,被认为是"阻碍满洲移民计划实行"的大藏大臣高桥是清遭到暗杀,这一事件在客观上推动了"满洲移民计划"的进展。随后,日本政府制定"二十年百万移民计划",决定从1937年开始的二十年间,向中国东北移民一百万户人口,企图通过大量移民永久占有中国领土,奠定坚实的殖民统治基础。这一计划被定为"国策",标志着日本向中国东北移民政策的最后确立,这也被视为"日本建国以来第一次民族大迁移"。③

自"满洲移民"政策实施以后,日本政府向中国东北地区输送了大量移民。由于这些移民多为未婚男性,在远离家乡的陌生国度,面临着严格的军事训练、艰苦的生活环境、移民性别的失衡,导致他们的不满情绪渐涨,甚至出现暴动。为了稳定移民的情绪,解决他们的现实需求,使之能够安定,日本政府又出台了一系列政策鼓励日本年轻女性移民到中国东北,安抚、慰问这些"开拓者",与他们组建家庭,开启新的生活,安居在中国东北。这

---

① 《満州の重要性対満政策転換の好時機》,《東京朝日新聞》朝刊1926年1月6日,第3页。

② 茶园义男编:《満洲移民計劃概要》,《満洲移民拓务局原资料》,1990年,第281—327页。

③ 稻垣征夫:《关于满洲开拓政策》,开拓文库刊行会,1940年,第74页。转引自石艳春:《日本"满洲移民"政策的制定与实施》,《日本研究论集》,天津:天津人民出版社,2008年,第301页。

就是"大陆花嫁"① 政策。1939年，日本政府发表《满洲开拓政策基本要纲》，在第十七条中明确规定了女性移民的主要方针，即"为期培养旺盛的开拓思想，并使开拓地区人口构成协调发展，对一般妇女积极鼓吹其进出，采取适宜而又有效的措施"②。《纲要》明确指出"花嫁"政策的主要目的是促进开拓地区人口的协调发展，至此，"花嫁"政策被列为其重要国策加以推行。1940年日本拓务省发表并实施《满洲开拓女子拓殖事业对策要纲》，在这一政策文件中明确提出，希望日本妇女能够赴中国东北开创新生活，同时设置一些如开拓者结婚咨询所、女子学校、女子开拓训练所等相应的配套设施。除了在全日本募集大量"大陆花嫁"，还招募被称作"寮母"——作为"满洲"开拓青少年义勇军女子指导员——的女性，日本政府由此加快了推行女性移民政策的步伐。

（二）日本女性渴望得到工作以摆脱贫困现状

1932年3月27日，《朝日新闻》（早报）发表的多篇文章论述了日本向中国东北进行农业移民是解决国内过剩人口、人地矛盾、农业生产等诸多问题的一个突破口，在《即将到来的农业移民是人口问题解决的出口》③ 同版面，还刊登了一篇名为《满洲的铁、煤开采——内地从业者的迫切要求》④。同日，《朝日新闻》（晚报）根据日本农林省的对策调查发表了一篇题为《过剩人口向满蒙移民居住》⑤ 的文章，文中对移民用地、移民移入和资助都作了具体规定和建议，其主要目的是解决日本农渔山村的贫困者和城市中的失业者，缓解日本国内的贫困情况，将其转嫁到中国东北地区，并且能够获取

---

① "花嫁"一词源自日语，意思为新娘。那些嫁到中国东北，作为"开拓者"的妻子的日本女性，被称为"大陆花嫁"。

② 孟书琪：《"大陆花嫁"产生的社会历史背景分析》，《青春岁月》2013年6月第12期，第418页。

③ 《農業移民にもれい明來る人口問題解決の捌口》，《東京朝日新聞》朝刊1932年3月27日，第4页。

④ 《満州の鉄、石炭開発——内地業者の要望》，《東京朝日新聞》朝刊1932年3月27日，第4页。

⑤ 《過剰人口を満蒙へ移住農林省で対策調査》，《東京朝日新聞》夕刊，1932年3月27日，第1页。

中国东北的大量林、矿等自然资源。日本政府制定的移民政策在一定程度上存在着试图缓解日本国内人口过剩与土地缺乏造成的矛盾的考量。因此大力鼓吹移民是为了进行"满洲开拓"、促进"民族协和"、建立"王道乐土",参与移民事业是为了"大日本帝国"的利益,是极其光荣的事情。

战时背景下的日本社会充满着"山雨欲来风满楼"的危机感,国家经济长期处于低迷状态,尤其对生活在社会底层痛苦挣扎的劳工妇女们影响十分严重,"因政府统制原料和实行节制物源,有很多的生产部门多停产了。于是一般就业在棉织业、皮革业、铜工业,和其他从事于和平产业的从业员等,都卷入了失业的漩涡"①。虽说内务省为了防止这些人酿成犯罪或是破坏社会风纪,专门设立了相关部门解决就业问题,但毕竟"僧多粥少",无法根本解决问题。于是拓务省和农林部开始想方设法驱逐和安排他们,"在精神动员的教育中,尽力地鼓吹三从四德的封建思想,关注未亡人②守节的美德。对于年轻的妇女们,鼓吹乡村妇女回家乡,都市妇女进花嫁学校,准备动员十万的新嫁娘,到皇道乐土的'满洲国'去"③。因而为了解决日本国内的经济问题,转嫁国内矛盾,日本政府进行大量宣传和鼓动,部分女性也迫于经济压力,去往拓务省等描绘的"极乐净土"——"满洲国",进行所谓的"开拓"活动,以补贴家中生计。同时在"经济独立""争取女性自由工作的权利"等女权运动的呼声中,日本妇女"渴望得到家以外的工作,渴望着有一个自由的生活,在那里她们不用被关在屋子里,而且还可以购买自己心爱的衣服,或随时进出于游戏场等等"。④ 因而那些厌倦农村生活或与家庭不和睦而出逃的女性,自愿前往中国东北"拓殖",试图开启属于自己的新的生活。

(三) 被日本国内妇女团体的宣传蒙骗

近代日本深受西方自由民主思想的影响,日本妇女解放运动、妇女解放组织团体逐渐发展,女性解放思潮在日本国内涌现,在等级阶层有着严格界限、"男尊女卑"思想根深蒂固的日本传统社会中,女性一直生活在底层,

---

① 堡村:《战时的日本妇女》,《上海妇女》1938 年第 1 卷第 11 期,第 11 页。

② 未亡人,旧时对寡妇的称呼。

③ 堡村:《战时的日本妇女》,《上海妇女》1938 年第 1 卷第 11 期,第 11 页。

④ 三岛氏著,惠子译:《挣扎中的日本妇女》,《上海妇女》1938 第 1 卷第 2 期,第 13 页。

其社会地位难以得到改善，因此妇女团体组织以及各类报刊借由日本女性追求"平等""尊重""人生价值"的精神需求，利用她们刚刚觉醒的女权意识，将中国东北描绘成尊重女性、呵护女性、人人平等的"皇道乐土"，是移民者的"伊甸园"。1940年，大日本联合妇人会①在奈良建国会馆举行的纪念会上称："满蒙开拓乃依靠妇人之自觉与亲身前往，要为其实现而努力。"1942年2月，由爱国妇人会、大日本国防妇人会、大日本联合妇人会等联合组成了大日本妇人会，对日本女性进行社会动员，要求除未满20岁的未婚女子外全体妇人都要加入，并发布了四大指导纲领：昂扬战争精神、确立必胜生活、增加经济生产、进行军事援助。同时宣传中还高度评价"大陆花嫁"的作用，"明朗的花嫁对日本民族的大陆建设发挥出巨大的作用，对于远离遥远的故乡，在北满的土地上一面企盼未来的东洋和平之光，一面勇往直前的开拓者们来说，明朗、美丽而崇高的贤内助是不可或缺的。……大陆花嫁就是健康明朗之美的象征"②"'花嫁们'以雄赳赳的姿态为了建设村庄而流下了高贵的汗水，带给看见这一景象的人由衷的溢美之词和发自内心的强大力量"③。这样高度的评价，这样美好女性形象的描绘，很容易给希望找到自身价值的年轻女性带来美好的幻想和向往，唤起她们的使命感和主动性以及巨大的成就感，使她们积极地、主动地成为男性移民者的配偶，让她们有种附属地位提升的错觉。这些宣传教化活动使得她们有的抱着改善现状奔赴"美好"生活的愿景，有的抱着学习知识、提升自身修养的心态，有的则是作为学校组织的勤劳奉公队（义务劳动）来到中国东北。从这些妇女团体的活动中能够看出，政府仍是将她们限制在划定的活动范围内，将她们作为装点战争镜头、冲淡人民厌战情绪的工具。但不可否认的是，这些宣传契合了当时日本部分女性憧憬"新生活"的美好愿景，这些女性追求一种全新的女性形象及生活方式，从而自愿积极地配合女性移民政策的推进。

---

① 大日本联合妇人会，是日本文部省将全国母之会、主妇会、地区妇人会联合在一起的官方妇女组织，常在日本国内广泛开展女子拓殖讲习会等活动。
② 孟书琪：《〈开拓满蒙〉杂志促使"大陆花嫁"移民"满洲"的宣传效果》，《时代人物》2019年第30期，第9页。
③ 孟书琪：《〈开拓满蒙〉杂志促使"大陆花嫁"移民"满洲"的宣传效果》，《时代人物》2019年第30期，第9页。

日本将移民到中国东北地区的日本女性称为"大陆新娘",实则包藏了帝国主义的侵略野心,掩盖了殖民者在中国东北地区所做的丑恶现实,欺骗满腔热血或是天真烂漫的年轻女性们盲目前往。这些"大陆新娘",一方面受到西方女权主义的影响,参加争取自由民权、争取妇女权利的运动;另一方面以父权家长制为特征的家族制度、近代天皇制度,潜移默化地将贤妻良母主义、国家主义、集体主义等思想灌输给她们,制约着她们的思想与行为。其中,国家观念将家庭与国家连接起来,家庭的每个成员都要忠君爱国,以天皇为大家长;贤妻良母主义、"国家母性主义"的妇女观,继承和发挥妇德、提倡母性,强调孩子属于国家、关乎国家的发展与进步;[1] 在幕府时期,对以男性为主的武士群体进行约束的武士道精神,在战争期间,扩展成为"整个日本民族的崇高理想和全体国民的道德标准"[2]。日本女性不可避免地受到影响,"忠诚""克己",将自己的命运与国家、天皇的利益联系在一起,其善恶观也跟随着军国主义:为"皇国"效忠、为"圣战"奉献、奔赴"美好愿景"中的中国东北进行"拓殖"行动。

二、日本女性移民者在"开拓团"的多重身份

满怀憧憬来到中国东北的日本女性,"她们除了被指定做援助军人的事务外,活动范围只限于最普通的战时工作方面,例如家庭卫生、防火防空等事,至于职业方面,虽然有很多的在职男子被召出征,所有的职位空虚着,但有利害关系的职位……虽然这些事务由妇女做起来并不觉难,但他们不能给妇女插足的"[3]。移民至中国东北的女性们大多是无特权的普通女性,她们的职业选择只能局限在某些特定的区域并被要求要快速找到丈夫,成为家庭的跟随者,从事家务、农活、手工业等生产活动,起到稳定家庭的支撑作用;另一部分有着一定地位的知识女性,则会成为当地的教师、文员、医护人员等,进行文化宣传;当然也有参加官方的"服务性"劳务输入计划的女

---

[1] 参考吉冈弥生:《女性の出発》,第72页,其中有关于"良妻贤母"主义的阐释。
[2] 胡澎:《战时体制下的日本妇女团体(1931—1945)》,长春:吉林大学出版社,2005年,第194页。
[3] 宝琛:《日本妇女团体活动近况及期组织》,《上海妇女》1939年第2卷第7期,第15页。

性,她们可能会在某些处于"灰色地带"的娱乐场所作为性工作者工作,只是为了能够得以活着。

(一)作为"贤妻良母"的日本女性移民

刊登在《上海妇女》上的这篇关于长篇小说《大陆新娘》的书评中提道,"没有女性同去的移民,会是掠夺的、破坏的、一时的,结果使土地荒废,自身也归于灭亡,毫无成绩可言……女人和小孩非同去不可,没有家族的移民等于没有根的浮草。有妻子、有小孩,才有保守土地的劲儿"①。日本女性移民者一开始前往中国东北的主要目的是成为男性移民的妻子、青少年义勇队员的寮母②。作为家庭主妇进行家务劳动,照顾全家人的日常起居生活;作为代理母亲安抚这些青少年的情绪,让他们感受到母爱的温暖。大部分女性也会从事农业生产、纺织等手工业工作,以补贴家用。《勤劳奉公制度是什么》中讲道,"因男子劳力动员,所发生之劳力不足,则考虑学生儿童之勤劳,及游休女子劳力抽出,而且,欲动员这些女子劳力,赴劳动战线就应唤起从来比较的勤劳精神稀少的女子的自觉,而润养发挥其勤劳精神"③。一般来到中国东北的"大陆新娘"主要是来自农村的女性,懂得基本的农业知识,相对来说对农业劳动有一定热情,有"开拓精神",因此能够帮助丈夫从事繁重的农耕劳动,甚至在家中男性被应召入伍后,独自负担所有的农活。据《主妇之友》的特派员吉屋信子的记录,"大陆新娘们从早到晚,浑身泥土,一直劳动到天黑"④。由此可以看出这些"大陆新娘"来到中国东北后的生活与在国内并无两样,甚至更加辛苦,还时常带着思乡的愁绪。

此时就需要一部分知识女性开办女子学校或是举行女子座谈等文娱活动,来鼓舞和慰藉身在异乡的妇女们。1932年12月17日,《满洲日报》上

---

① 碧梧:《〈满洲〉与〈大陆新娘〉》,《上海妇女》1939年第3卷第9期,第16页。
② "寮母",是指当时日本政府派往"满洲",专门照顾抚慰日本青少年义勇队员的成熟妇女,为他们提供"母爱",让他们平静地度过躁动的青春期。
③ 舒岩:《勤劳奉公是什么?》,《麒麟》1942年12月第2卷第12期,第45页。
④ 陈野守正:《大陆的新娘》,梨之木舍,1992年,第88页,转引自石艳春:《日本"满洲移民"社会生活研究》,南开大学博士学位论文,2007年,第133页。

刊登了一则《新年特别刊主妇之友在明日发售》的通知①，其所附的刊物封面图上印有"结婚生活的成功"的标题；在伪满洲国发行的《麒麟》杂志也刊登了诸多宣扬"贤妻良母"主义的文章，如《贤妻良母琐谈》《现代家庭妇女的精神生活》《时代母亲与孩子——怎样爱护你的小安琪》②等。这些文章无一不在向女性传达只有成为"贤妻良母"，才能获得大众的认可与喜爱，才会真正地实现自己的价值。"1942年，在'满洲国'销售的出版物中有80%是从日本输入来的，尤其是女性杂志多得更为惊人。据1943年1月统计，《主妇之友》卖出87000份，《妇女俱乐部》卖出58000份，《妇人公论》卖出13000份，这些杂志都很畅销。再加上《妇女界》《新女苑》《妇女画报》等8家杂志，总计销量达176000份。"③它们在增强女性移民的稳定性、使她们心甘情愿地为男性移民者提供家庭温暖、生育和培养后代、协助丈夫从事农业生产、军事训练等方面工作，在维系家庭和睦上发挥着极大的作用。

(二) 从事"殖民化"教育的日本女性移民

从事教育工作的女性们，是最好的文化宣传者，"进行新东亚建设是目前日本国家的理想之事，妇女也要为此一同协力，妇女在必要的方面一定要尽自己的力量，并报以献身的决心不断前进。目前在中国的各个城市中，均有英美等其他国家设立的学校，那么对于新东亚建设极富热情的日本人，也应当立即考虑与中国人共同建立学校的问题"④。《新满洲》在1943年刊登过题为《五族女性决战生活谱》的文章，分别采访了日、俄、朝、满、蒙的五位女性，其中有位来自日本的荻原治子小姐，她是一名女高的教师，曾任职于"满洲第二女高"，后又奉命调职到了第一女高，在校主要是任教日文和家政，她稍微谈到了日本女性与中国女性的不同，又展现了她在中国东北美

---

① 《新年號主婦之友は明日發賣》，《滿洲日報》1932年12月17日第1版。
② 如《贤妻良母琐谈》，《麒麟》1942年10月第2卷第10期；《现代家庭妇女的精神生活》，《麒麟》1942年11月第2卷第11期；《怎样改良女人的舆论》，《麒麟》1942年12月第2卷第12期；《时代母亲与孩子——怎样爱护你的小安琪》，《麒麟》1943年5月第3卷第5期。
③ 东北沦陷十四年史总编室和日本殖民地文化研究会编：《伪满洲国的真相》，北京：社会科学文献出版社，2010年，第146页。
④ 吉冈彌生：《女性の出発》，至玄社，1941年，第74页。

好幸福的生活。① 这位教师在日常教学中，不可避免地将日本传统女性所遵从的规则和价值取向教导给女学生们。日本开拓局为了培训女性移民，使其具有坚定信念成为移民"开拓者"，在中国东北开设女子教育学校，让她们学习基本技能，主要是进行农事耕作学习和家务劳动训练，还进行"民族协和""皇民忠诚"等思想宣传，"强调女性在家庭中的作用，反复提倡女子教育主要是'打破个人主义的结婚观，树立皇国结婚观''遵循皇国之道，培养温顺贞淑的皇国女子'"②，以便这些"大陆新娘"更好地完成"满洲开拓"的使命。这种战时女子教育在军国主义教育体制下，主要围绕"劳动"和"母性"开展，"'劳动'是针对未婚女子、女学生而言的，主要围绕劳动奉献而展开。'母性'是针对已婚妇女而言，立足家庭、养育孩子是国家对已婚妇女的希望。'劳动即教育'的教育理念，体现了战时体制下近代国家主义的贤妻良母主义教育与法西斯军国主义国家政策相结合"③。

在伪满洲国，"满洲帝国国防妇女会"作为日本与中国联系的妇人团体在中国东北进行活动。除了将后方活动的工作作为主要事业，还进一步为促进民族协和、国力强盛、家庭团结而积极活动。"女性主义者认为：妇女是文化的重要传授者，在民族主义的背景下，文化就是某个民族的文化，因此，民族文化的传授者便具有了政治意义。"④ 她们通常向日本和中国的女性宣传中国东北的美好生活、作为"新时代受欢迎的女性"应具备的条件，还开办女子教育学校在当地进行文化宣传，这些起到安抚在中国东北的日本女性的作用。这些战时妇女组织时不时举办教养女子座谈会，在1942年的《麒麟》杂志上还专门刊登出讲座信息，"我们的友邦日本所以能作世界盟主的，据说就是因为母性教育的彻底，贤妻良母这四个字，在世界各国之中，只有友邦是做到了，其他各国，我们着实不敢恭维。……因此本刊特邀请在京⑤

---

① 佚名：《五族女性决战生活谱》，《新满洲》1943年9月第5卷第9号，第103页。
② 东北沦陷十四年史总编室和日本殖民地文化研究会编：《伪满洲国的真相》，第146页。
③ 胡澎：《战时体制下的日本妇女团体（1931—1945）》，第173页。
④ 胡澎：《战时体制下的日本妇女团体（1931—1945）》，第120页。
⑤ 根据座谈会举办地址鹿鸣春饭庄，推测这里的"京"指长春。长春在被日军占领时期，更名为"新京"，作为伪满洲国的"首都"。

各界名闺秀,举开教养子女座谈会"①。此类座谈会的举办旨在加深对母性观念的认识和教养子女的深切体会,无论是对于中国女性还是日本女性。

(三)进行"安抚性"服务的日本女性移民

日军中唯一合法且公开的从军女性是"看护妇",即随军女护士,日本红十字会专门成立了"看护妇养成所",为军队培养、输送这些女护士们。她们被灌输"无私奉献""人道主义救助""为国献身"等观念,享有各种优待和荣誉,受到日本国民的追捧,被视为"圣战"胜利的关键。她们看似是日本妇女解放的代表,殊不知仍是日本军国主义政府利用的"工具"。"去年,从我的学校毕业的(女)学生大多申请了随军的军医……其结果是祖母、母亲、女儿均被招募从军前往满洲"②,她们大多数带着满腔热血随军来到中国,在战场上无私地救治、抚慰着伤员,又使大批日本军人重回侵略战场上继续屠杀无辜民众。随着战争局势的变化,日军伤亡剧增,本国的随军护士严重不足,1940年《东北》曾刊登出一则消息:"伪'哈尔滨市署教育科'假所谓注重学校卫生爱护青年健康的名义,决定对所属各奴化学校,添设所谓'卫生妇',其办法,拟于每一伪校添设'卫生妇'日籍者三人,伪籍者二人,俄籍者一人。其资格以在伪'看护妇③养成所'毕业者为限……差别待遇,日籍者八十元,伪与俄籍者仅四十元上下而已"④,公开在中国东北招募随军护士,利用她们自身的技术和救死扶伤的博爱精神,使其"铳后⑤奉公",提供医疗卫生援助。"伤兵战伤的各种应急处理,直接处理截肢、损伤眼球的摘除等,此外还要兼任担架员和军夫之责……与军人们一起操练射击、刺杀术,甚至被训练使用重机枪"⑥,有些救助行为远远超出了护士的能力范围,她们被迫投身战场变相地成为刽子手,在一定程度上可以说是日本侵略者的帮凶,她们对军队的无私献身反而造成了非人道主义的结果。

---

① 《教养子女座谈会》,《麒麟》1942年4月第2卷第4期,第146页。
② 吉冈弥生:《女性の出発》,第209页。
③ "看护妇"一词,为日语,意为护士,女护士。
④ 《哈阜各伪校增置所谓卫生妇》,《东北》1940年7月第1卷第5期,第64页。
⑤ "铳后",一词为日语,意为后方。
⑥ 李建军:《军国之女 日本女性与"大东亚战争"》,贵阳:贵州人民出版社,2001年,第123、160页。

日本的"公娼制度"在受幕府许可和保护的游廊盛行的江户时代初具雏形，明治时代得到默许，肯定其合法性，甚至还得以吹捧，"福泽谕吉极力鼓吹'娼妇出走海外'，为此他炮制了三条理由：一是对于在海外孤身的男性而言，娼妇可以提供其快乐。二是娼妇可以抚慰海外之士兵的心灵。三是娼妇在海外可以赚取大量钱财，寄钱回家有利于家乡建设等"①。日本在中国东北殖民期间，大批从事风俗业女性或自愿或被迫来到中国东北，以满足日本殖民统治者的需求。她们的服务对象大多是日本军官、财阀等人士，出于自身利益和国家利益的驱动，主动或被动为日本殖民扩张政策服务，在日本军政界起到了不可小觑的作用。虽说她们受到的待遇要相对好于中国、朝鲜等国的那些"从军慰安妇制度"受害者们，但她们仍被剥夺了人权和尊严，受到了反人道非人性的对待。日本战败后，她们很快被日军抛弃、屠杀、遗忘，其中有些人甚至用"全员玉碎"的自杀方式表明自己的"无怨无悔"。

三、结语

深受"大陆新娘"政策鼓动而移民中国东北的日本女性给予当地的日本军人、"开拓者"们身心上的双重慰藉，稳定了"满洲"社会，安抚了"开拓者"情绪，鼓舞了军人士气。这些处于战时体制下的妇女们的一举一动都以男子为对象，受限于军国主义政府，被当作工具而利用，沦为日本军国主义侵略战争机器中不可缺少的部分，直接或间接为日本侵华战争服务，客观上对日本侵略者在中国东北的侵略行为起到了助纣为虐的作用。然而，"生长在没有地位的侵略主义国家内的妇女，她们的举动始终得不到自由的，虽然她们的'爱国行动'，会得到军阀们的赞许，但不能获得他们的同情。反之他们正可以假借'爱国'的名义，用不同的方式，来任意蹂躏女性"②，这些背井离乡的日本女性移民者，她们既继承和遵循了传统儒教中的妇女观，

---

① 福澤諭吉：《人民の移住と娼婦の出稼》，《時事新報》1896年1月18日，转引自李淑娟、王希亮：《日本的大陆扩张与"满洲开拓"女性》，《学术交流》2015年第9期，第205页。

② 宝琛：《日本妇女团体活动近况及期组织》，《上海妇女》1939年第2卷第7期，第15页。

同时又接受了法西斯军国主义中对女性的要求，开展后方军事援助活动。她们在自身的身份认同上也存在着矛盾，一方面是侵略国家的移民，是日本军国主义侵略中国的事实上的帮凶；另一方面又是作为社会阶层上的弱者、边缘者、移民群体的"依附者"，她们最终成为日本侵略战争中集加害者与被害者于一身的群体。"大陆花嫁"政策除了带有强制性外，还十分理想化，成立"大陆花嫁"养成所，迫使或诱骗日本女性移民至伪满洲国，命令她们与男性移民结婚，稳定民心，这是一个理想化的解决办法。日本侵华战争开始以来，虽然在日本因壮丁死伤过多而工厂停工、工资无法满足个人需要，但是来到"满洲"这一"王道乐土"后，也并没有真正改变她们的生活处境，反倒是增添了背井离乡、抛家弃子的痛苦，以及生活不能安定的苦楚。因而在移民后期，大多数日本女性渐渐不愿前往伪满洲国做男性移民的妻子了。[①] 日本战败后，大量遗留在中国东北的日本妇女和儿童被日本抛弃了，她们有的成为难民，踏上了艰难而漫长的逃亡之路，自杀、饿死、冻死等不计其数，也有的在难民收容所等待遣返，还有的被当地中国人收留、抚养。

二战时期在中国东北"开拓团"里的日本移民女性既是战争的受害者，也是战争中的侵略者。一方面，她们虽不是发动侵略战争的决策者，但作为日本军国主义政府对外侵略扩张的工具，让无数中国人民遭受身心的折磨，即使在日本战败后被抛弃，从没有过像正常人一样的尊严和平等的生活，她们也应对侵略战争负有相应的责任和歉意；另一方面，对她们这样的女性群体的关注，能够让我们铭记历史，从而更加爱好和平，避免战争，不让此类"移民"事件再次发生。

（作者：秦茵科[②]　单位：湖北大学历史文化学院）

[①] 李春霖：《三十年来东北的日韩移民（上）》，《东北》1941年第3期，第7—15页。
[②] 秦茵科（1996—），女，河南信阳人，湖北大学历史文化学院硕士研究生，主要从事日本女性史研究。

制造侵华借口：日本自导自演"水户事件"发微

"水户事件"指的是1932年1月3日晚，发生在中国福建省福州市的一起凶杀案，死者为日本小学校①训导水户参雄和其怀孕的妻子光子②。案发后，福建省政府委派林知渊与日本驻福州总领事田村贞治郎进行交涉解决。在未查明凶手前，日方态度蛮横强硬，且扬言若交涉无法解决则付诸武力，中国各地掀起排日运动的浪潮，日本进而就此大做文章，双方的关系剑拔弩张，一触即发。为求平息事态，在尚未确定凶手的情况下，中方选择赔款、道歉速结此案。从后来的调查档案来看，水户事件并非一起偶然事件，而是日本驻台军方的一次密谋，欲在华南地区再制造一起"九一八事变"，以此为借口出兵福建。但在日本首相犬养毅的坚持下，日本驻福州领事田村贞治郎在中方赔款、道歉后，将此案速结。

关于"水户事件"的档案性质的记录，日本驻福州总领事田村贞治郎在事结后向日本外相内田康哉提交了事件报告《水户事件颠末书》③，其中交代

---

① 当时日本人在福州办有日本小学校和东瀛学校，两校教职员宿舍均在仓山对湖路，只有一墙之隔。

② 水户参雄，另写作水户叁（三）雄，1905年出生于福岛县相马郡新地村。1926年中学毕业后，入台湾总督府府立台北师范学校小学师范部进修，毕业后被聘为公立小学校训导，在台中第一寻常高等小学校任教。1930年3月被派往福州，在日本小学校任训导。水户夫人光子，本籍德岛县美马郡贞光村，1906年生，1910年随父母到台湾。1930年与水户结婚。

③ JACAR（アジア歴史資料センター）Ref. B02030350400、2. 福州事件関係/11 水戸事件顚末書送付ノ件　1（A-1-1-0-21_5_4_001）（外務省外交史料館）。

了经日本调查出的事件发生经过，而《日本外交文书》[①] 中则收录了日本外务省与驻福州领事馆的往来电报，其中可见日方交涉主张的根据。而中方关于此次事件的记录主要为《福建文史资料》中收录的林知渊的回忆文章[②]，以及《仓山人民革命史》[③] 等文献中的零星记载。基于上述资料，目前学界对"水户事件"关注得并不多，主要是对事件进行描述性的还原，如文庶纪《福州"水户事件"揭秘》[④]，日本学者中村孝志的《关于福州水户事件》[⑤] 等，这些研究多依赖单方面资料，对于中日双方资料中出现的分歧之处未予充分关注。本文拟在中日档案、回忆资料互证的基础上，进一步将"水户事件"放在日本发动侵华战争的逻辑链下看待，以求进一步把握日本侵略中国的内在必然性。

一、九一八事变前后日本向华南的渗透

水户事件发生于1932年1月3日夜间，此时日本的"大陆政策"已经实施，处于以朝鲜半岛为跳板，进而侵占中国东北的阶段。就在此前三个月，关东军在沈阳自导自演了九一八事变，成为此后十四年侵华战争的起点。1931年11月19日，日本占领黑龙江省省会齐齐哈尔，1932年1月2日占领锦州。至此，中国东北领土全部沦陷，这主要是由驻扎在中国东北的日本关东军推动实施的。

同时，自从日本侵占中国台湾后，就有意识地加紧了对中国华南地区的

---

① 外務省編：《日本外交文書・満州事変・第2卷・第2冊》，東京：外務省，1958年，第442—603頁。

② 中国人民政治协商会议福建省委员会文史资料委员会：《福建文史资料》第22辑《政坛浮生录——林知渊自述》，福州：福建人民出版社，1989年，第35—47页。

③ 中共福州市仓山区委党史研究室：《仓山人民革命史》，北京：中共党史出版社，2011年，第63—66页。

④ 文庶纪：《福州"水户事件"揭秘》，《福建党史月刊》1993第1期，第4页；1993第2期，第5页。

⑤ 中村孝志：《福州水户事件について》，《南方文化》1982年第9期，第207—233页。该文被陈鸿铿摘译并收入《福建文史资料》第22辑，第192—213页。

侵略，以台湾为"跳板"频频骚扰福建，其惯用手段即唆使聚居在大中城市的台籍浪人掀起反蒋活动，在福建制造事端。根据1929年统计数据，在福州台籍居民共计1057人，在福州市郊县的台籍居民为64人。① 另据统计，台籍居民赴华南的人潮中以厦门居首位，其次是福州，可见当时确有较多台籍居民前往福州，这些台籍居民中夹杂着的台籍浪人给东南沿海城市的治安带来了一定的隐患。

表1　1930—1934年台籍居民乘轮渡赴华南各大城市人数统计表②

年份	总数	厦门	福州	汕头	广东	香港	上海
1930	6994	4992	838	366	603	195	—
1931	8480	6630	834	431	483	102	
1932	7704	5840	841	427	488	108	—
1933	10477	7491	1597	451	578	105	255
1934	11864	8757	1675	135	700	151	446

而根据福州方面1932年的统计，居留在福州市内的日本侨民有六百余人，而台湾人（属日本"籍民"）有一万五千多人（两项详细数字不清楚）。当时福州人口估计不超过三十万人，上述两者合计，约占全市人口的1/20，因此治理甚见困难。③

对于偷渡者，台湾总督府亦有零星统计：厦门领事馆统计秘渡者或无护照渡航者等在厦门市内户数约百户，人数约六百多。对于此类偷渡现象，领事馆往往采取厦门、高雄、基隆、福州等多地联合打击的方式，"鉴于近日

---

① 「昭和四年五月三十一日から昭和四年十月十四日」，JACAR（アジア歴史資料センター）Ref. B02031444900、臺灣人関係雑件/在外臺灣人事情関係（A-5-3-0-3_2）（外務省外交史料館）。

② 数据来源：卞凤奎：《日据时期台湾籍民在大陆及东南亚活动之研究（1896—1945）》，合肥：黄山书社，2006年，第118—120页。

③ 《福建文史资料》第22辑，第35页。台湾和福建的统计数据存在较大误差，主要原因有三：其一，当时台方数据统计不完全，当时偷渡现象频繁，台湾当局不掌握此类信息；其二，当时福建方面市县划分不详，数据统计恐较今天福州市域为大；其三，当时台海民间往来频繁，不排除福州方面将曾在埠台籍居民统计入内的可能。

无业游民自台湾偷渡当地的情况有所增加,本馆辖区刑事案件频出,现在本馆拘留有强盗、杀人犯 12 名"①。无论是偷渡现象频发,抑或是受制于当时的统计困难,皆无法否认当时福州存在相当数量的台籍居民。当时中日之间相互观感甚恶,这些台籍居民除少部分从事正经行业外,很大一部分从事着非法或半非法勾当,给福州的治安带来许多隐患。当时,在福建乃至华南地区发生的数起所谓"排日事件",多可见台籍浪人煽风点火的身影。

以"水户事件"发生前后数日为例:1932 年 1 月 1 日,在广东发生了殴亡日本人事件②;1 月 2 日,在福州发生了"北上"号舰长在西湖公园被袭事件③;同日下午一点左右,福州的英国圣公会办的三一学校发生纵火案,一幢二层楼房化为灰烬;1 月 3 日晚上 7 点半左右,住在日本领事馆警察官宿舍的田口巡查部长等 4 家和苍霞洲台湾公会发生纵火案。而在调查这些事件之后,发现其背后均有台籍浪人的参与,甚至有些事件背后有台湾总督府的影子。日本唆使台籍浪人在华南多地制造事端,扰乱当地社会秩序,而本文关注的"水户事件"就是从中可以明显看到台湾总督府参与的典型事件。

二、"水户事件"的大致经过

下文依据中日档案材料,特别是日方的审问记录,按时间顺序略述水户事件之经过。1931 年 10 月始顷,台湾军司令部浅井敏夫大尉至福建福州,与台籍居民李炉己④接触。浅井敏夫直言,为了贯彻国策,要向福州进兵,

---

① 「厦門」,JACAR(アジア歴史資料センター)Ref. B16080547500、帝國官吏出張及巡廻雑件/在外公館之部 第四巻(6-1-6-2_3_004)(外務省外交史料館)。

② 广东殴打杀害日本人事件,指的是 1932 年 1 月 1 日晚上 8 点左右,广东广九铁道停车场附近,一身穿和服的日本人与人发生口角,后被殴打杀害。

③ "北上"号舰长西湖被袭事件是指 1932 年 1 月 2 日,福州市中学学生于福州西湖公园进行"反日"游行、集会,恰巧日本军舰"北上"号舰长草鹿任一、炮术长衫野与福州领事田村一同到西湖公园,见状上前制止集会,后被学生投掷石头等物,草鹿、衫野二人受伤。

④ 李炉己,曾任台湾总督府资助开展业务的福州《闽报》馆记者,台籍浪人。

制造侵华借口：日本自导自演"水户事件"发微

必须找个借口，这就得在福建制造一些"事件"，扰乱福州的社会治安。① 还声称，此计划得到台湾军司令官、参谋长以及其本人的一致同意，如果事件败露，其将担负全部责任。② 但此事是否真如其所言受到台湾总督府的支持，尚不明晰。此后，李炉己与浅井敏夫数次见面，密谋发动事件。

1931年10月6日，李炉己和浅井大尉同船到了台湾。二人数次碰面后定下了制造事件的计划。其主要内容③是：可以把在福州的日本侨民杀死三四名，或者可以对日本的领事馆、日本人设立的关卡放火，事件一发生，即指责中国方面维持治安的力量薄弱，不足以保护日本侨民安全，以此作为出兵的借口。此后，李炉己往返台北、福州之间密谋伺机制造事件，但一直没有找到合适的机会。直到1932年1月2日，福州发生"北上"号舰长遇袭事件，在福州的日侨情绪紧张、人心惶惶。李炉己等人感觉时机已到，可以借机制造事件。④

1932年1月3日，日本居留民大会⑤后，李炉己纠集洪进玉⑥等"志同道合"的匪徒，密谋策划杀害两三个在福州的日侨，这样台湾军方面一定会派遣军队占领福州，使福州日侨"安定"。他承诺这些人如果肯为"国家"效力，事成后必受重赏。当晚，几人在李炉己家中密议后，各执凶器，由洪进玉带领闯入仓前山的日本小学校宿舍，先开枪打死水户参雄，后用利刃刺

---

① JACAR（アジア歴史資料センター）Ref. B02030350400、2. 福州事件関係/11 水戸事件顛末書送付ノ件 1（A－1－1－0－21＿5＿4＿001）（外務省外交史料館），24ページ。

② 「附録2：李爐己告白書」，JACAR（アジア歴史資料センター）Ref. B02030350400、2. 福州事件関係/11 水戸事件顛末書送付ノ件 1（A－1－1－0－21＿5＿4＿001）（外務省外交史料館）。

③ 外務省編：《日本外交文書・満州事変・第2巻・第2冊》，第468頁。

④ JACAR（アジア歴史資料センター）Ref. B02030350400、2. 福州事件関係/11 水戸事件顛末書送付ノ件 1（A－1－1－0－21＿5＿4＿001）（外務省外交史料館），25ページ。

⑤ 日本之侨民在福建所成立的社团。

⑥ 洪进玉，台湾人，新时代西装店的员工，因工作原因与水户夫妇相识。

死水户的妻子光子,混乱中一名同伙面部受伤。①

事发后,日本居留民会书记高桥仙吉向总领事馆紧急报告此事。田村总领事接报后,立即向海军联络官杉野少佐告急。值班的桑田巡查立刻赶到现场。警察署长中山荣在警部宿舍接到电话,也同时赶往现场。② 经现场查勘,推断凶手在杀害二人后向邻舍逃走,根据案发现场的痕检,推断其中一名凶手可能负伤。随后,中山警部和博爱医院外科部长小林喜久男一同对水户夫妇进行尸检,结论是:

> 水户参雄头正中偏右处中弹,伤口9厘米。下颌骨粉碎性受伤。子弹是由前射入由后而出,创深12.9厘米。致死原因:右颈动脉重伤,造成毛细管栓塞,加上出血过多,最终窒息死亡。
>
> 水户光子右肩胛关节部外侧,有深7.6厘米伤口,右上腹部创口出血甚多,同时内脏受损,腹腔内出血量过多,致死原因:刀刺加上枪击,造成右上腹部重伤致死。③

此时,凶手李炉己等人已与市外接应人会合,乘车离开。

按照常理,日方应将上述勘验结论知会中方,合力缉拿凶手。但从事后福州领事馆方面的动向来看,似乎其认为最重要的并非惩办凶手,而是指责福州当局无法维持地方治安致使日本侨民遇害,借此抢占谈判先机。

三、中日双方围绕"水户事件"的交涉

"水户事件"发生的当晚,福建省政府外事主任魏子渊接到日本驻福州

---

① JACAR(アジア歴史資料センター)Ref. B02030350400、2. 福州事件関係/11 水户事件顛末書送付ノ件 1(A-1-1-0-21_5_4_001)(外務省外交史料館),27—29ページ。

② JACAR(アジア歴史資料センター)Ref. B02030350400、2. 福州事件関係/11 水户事件顛末書送付ノ件 1(A-1-1-0-21_5_4_001)(外務省外交史料館),3ページ。

③ JACAR(アジア歴史資料センター)Ref. B02030350400、2. 福州事件関係/11 水户事件顛末書送付ノ件 1(A-1-1-0-21_5_4_001)(外務省外交史料館),6、7ページ。

制造侵华借口：日本自导自演"水户事件"发微

总领事田村贞治郎来电，福建省政府代理主席方声涛委托省政府委员林知渊全权处理该案。后据林知渊回忆，田村贞治郎[①]通过电话告知如下内容：

> 今晚7点，日本小学校训导水户先生和他的妻子水户光子在家操作，被华人用利刃杀死。水户光子怀孕8个月，胎儿同时死于母腹，一夜之间，杀死3命，不可不谓是一起凶杀巨案。当经飞报台湾总督府，得复已派驱逐舰队一分队，兼程前来，严重交涉。顷间又得舰队司令电告，驱逐舰两艘明日上午10点进口，停泊马江。时间如此急迫，如能在舰队来到之前，先将此案处理完毕，则大事可以化为小事。今为节约时间起见，请免去外交习例，拟请阁下先来领馆，以便同往检验尸体，检验毕后，即行讨论处理办法。[②]

林知渊当即应允前往日本驻福州领事馆。显然事件的严重性超过了一般刑事案件：从命案发生（19点左右）至日方来电（21点左右）前后不过两小时，台湾总督府已经派遣舰队，如果此案无法得到妥善解决，日方完全有可能在福建重演"九一八事变"。在出发前，林知渊打电话向方声涛报告，把田村所述当晚发生凶杀事件的概略禀明，并请他准备在次日上午七点召开一次省府临时会议，听取其具体汇报。在得到方声涛同意和授权后，林知渊立刻带上译员黄如壁前往日本领事馆，抵达时正值当晚11点。在领事馆田村告知林知渊事件大概经过，并言"死者夫妇为台湾总督府派遣的教育者，前途有为，这次凶杀案件即为重大"，随后二者前往案发现场验看。[③]

巡视完毕后，共同返回日本领事馆，当时已接近凌晨2点。随即，领馆方面又收到台北及舰队电报。台北来电询问事态发展到何程度，据其语气，此事件纯被视作华方排日的结果；舰队司令的电文大意谓：两舰明晨8时战备入港，通告国人（指日本居留民及台湾人）力持镇定，静待政府交涉结

---

① 田村贞治郎，日本驻福州领事，水户事件由其代表日方与中方进行交涉。另，林知渊在自述中误以为当时日本驻福州领事名为佐藤。
② 据林知渊回忆录整理，《福建文史资料》第22辑，第35—36页。
③ JACAR（アジア歴史資料センター）Ref.B02030350400、2．福州事件関係/11 水戸事件顛末書送付ノ件 1（A-1-1-0-21_5_4_001）（外務省外交史料館），7ページ。

223

果。双方谈判随即展开：

> 林知渊：电文中之"战备入港"作何解释？
> 田村贞治郎不能答，由电话询问海军武官，据称：战备入港，即以备战姿态驶入港内，卸去炮衣，炮手各就各位……
> 林知渊：何故如此严重？
> 田村贞治郎：鉴于事态发展不可逆料，只是有备无患之意。今日之事，将如何处理？必须于舰队入港之前有一结论，否则事势转变将非你我所能想象。①

这种情况显然是林知渊未预料到的，这意味着在谈判过程中稍有不慎，将可能招致兵戎相见的结果，而这对中方来说亦是不公平的。林知渊立即反问，水户夫妇已经死亡，但凶手仍未查明，这桩命案并不能确定就是中国人所为，怎可定罪于中方？理应将凶手缉拿归案，审问清楚后再进行定夺。如若往常，"水户事件"或许会按照林知渊的方案处理，但自从九一八事变发生后，中国商民的抗日救亡情绪高涨，中日民众间的关系紧张，这也在客观上影响了日本驻华各领事的对华关系处理方式。

田村贞治郎显然不打算接受林知渊的解决方案，其绕开凶手的身份与作案动机问题，从在华侨民的人身安全角度出发，认为前日才发生过"北上舰长事件"，紧接着就发生如此重大的事件，福建省政府数次违背誓约，未能保护在华留居民，将侨民的生命暴露于危险之中。② 田村贞治郎言：日本小学校设在仓前山这一区域业已多年，平日师生进出校门情景，按理说应该引起华方警察注意，多予防护，不使发生意外。水户教谕不是普通商民，而是台湾总督府的一员官吏，今夜他们夫妇2人惨遭意外，本地段警察理应悉数到场，共维秩序，协助缉凶。而今日情形已如阁下所亲见，在场华方警察自始至终只有警兵2名，木立一隅，并未见一员警官前来查询。在紧张情势下，如此漠视职务，谓能保障外国人生命安全，做得到吗？面对田村贞治郎的质问，林知渊哑口无言。

---

① 《福建文史资料》第22辑，第37—40页。
② 外务省编：《日本外交文书·满州事变·第2卷·第2册》，第444页。

制造侵华借口：日本自导自演"水户事件"发微

但田村贞治郎亦不打算采纳台湾方面付诸战争的解决方案。于私而言，他在华任期将满，即日便要调回东京，此时多一事不如少一事，最好的办法便是大事化小，小事化了；于公而言，日本外务部门作为日本政府的派出机构，并未收到来自东京的扩大事态的指示，在一定程度上需要牵制军部势力的鲁莽行动。田村认为，凶杀案件既然发生在中国的领土，只要中国肯自认晦气，花费一笔赔偿金，使生者死者都得以安心，这件事便过去了。同时，他希望今后不再有此类的事件发生。①

时间紧迫，此时距离舰队战备入港还有不到六个小时，摆在林知渊面前的共有三个方案：方案一即查明真凶后，再行定夺。这个方案是最具情理的，但日方已明确表示不会同意。方案二为田村所提供的息事宁人方案，即在案件仍未明了、凶手未知的情况下，自认倒霉，交付赔偿金给死者家属，承诺此后不再发生此类事件。这个方案相当于中方同意承担事件的主要责任，或许"吃下这一哑巴亏"，事件可以快速平息，双方擦枪走火的可能性大大降低。但答应日方的要求，面对福州日益高涨的抗日救亡情绪，同样有可能激起民愤。而方案三则是双方均不愿看到的，日军荷枪实弹进入福州保护日侨，稍有不慎双方即可能爆发战争，日方便顺利找到侵略华南的借口。在所有方案中，第三个方案是伤害性最大的，亦是中日外交部门所力图避免的。

面对进退两难的局面，林知渊只能选择妥协，与田村贞治郎以方案二为方向继续交涉，并答应田村贞治郎在1月4日8点（日舰入港时间）前告知其最终结果。暂定由中方捐赠水户遗族通用国币2万元，用以表示矜恤之意。这在当时是一笔巨款，如何筹措尚需会议讨论。1月4日6点15分，林知渊回到省政府，立刻召开会议。林知渊将前晚（1月3日）9点后发生的情况和今晨（1月4日）商量的结果详尽地报告。委员会认为情势确属严重，如待日本驱逐舰队入港以后才来商议，日本所提条件将会更加苛刻，甚至届时中方将无法接受。省政府代理主席方声涛提议，由省库付出国币2万元，交付日本驻福州总领事转交受害者家属，以表示对水户夫妇惨遭杀害的矜恤之意。对此提议，全体无异议通过。

---

① 《福建文史资料》第22辑，第37—40页。

同日，田村贞治郎总领事就"水户事件"，向外务省报告如下：

> 3日下午8点半，有中国暴徒2人，闯进日本小学校宿舍，台湾总督府派遣的水户三雄（本名参雄，电文作三雄）年28岁，和其妻水子（本名光子，电文作水子）年27岁，同时惨遭杀害。女者受锐短刀，当场毙命；男者头部被击重伤，急奔邻舍，半途倒下，送往医院急救，中途死亡。夜警戒中。①

1月4日8点，林知渊将一张2万元的支票交付田村贞治郎。9点，福建省教育厅厅长程时烽到现场视察，要求从速逮捕凶手归案。省政府方面发出了悬赏布告：报告凶手下落悬赏3000元；捕获凶手归案悬赏1万元。田村总领事要求省政府在24小时内破案。② 下午2点，林知渊前往日本小学校参加水户夫妇的葬仪。与此同时，台湾派出的舰队以"非战备"的形式进入福州。

1月5日上午10点，日方舰队司令前往福建省政府拜访代理主席方声涛，林知渊一同参与，其间并未提及"水户事件"，中方悬着的心终于可以稍稍放下。下午1点左右，田村总领事收到外务省回电，其对此次事件的处理方案提出四点：一、要求福建方面诚挚道歉；二、为防止再次发生危害本邦人身体及财产的事件，应实施切实有效的保障途径；三、应快速逮捕并严罚犯人，做好善后措置；四、郑重慰藉被害者。③ 日本政府的态度明确且强硬，但其并无将事件引向战争的意图。

1月6日上午9点，田村总领事按照日本外务省的训令，要求省政府委员林知渊到日本领事馆，责难中国当局关注"水户事件"的严重性，提出下列各条④：

1. 省政府应代表海军陆战队长、公安局长等来馆正式道歉；
2. 对凶手应处以极刑；

---

① 外务省编：《日本外交文书·满州事变·第2卷·第2册》，第443页。
② 外务省编：《日本外交文书·满州事变·第2卷·第2册》，第444页。
③ 外务省编：《日本外交文书·满州事变·第2卷·第2册》，第449页。
④ 外务省编：《日本外交文书·满州事变·第2卷·第2册》，第450页。

3. 对负责治安的人员，应予惩办；

4. 应给死者抚恤金 5 万元；

5. 应付日本小学校 1 万元；

6. 为了保护日本侨民，应添设巡逻警察的驻所，并派出军队采取防护措施；在未经日本同意前，不能撤走。

中国方面，福建省政府召开了委员会议。会议对日方要求全部接受，下午 5 点半，中方将公文送至日本总领事馆换印。至此，双方交涉的第一阶段宣告结束。

1 月 6 日当天，田村贞治郎收到了一份写给其与"北上"号舰长、中山署长的匿名举报信，该信详细描述了李炉己等人制造水户事件的全过程。信中写道：从去年 10 月中旬起李炉己已在常盘舍①数次集会，参与者有从厦门来的沙鱼阿跷（诨名）、松山人尊贤（不知真名）、番薯皮（绰号）等，其意在组织"强大党"，进行反政府（福建政府）活动。去年 10 月 16 日，李炉己等人曾袭击总领事馆，接着企图对警察宿舍、居留民会放火、谋杀内地人（在福建的日本人），以制造中日纠纷和治安混乱。② 根据信中线索，田村贞治郎在未告知中方的情况下开始秘密调查。

1 月 7 日上午 11 点，福建省政府代表陈培锟、委员林知渊连同公安局长、陆战队长、旅长等负责治安的人员来到日本领事馆正式道歉，并表示关于警备问题，中方将不断改善，加强防卫。③

就在中日双方进行善后的同时，日方在对李炉己等人进行调查后，于 1 月 8 日逮捕了李炉己及其同伙。1 月 11 日，日方于李炉己家中搜出凶器。1 月 12 日深夜，田村贞治郎私审李炉己，李供认：自去年 10 月起，台湾军司令部浅井大尉与其接近，二者密谋在福州挑起事端，扰乱福州治安，日本军

---

① 常盘舍，南台日人在福州开设的一家日本菜馆，该店在日本的庇护下兼从事不正当交易，李炉己为此店常客。

② JACAR（アジア歴史資料センター）Ref. B02030350400、2. 福州事件関係/11 水戸事件顛末書送付ノ件 1（A-1-1-0-21_5_4_001）（外務省外交史料館）附録 1：李爐己及其部下"告密書"。

③ 外務省编：《日本外交文書・満州事変・第 2 卷・第 2 冊》，第 451—452 页。

将以此为借口出兵。同时，浅井教唆李炉己等人制造反政府（福建省政府）活动。1月2日，福州发生"北上"号舰长被袭事件，李炉己等人预感时机成熟，遂制造了水户事件。① 次日，田村领事在向外务大臣犬养毅发送的电报中，明确提出，其认为"本案阴谋的背后是台湾军司令部的指使，需慎重处理"②。随后经外务省与台湾总督府协调，台湾总督太田向外务省提出，将此案移交台湾总督府处理，"或更有利于大局"③，暗示了台湾当局可能确有参与，日本外务省同意了这一提议。至此，日方皆已知晓事件真相，但福建省政府仍被蒙在鼓里。

2月1日，台湾总督府代理总务长小栗一雄和拓务次官堀切善次郎将福州"水户事件"的最终处理经过向外务省作了通报，感谢外务省的前期工作，并说明了关于日本侨民居住区域内巡警军队配置的具体协定方案，以及善后措施。④ 2月25日，福州领事馆向日本外务省报告了听说台湾军将向福州出兵的传闻，并推断这可能是受"关东军在东三省活动的鼓舞，以及陆军当局对关东军的处置态度"⑤的影响，希望外务省关注这一动向，实际上间接表达了对台湾总督府推动"对岸积极政策"的不满。

中方所主导的侦办工作直到2月底也未取得进展。直至林知渊从台湾朋友谢万发处听得事件真相，中方才大致知晓了前因后果。谢万发告知林知渊：其从上海日本海军武官方面听说，福州"水户事件"是台籍浪人李炉己所为。⑥ 林知渊经各方调查得知，李炉己的妻子与子女俱在台北，平日靠招摇撞骗、包庇吸毒和在赌场抽头为生，曾两次被日本领事馆押解回台湾拘禁。⑦

---

① JACAR（アジア歴史資料センター）Ref. B02030350400、2. 福州事件関係/11 水戸事件顛末書送付ノ件1（A-1-1-0-21_5_4_001）（外務省外交史料館）24、25ページ。
② 外务省编：《日本外交文书·满州事变·第2卷·第2册》，第468页。
③ 外务省编：《日本外交文书·满州事变·第2卷·第2册》，第471页。
④ 外务省编：《日本外交文书·满州事变·第2卷·第2册》，第503—504页。
⑤ 外务省编：《日本外交文书·满州事变·第2卷·第2册》，第517页。
⑥ 《福建文史资料》第22辑，第41页。
⑦ 《福建文史资料》第22辑，第42页。

随即，林知渊隐匿身份约李炉己于3月12日傍晚6点①在常盘舍相见，交谈过程中，李炉己酒后失言，扬言"日本领事馆这一班人，尽是文弱书生，吃饭不做事！这次事件（水户事件），假使只是凭着领事馆这一班人的主张，我们是决不甘休的，后来因了种种关系，我们才让了一步。你要明白，这是军部（这里指日本台湾军司令部）既定的国策，那班书生哪里会理解……"②至此，中方才算直接了解到了"水户事件"的真相。

3月13日，林知渊迅速将调查结果汇报给方声涛，福建方面商议决定会晤日方领事，要求将李炉己逮捕，交付中方讯办。3月14日下午2点，林知渊同魏子渊前往日本领事馆，提出请求协助逮捕台民李炉己。日方官员宇佐美回复，李炉己已于本日上午8时由领馆派警押解回台，日轮"盛京丸"上午10时启碇。③ 至此，"水户事件"中日交涉宣告结束。

李炉己等人在台湾受审的具体情况的记录已经被销毁，因此对于是否有高级官员参与策划这一事件已不得而知。日本学者中村孝志推测："计划不是出自浅井敏夫个人的主意，在军司令部里还有司令官真崎甚三郎、参谋长小杉武司等人，他们岂有不闻此事之理？"并指出"至少应该有军参谋长小杉武司参与此事"④。另外，从案犯被移交至台湾总督府后的审理过程也可看出其背后有高级官员的包庇。案件直到1932年10月才在台北秘密审理，审理结果竟然是不予起诉，当庭释放。一个月后，李炉己改名为李炳华，再度出现在沈阳，并在板垣征四郎的提携下一度担任天津《庸报》社社长。此后一直活跃在日本侵华的前沿，直到1943年因内部倾轧被毒杀，当时的身份是伪满洲国中将。

在"水户事件"中，李炉己本拟借此挑起事端，因受到日本外交部门的介入而中断。尽管日本将当时诸如"水户事件"等事件归为中国人民的爱国运动所招致的结果，但其中不乏日军主动挑起并栽赃于中国的阴谋或挑衅事

---

① 此处日期林知渊记载不详，据日本驻福州领事宇佐美答复林知渊："今日早晨才由陆军武官处通知将李炉己解往台北。"加之《水户事件颠末书》载李炉己于3月14日乘"盛京丸"号押解台湾，推断得知。
② 《福建文史资料》第22辑，第43页。
③ 《福建文史资料》第22辑，第44页。
④ 中村孝志：《"福州水户事件について"》，《南方文化》1982年第9期，第227页。

件。"水户事件"本质上就是一件由台湾总督府部分官员指使台籍浪人挑起的争端，但由于水户夫妇身份地位不高、社会影响力有限，加之日本内部的意见不统一，这一争端最终被化解。但日本在占领中国台湾后，将台湾作为入侵中国华南的"跳板"的"虎狼之心"从未改变。

结　语

甲午战争后，中国台湾沦为日本帝国主义的殖民地，台湾总督府把台湾作为对岸经营及南进的策源地。前者指经营厦门、福州、汕头等台湾海峡西岸的主要城市；后者则指向南洋各岛进取之意，这两种政策也并称"南支（华南）南洋政策"[①]。日本政府认为台湾与福建一衣带水，具有相似的语言、文化、习俗，实乃同根同源、同宗同族，这样的民族情感是无法割舍的。故占领台湾，对其侵略福建具有天然优势。早在桂太郎担任台湾总督时（1896年6月—10月），已提出经略大纲：欲确立经略台湾的方针，必须实施南清（华南）的经略；欲实施南清的经略政策，必须有经略福建厦门之实，欲得经略福建厦门之实，则非有经略南洋之实不可。[②] 在侵略之初，日本打出"文化牌"，主要利用教育、报纸等文化事业以达到宣抚的目的。但随着时间的推移，日本的侵略手段不断改变。透过"水户事件"，足以窥见日本军部欲进一步制造事件，以达到出兵福建的目的，这才有了浅井敏夫指使李炉己制造事端这一出自导自演的闹剧。

而日本驻福州领事田村贞治郎作为日本在华外交官的代表，他的息事宁人的态度，显然不仅仅是因为他即将离职，更是其作为当时日本政党政治家的态度。换言之，日本军部与政党在对华方针上存在一定的矛盾：在大方针上二者都是着眼于日本的国家利益，但具体操作时，政党政治家更为顾及国际影响，而军部则不惜采取自导自演制造事端的方式将局部纠纷扩大化。九

[①] 梁华璜：《"台湾总督府"的"对岸"政策》，《成功大学历史学报》1975年第2期，第123—139页。

[②] 梁华璜：《"台湾总督府"的"对岸"政策》，《成功大学历史学报》1975年第2期，第123—139页。

一八事变与"水户事件"的背后的逻辑均是如此,但福州方面采取"息事宁人"的做法在日本驻福州领事的配合下暂时平息了事端,而九一八事变后东北军"不抵抗"的做法助推关东军迅速占领了中国东北全境。

很多学者已经注意到,在九一八事变发生后,作为缓攻派的犬养毅主张承认中国政府在东北的"主权",在平等开发东北经济的基础上,由中日两国联合建立新政权,从事实上达到日本控制中国东北的目的。这一主张显然未得到军部特别是关东军方面的认同,随后在"五一五政变"中,犬养毅被刺身亡,日本政党力量再也无法牵制日本军部的疯狂举动。"'五一五政变'后,日本在扩大侵华的道路上越滑越远,最后走上了全面侵华战争的道路。法西斯军国主义势力的崛起使日本走向毁灭。"[1] 日本学界多主张,在对外侵略战争过程中,日军不断重复着一旦部分在华军队突然行动,在东京的陆军领导阶层和政府则随后追认在华军队行动的模式。这实际上是在突出日本侵华是由一系列的"偶然因素"所决定,而忽视了这些偶然因素背后的必然色彩。如果我们将视野扩大到同时期更多类似事件后,就会发现其背后呼之欲出的必然性:当时日本的驻华领使馆不可能也没有能力阻止遍地开花的"偶然事件",只要有一处处置不当就可能招致擦枪走火,如此复杂的历史真相显然是无法用"偶然"二字一笔带过的。

(作者:邱佳敏　单位:北华大学东亚历史与文献研究中心)

---

[1] 李吉奎:《犬养毅的"和平"试探与"五一五"事变》,《抗日战争研究》1996年第1期,第54—68页。

中日甲午战争时期的日本社论研究

　　1894 年 7 月，中日甲午战争爆发，双方经过一年多的交战，最终清政府战败。1895 年 4 月，双方代表在日本下关签订了《马关条约》。这次战争的胜利大大提高了日本在国际社会中的地位，增强了日本大陆经略的信心，使得日本社会产生了心理变化，对清政府实力的清晰认识，使得日本社会舆论中的对华观逐渐倾向于蔑视、鄙视。

　　19 世纪末 20 世纪初，日本国内出现了以"脱亚论"和"兴亚论"为内核的"东洋盟主论""支那分割论""支那保全论"等种种思潮，但其根本都是为了实现日本通过侵略中国攫取利益的目标。因此，中日甲午战争时期，日本社会舆论中有关战争的诸多内容也都是为了给战争加油助威，动员全国人民为战争出力贡献。目前，中国学界对日本社论的研究可谓凤毛麟角，唯有《近代日本报界的政治动员（1868—1945）》[1] 一书对该问题进行了系统性梳理。此外，还可见一些对中日甲午战争新闻报道的个案研究。[2] 日本学

---

[1] 安平：《近代日本报界的政治动员（1868—1945）》，桂林：广西师范大学出版社，2022 年。

[2] 学界以单一报刊为研究对象进行个案研究的学术成果相对较多：《有关甲午战争宣战前日本报刊对中国报道的研究——以〈朝日新闻〉报道李鸿章及清军动向为中心》（郭海燕，《社会科学战线》2014 年）对日本报刊《朝日新闻》的战前相关报道进行探究；《〈字林沪报〉对甲午战争的报道》（吕朋、周怡，《青年记者》2015 年）对中文报刊《字林沪报》的相关报道进行了整理、总结；《〈叻报〉对甲午战争报道的研究》（常萌萌，山东大学硕士学位论文，2015 年）、《〈悉尼先驱晨报〉的甲午中日战争报道研究》（魏翰，东北师范大学硕士学位论文，2018 年）、《〈泰晤士报〉等英国报刊的近代日本报道研究（1868—1936）》（石瑜珩，吉林大学博士学位论文，2019 年）分别对不同的外文报纸对中日甲午战争的报道进行了梳理。但就目前学界研究而言，对日本社论的研究较为常见的是对新闻报纸、文学作品的研究，其中文学方面的研究也比较有局限性，多以小说为主，而对诗歌、歌曲、绘本、戏剧等方面战争宣传的研究仍尚告阙如。

界的相关研究则已初具规模,且具有特殊性,对相关文献的整理为研究该问题提供了重要借鉴。

本文将从文学作品、艺术作品、社会评论、历史书籍四方面,对中日甲午战争时期日本社论进行整理,以期明确该时期日本社论对中日甲午战争的影响,并究明日本社会的对华观。

一、19世纪末日本的社会思潮

1885年3月16日,福泽谕吉在《时事新报》上发表了《脱亚论》一文,将中国和朝鲜比作恶友,此两者"不仅对我日本没有丝毫帮助,由于地理位置相近,西洋人甚至常常将日本与之等同看待",因此为摆脱此误解,日本应"脱离其行列,与西洋文明国家共进退"。在对待中国和朝鲜的政策上,福泽认为,"不必因其为邻国而特别予以同情,只要模仿西洋人对他们的态度方式对付即可"。福泽甚至在该文内预言"不出数年,他们(中国、朝鲜)的国土将被世界文明诸国所分割"[①]。福泽谕吉的"脱亚论"在日本社会引起诸多共鸣,同时也与日本日渐成熟的侵华战略不谋而合。1891年,樽井藤吉发表了《大东合邦论》一文,首倡"兴亚论",认为双方应成立日支同盟共同致力于东亚复兴,抵抗西方列强的侵略。19世纪末至20世纪初,"脱亚""兴亚"之争在日本社会中达到白热化,但随着中日甲午战争和日俄战争中日本的胜利、日英同盟的缔结、不平等条约的签订等,日本国家实力飞速上升,"兴亚"思想便逐渐沦为侵华思想的迷惑外衣。

中日甲午战争时期,日本最激烈的讨论是对清强硬论和对清妥协论,但在社会各阶层的鼓动宣传下,战争爆发后,日本各界迅速达成一致,积极投身于战争中。

二、日本社论的相关宣传

中日甲午战争时期,日本社论宣传范围广泛,涉及多种文艺领域。以战

---

① 井田进也:《2001年的福泽谕吉:中法战争时期〈时事新报〉论说再探讨》,《近代日本研究》2000年,第45—68页。

争纪实、战争动员为主要题材的作品在社会上广泛传播，对日本国民精神产生巨大影响。对相关时事文艺作品进行整理分类，大致有如下四种：一是文学作品类；二是艺术作品类；三是社会评论类；四是历史书籍类，这些种类的作品又以不同形式传播，甚至通过教育方式灌输给下一代，对日本国民军国主义精神的培养起到了重要的促进作用。

（一）文学作品类

文学作品的宣传主要以诗歌为主要形式，其中长、短歌皆有。1895年3月19日，不识庵主人著《日清战争狂歌①》一书，该书开头便以"我日本政府一心维护东洋稳定，是为了正义理由出兵。朝鲜政府数次令人寒心，朝鲜人民选择投身旭日的温暖中"②之言美化战争，将出兵合理化。中间分别描述了成欢城战役、牙山之役、平壤大捷等战果，最后鄙夷地说："随敌舰燃烧沉入海底的，是支那的命运。"③ 1941年7月17日，高须芳次郎编著的《爱国诗文二千六百年》中，现代篇收录了木户孝允、山县有朋、西乡从道、大久保利通等人的诗文作品，其中不乏以皇国、外交、征韩、征台为主题的诗文，该书出版于侵华战争时期，亦可见自明治时期以来日本有关皇国至上、对外扩张等军国主义思想对近代以来日本社论影响深远，中日甲午战争胜利的事实始终是振奋日本军国主义思想的有力支撑。

（二）艺术作品类

艺术作品则可见绘本、歌曲、戏剧等表现形式，其中以绘本作品最为直观。

绘本类作品以丰岛海战、牙山战役、平壤陷落、黄海大捷等著名战役为主，主要表现内容有三种。一是战役纪实图，包括行军图、战舰图、作战地图等。这种图画主要是对日本军队行军及作战情况进行写实描绘，真实体现日本士兵行军过程中的姿态或中日双方作战计划等内容。二是日军战胜图，该类图画描摹了日本士兵在战役中作战的场景，同时弱化清军形象，往往将清军描绘得不堪一击，以侧映日军"英勇"作战的形象。三是清军溃败图，该类作品丑化清军形象，以清军败走、处置清俘为主要绘制内容。

---

① 狂歌是以滑稽语句讽刺社会，节律为五、七、五、七、七的诙谐形式的短诗（和歌）。
② 不识庵主人：《日清战争狂歌》，大阪：骎骎堂，1895年，第1—2页。
③ 不识庵主人：《日清战争狂歌》，第21页。

在日本社论中，日军往往军纪严明、所向披靡，其中除了体现战争胜利的宏大场面的图画外，还有体现日本士兵作战的图画，1894 年 11 月 19 日，大场沃美发表的《日清战争画谈》中，"大同江中我士兵孤身取舟图"中刻画了日本士兵在大同江中只身赴敌船作战的姿态。而与之相对，清军在绘本中的形象往往闻风丧胆、仓皇鼠窜。1894 年 12 月，吉村卯太郎绘制的《日清战争画帖》中，"清军怯懦向关羽像求取战胜图"中清政府士兵为求得战争胜利，纷纷五体投地跪拜关羽像，表现出清军胆小懦弱，甚至在如此紧要关头还将战争胜利的希望寄托于求神拜佛，同时也暗讽清军封建迂腐，与尚武、忠诚的日军形成对比。

此外，《日清战争画帖》中"日军登陆朝鲜"一图中描绘了日军整齐有素、列阵行军的情形，同时还描绘了朝鲜人民看到日军登陆后喜悦、欢呼的行为；"大院君被我护卫军、韩军击退图"中描绘了日军与朝鲜士兵一同作战的情景，描绘了朝鲜人民为日军指路的细节。但实际上，日军进入朝鲜是干涉他国主权的侵略行径，朝鲜人民对日军欢迎的形象明显是其所作的夸大宣传。

军歌类作品和戏剧类作品的主要表现内容是日军"英勇善战"的形象和对武士道精神的赞扬。

军歌类作品中也可见日本对于战争的美化宣传，其集中宣扬日本发动战争是出于"和平"的目的，是希望与中国携手促进东亚的繁荣。1894 年 9 月 16 日，伊泽驹吉编著的《魁军歌：日清战争》中写道："日清战争接连大捷是可喜可贺的千古快事，为此实应将该事写作军歌或诗歌，永久传唱。"① 其中《东亚大势》（其一）中唱道："亚细亚中独立之国家仅有三四个，日本与其他国家间实则为唇亡齿寒之关系""扶持朝鲜独立，与清政府协力促进东亚繁荣乃我日本之本意"②。而在《直到北京》一曲中宣扬中国"现在仅仅是以口舌自夸，其蒙昧仍未破除"，而日本应"以皇军为急先锋，致力于支那开化，革新其野蛮之心，照亮我东洋之夜"，甚至还妄言"重建北京城"③，

---

① 伊泽驹吉：《魁军歌：日清战争》，大阪：三从馆，1894 年，第 1 页。
② 伊泽驹吉：《魁军歌：日清战争》，第 1—2 页。
③ 伊泽驹吉：《魁军歌：日清战争》，第 3—4 页。

要在北京升起旭日旗，作为日本将"文明"传播于东亚的起点。除美化战争的内容外，还可见振奋士气的军歌。同年，热血处士刊行的《日清战争军歌》中便有"奋进歌""行军之歌""进军之歌""呐喊之歌"等，"日本军人之忠勇"中提到"我士兵要严守军律，拿出忠义与勇气，为皇国献身，牺牲个人，这是无上的荣誉"①，向日本国民传播为国献身、牺牲小我的皇国思想。

戏剧类作品同样各式各样，有狂言②、净琉璃③等。1894年11月20日，河内清八私人出版了《日清战争狂言故事梗概》，此狂言围绕渤海湾海战和北京城攻防战展开，包括序幕：黄河口日军军营之幕；第二幕：北京城外关门之幕；第三幕：支那中央电信局之幕；第四幕：北京城内军狱之幕；第五幕：李将军面前痛论之幕；第六幕：渤海湾海战之幕；第七幕：日军攻陷北京城之幕。故事中刻画了刘昌和这一狱卒形象，他出生在日本相州小田原，幼年随父亲来到中国经商；最后一幕中，日本记者劝说刘昌和绘制北京城缩略图交予日军，并且虚构了北京城陷落的场面。其有两个目的，一是希望通过表演刘昌和这一在华日人的形象，号召国内外日本国民共同为战争献身。1871年《中日修好条规》第七条约定"听准商民来往贸易"④，自此以后便有许多商民来到中国境内，而设计刘昌和这一形象的目的显然是想动员在华日商参与战争。二是通过表现战争胜利的场景，积极宣传战争动向，动员全社会力量参战。12月29日，松迺家梅河发表了《日清战纪：樱花日本魂》，表演了银州城（今属辽宁铁岭）一战，最后负责该战役的主人公赋诗一首"敷岛（日本海军战舰名）的日本心将永存于世，如同朝日里散发香味的山樱花一般"。这两部作品都以高呼"日本帝国万岁"结尾。

综上，以中日甲午战争为主体的艺术作品具有直观、传播范围广泛的特点，其以图画、歌曲、戏剧的形式将战争动态直接展现在普通民众面前，艺

---

① 热血处士：《日清战争军歌》，东京：中岛抱玉堂，1894年，第82页。
② 狂言是日本传统艺能之一。狂言剧中一般有2个以上的任务角色，是运用角色对话、动作进行表演的戏剧。
③ 净琉璃，指人形净琉璃。日本传统艺能之一，是配合三弦乐曲，操纵人偶进行表演的戏剧形式。
④ 王铁崖：《中外旧条约汇编》第一册，北京：生活·读书·新知三联书店，1957年，第318页。

术作品的传播不受文化水平的限制,在日本底层社会广泛传播。

(三) 社会评论类

社会评论则以名家之言最具代表性,往往以刊发在时事报纸上的战争纪实、战争评论为主要传播方式进行政治动员。

这一时期日本新闻对中日甲午战争进行了大量报道,《东京日日新闻》《国民新闻》《每日新闻》《读卖新闻》等均派出了大批从军记者,将战争形势及时传回国内,鼓吹"爱国心",煽动举国战争,鼓吹"义勇奉公",后经整理,将这些相关报道汇编为《日清战争实记》,一经发售便热卖。

除从军报道外,国内诸多知识分子也纷纷发表极端民族主义性的言论。

1894 年 6 月至 12 月,德富苏峰在《国民之友》《国民新闻》上发表了《日本国民的膨胀性》《战胜余言》《征清之意义》等文章,指出"德川家的历史是收缩的历史,明治维新以来的历史是膨胀的历史"①。依据此言论,德富将日本出兵朝鲜合理化,并认为此膨胀性是日本国民思想解放的象征,其论述道:"国家的膨胀由国民个人的膨胀组成,国民个人的膨胀亦由其精神上的膨胀构成。由其头脑中涌现的大日本膨胀性,而后方可见大日本膨胀的形式体现,自信力实际上便是国民个人头脑中膨胀性的精髓。"②德富认为日本自明治维新以来一直是形式上的开国,在日本国民精神层面始终被枷锁禁锢,这主要源于日本始终向清政府妥协,经过中日甲午战争,日本一举击败中国,成为东亚第一强国。这为日本国民带来了强烈的自信心,这种自信心进而发展为日本国民的膨胀性,即对外扩张的欲望。而国民个人的欲望又组成国家的侵略欲望,随后精神层面的理念又将外化为向外膨胀的具体征伐措施,故德富预言"我国未来之历史,必定是在世界各地建设新故乡的历史,或许是与英、法竞争的历史,也有可能是与支那人争抢地盘的历史。而我惟愿今后全是日胜清败的膨胀冲突史"③。由此可见,德富将中日甲午战争视为

---

① 德富苏峰:《日本国民的膨胀性》,《国民之友》1894 年 6 月第 228 号,载德富苏峰著,草野茂松、并木仙太郎编《苏峰文选》,东京:民友社,1928 年,第 293 页。

② 德富苏峰:《征清之意义》,《国民新闻》1894 年 12 月,载德富苏峰著,草野茂松、并木仙太郎编《苏峰文选》,第 315 页。

③ 德富苏峰:《日本国民的膨胀性》,《国民之友》1894 年 6 月第 228 号,载德富苏峰著,草野茂松、并木仙太郎编《苏峰文选》,第 299 页。

必然，并将战争与国民紧密联系在一起，宣称战争与国民息息相关。

同年7月29日，福泽谕吉在《时事新报》上批判"日清战争是文明与野蛮的战争"，宣称这场战争是"文明开化进步者与妨碍进步者之战，而绝非两国之争"①，与其"脱亚"思想相印证，福泽将清政府批判为"妨碍进步者"，而日本则须肩负传播文明的重任。随后福泽更是密切关注战争形势，发表了《宣战的诏敕》《可直接冲入北京》《祈祷义捐军资》《可率先攻略满洲三省》等文章，号召国民一起奋起毕生之心力，以获得最后的大胜利，并且号召平民为战争义捐以作军资，可谓对中日甲午战争倾尽余力。

8月，民友社②竹越与三郎刊行了《支那论》，此书中对中日甲午战争进行了大量美化，其称"讨伐清国绝不仅是将我国民百年公愤发泄于之，而是我国负有对东洋传递文明的天职，并且向东洋传递文明必须先向清国传递文明"③，并提出日本需在东亚担负如法国一样的角色，将"亚细亚革命"像法国大革命一般在全亚洲推广。并且其在书中还为战争进行动员，一是宣扬自卫战争论，提到1884年京城事变④后，"次年北洋舰队便进入我内海耀武扬威，在长崎凌辱我警察，挑起斗争，我国民不可再忍受这般屈辱"⑤，认为日本为了保卫自身的权益，必须与清政府一战，由此才能提高国际地位。二是丑化、抹黑中国，先是借口历史角度谬论中国人具有山贼性、侵略性，再将中国作为假想敌，认为若中国内地开放之后，其"人种的波涛将形成滔天之势，这些人口也将涌向我'大日本国'预定之地⑥"⑦。

---

① 福泽谕吉著，庆应义塾编：《续福泽全集》（第二卷），东京：岩波书店，1933年，第41页。

② 战前德富苏峰设立的日本言论团体、出版社，成立于1887年，1933年与明治书院合并。代表刊物有《国民之友》《国民新闻》。1887年《国民之友》创刊，1889年竹越与三郎正式加入民友社，次年2月《国民新闻》创刊后担任政治评论作家。

③ 竹越与三郎：《支那论》，东京：民友社，1895年，第87页。

④ 京城事变指闵妃之乱。

⑤ 竹越与三郎：《支那论》，第81页。

⑥ 此预定之地指日本计划殖民的地区，包括南洋群岛、中国海岸至印度之间的沿海国家、美国南部等地区。

⑦ 竹越与三郎：《支那论》，第61—62页。

此外，还有 1895 年尾崎行雄①的《支那处分案》、岛田三郎的《东洋治安策》、1898 年久保田与四郎②的《东洋之危机（附对外国是）》，这些知识分子也对中日甲午战争后日本对清政策和东亚国际局势的变化进行了分析，并讨论了各种对清政策的合理性。

综上，社会评论类的社论以新闻报道和公知评论为主，但其基本目的均是将战争合理化，并动员国民参与战争。特殊的是社会评论具有延展性，其常对战后日本外交动向和对清政策进行评价，甚至建言献策，这也证明日本知识分子在政府侵华活动中不仅没有置身事外，而且还在理论上支持侵华行径，并协助政府进行虚假宣传。

（四）历史书籍类

历史书籍主要出现于战后，以东洋史教科书较为常见，其用途也显而易见，基本用于对日本青少年传播尚武思想，宣扬军国主义。

1894 年，东京帝国大学学制改革，那珂通世第一次提出把外国历史分为东洋史和西洋史。同年，《大日本教育会杂志》提出"东洋历史主要以中国为中心的东洋诸国的治乱兴亡的大势为主，是与西洋历史相对的世界历史的一半。东洋史还讲述了我国与东洋诸国的自古以来的相互关系、相互影响，以及东洋诸国以及西洋诸国的关系"③。由此，日本国内历史学科分为东洋史、西洋史与国史，这种分类方式受到"脱亚"思想的影响极大，是日本将自己与东亚国家予以区别的对外观的体现。

1897 年 3 月 30 日，修文馆编纂了《新撰东洋史》一书，该书第六编第五章"朝鲜独立与日清战争"部分宣称"朝鲜原本是清国的属国，后与法、美发生冲突，又与日本有不快。日本不计前嫌，在日本的勉励下朝鲜最终成为一独立国家"④。次年，开成馆编的《新编东洋史教科书》中第七章第十、

---

① 甲午中日战争爆发后，尾崎行雄撰写了许多建言日本东亚大计的论文，并致力于指导社论。在第四回总选举后各党派放下长期恩怨，决定举国一致、共抗外敌。三国干涉还辽事件后，尾崎反对伊藤对俄、法、德退让的做法，成为对外强硬派的"急先锋"，组织了政友有志会。

② 久保田与四郎（1863—1919），日本政治家、律师、众议院议员。

③ 洼寺纮一：《东洋学事始》，东京：平凡社，2009 年，第 197—198 页。

④ 修文馆编：《新撰东洋史》，东京：松荣堂书店，1897 年，第 218 页。

十一节论述了日、清、韩三国交往及战后东亚发展趋势,此书采纳"自卫战争史观",认为清政府以协助朝鲜政府平定东学党起义为由,出兵朝鲜,日本是为了保护使馆和侨民才出兵的。并且日本希望"两国协力帮助朝鲜政府改革,遭到清政府拒绝后,方才开战"①。概言之,东洋史教科书体裁为编年体通史,其有关中日甲午战争的论述多基于"文明传播史观""自卫战争史观",认为是清政府率先背弃《天津会议专条》所定撤兵条款,日本是被迫迎战。

另外,日本社会还出现了战史、军事史类的著作,如盐岛仁吉的《日清战史》,全书共8卷,详细记述了自朝鲜东学党起义至中日甲午战争后日本占领台湾的情况,记述相当完整。远藤永吉、冈崎茂三郎合著《日清战争始末》,记述了朝鲜东学党起义至日军凯旋的战争过程,以各战役为分节,如实记述,并且在全书后附有中日两国往来照会、文书。②此类史书编著的主要目的是记录"我日本勇武战术,以期久传于世,教授子孙"③,即进行军国主义教育,培养忠君、爱国、勇武的武士道精神。

三、日本社论中所体现的对华观

如前所述,日本社论中所体现的对华观基本是"脱亚论"的发展,其中所表达的基本思想有以下两点:

其一,唾弃中国,认为中国是野蛮的国家,日本不应再视其为盟友。社论中纷纷吹嘘日本是传播文明的使者,是文明的代表,而清政府则是封建腐败的代表,是野蛮人。故中日甲午战争实际意义是文明与野蛮之战,也是日本在东亚黑夜点亮文明火光的第一步。

其二,美化日本侵略行径,为日本发动战争寻找合理的理由。社论宣传中往往将发动战争的理由归咎于为东洋和平而战,德富苏峰在《征清之意义》中提到"朝鲜独立、膺惩清国只是手段之一,吾人是为自卫我国家而

---

① 开成馆编,桑原鹭藏校:《新编东洋史教科书》,大阪:沐书店,1898年,第173页。

② 远藤永吉、冈崎茂三郎:《日清战争始末》,水户:江湖堂,1895年,第471—500页。

③ 远藤永吉、冈崎茂三郎:《日清战争始末》,第3页。

战，为国民雄飞而战"①。其宣扬日本发动战争是为取得东洋和平的担保权，这是由于中国已无力维护东亚和平稳定，其自身仍受西方列强侵扰，故这一使命自当由已经进化为文明国家的日本接手。

余 论

如前所述，中日甲午战争时期日本社论进行了大量政治宣传，在国民中影响颇广，对日本社会对华观的转变产生了巨大影响。首先，这些社论抹黑中国及中国人的形象，宣扬日华对立情绪。从人口膨胀角度分析，将中国作为日本在外殖民扩张的竞争对象，认为中国人常常在东南亚等地与在外日本人争抢劳动机会、商业机会、生产场地。并且常常无端抹黑中国人具有懒惰、不思进取、封建守旧的特点。其次，宣扬开战论，鼓动战争情绪。日本社论中往往美化战争，为发动战争赋予美名。在这些虚假宣传中，日本国民往往在其欺骗下投入战争，为战争捐献物资和金钱。最后，有关战争的纪实报道和东洋史教科书中的相关描写成为滋润军国主义教育的土壤，通过历史教学将"文明传播史观""自卫战争史观"灌输给日本青少年，培养其忠君、爱国、尚武的精神。同时，明治末期成长起来的日本青年在潜移默化中也被教授了蔑视中国的对华观。

总而言之，中日甲午战争时期日本社论形式丰富，但其主旨均是进行鼓动开战、美化战争的政治动员，故侵华行径并非仅为日本政府的责任，在战争中日本社会各界均参与其中。然而平民因以支援战争为目的的发行公债、增加地税的经济活动而更加贫穷，生活更加窘迫，因此在战时和战后均有反思战争和批判战争的言论，但大多淹没在美化宣传的洪流中，这一部分也是研究过程中应关注的。

（作者：王馨滢　张晓刚　单位：长春师范大学历史文化学院）

---

① 德富苏峰：《征清之意义》，《国民新闻》1894年12月，载德富苏峰著，草野茂松、并木仙太郎编《苏峰文选》，第312—314页。

昭和初期元老与军部势力消长
——以日本退出国联为中心

第一次世界大战将列强势力重新洗牌，日本则借此发展经济，并在战后进入短暂的社会平稳期，随即加入凡尔赛—华盛顿体系，元老西园寺公望支持的国际协调外交逐渐成为日本对外政策的主导方向。然而，日本潜在政治危机并未消除，一朝面临经济衰退，政府威信再受质疑，稍作蛰伏的军部势力便乘机挣脱政党政府的"缰绳"，猛吹对外侵略的号角，此举致使日本与欧美在亚洲的利益冲突加剧，最终，以退出国际联盟为标志，日本发起了对凡尔赛—华盛顿体系的正面挑战，走向了荒木贞夫"所思退出联盟，获得自由，得以开拓自由的天地"[1] 的道路。

对日本退出国联问题的现行研究，学界多侧重围绕着李顿调查团展开，探析其对日本退出国联的影响[2][3]。亦有聚焦欧美对日态度，探究利益媾和无法达成的原因[4][5][6]。亦不乏考察中国对日本退出国联的反应及日本的再

---

[1] 勝田龍夫：《重臣たちの昭和史》上，東京：文藝春秋，1981年，第214頁。
[2] 李珊：《国联调查团来华期间调停中日冲突的尝试及其失败》，《抗日战争研究》2020年第4期，第80—96页。
[3] 郭昭昭、陈海懿：《国际联盟对一·二八事变的聚焦与因应——以李顿调查团为视角的考察》，《民国档案》2021年第2期，第95—102页。
[4] 常乐：《由列强对九一八事变的反应看日本退出国联的必然性》，《九一八研究》2018年，第222—232页。
[5] 崔海波：《九一八事变期间日本、中国与国联的交涉》，长春：吉林大学，2011年。
[6] 宮田昌明：《英米世界秩序と東アジアにおける日本：中国をめぐる協調と相克 一九〇六—一九三六》要旨，京都大學博士學位論文，2013年，第5頁。

回应①②。复有将退出国联视为日本政府与军部合力实施侵华行动的研究③。

然而，外交是内政的延伸。日本国内政局并非铁板一块，是时，军部、政党及元老势力之间存在着近十年的政治博弈。以元老势力衰退与军部势力上升为对象，探究日本退出国联背后的政治决策历程，能够在探寻日本退出国联问题上补充日本内政视角，揭示日本挑战凡尔赛—华盛顿体系背后的政军势力消长过程。

一、潜流：20世纪20年代的日本政局

一战作为重新瓜分世界和争夺全球霸权而爆发的世界性战争，使欧洲列强储备的力量损耗甚巨，远在亚太的日本则凭日英同盟加入胜利者阵营而坐收渔利，并借此继甲午战争、日俄战争后，再次在世界强国行列中跃进自己的排位，并武力窃据德国东洋舰队的驻地——青岛及占领赤道以北的德领南洋诸岛。1915年，日本迫使袁世凯承认"二十一条"，企图继承德国在山东省的旧有权益，并延长大连、旅顺及南满铁路权益期限，将其行径通过国际新秩序合法化。在巴黎和会上，欧美列强因为利益分配及战后布局，相继对日妥协，尽管此举引发了中国人民的愤怒，继而导致五四运动爆发，④ 但这并未迫使日本让步，日本还趁此时机一探国联对其的容忍限度。⑤

一战后日本国内政治暂时稳定。1918年，米骚动导致寺内正毅内阁倒台后，平民政治家原敬说服了一向反对政党政治的元老山县有朋，顺利组阁，

---

① 陈志刚：《日本退出国联后中国知识界对外交出路的探究与省思》，《安徽史学》2019年第2期，第100—107页。

② 陈海懿：《国联调查团的预演：九一八事变后的中立观察员派遣》，《抗日战争研究》2019年第2期，第4—22页。

③ 臧运祜：《九一八事变后日本侵华的"行"与"止"——兼及"十五年战争史"的开端问题》，《日本侵华南京大屠杀研究》2021第1期，第22—28页。

④ 外务省：《日本外交文書》大正八年第2册下卷，東京：日本國際連合協會，1961年，第1144頁。

⑤ 中島玉吉：《實際問題としての國際連盟問題（上・下）》，《大阪每日新聞》1919年1月15日。

大正民主的时代随之而至。后因原敬的遇刺使日本政坛产生了一定程度的政治波动，① 政党政治有所中断。1924 年，加藤高明经元老西园寺公望荐奏，成立了护宪三派内阁，两党交替执政的宪政常道时期已至，至犬养毅内阁为止，维持了相对稳定的八年。当然，政党政治的稳定并不意味着政局的平稳，腐败的滋生与"多数即力量"的问题一直存在，政治民主鲜有人民参与，只是政治家的游戏，军部大臣现役武官制也从制度上扣住了政党政治的命脉。② "外强中干"的政党内阁无法真正制约军部的伏笔就此埋下。

一战期间，日本凭借提供军需与海运大发横财，一时形成"战争景气"的局面。③ 海运贸易额的收入就有 28 亿日元，使其从债务国摇身一变成为债权国。乘此势头，以纺织为中心的轻工业及钢铁、造船、机械制造、电机、化工诸行业大幅发展，时人甚至认为近代日本到了最繁荣的上升阶段。④ 1927 年 3 月 14 日，片冈直温藏相就东京渡边银行问题的失言，揭开了日本财政问题的遮羞布，金融恐慌爆发。⑤ 同年 4 月，又因台湾银行应急救济案被枢密院否决，导致若槻礼次郎内阁垮台。为了遏制局面恶化，西园寺公望荐奏陆军大将田中义一组阁，田中义一采用了强硬手段，即将金融资本集中在三井、三菱、住友、安田、第一五大银行手里，确立了财阀为中心的支配体制，⑥ 这对日本中小银行无疑是"屠杀"暴行。⑦ 1929 年，滨口雄幸内阁的井上准之助藏相又解除了 1917 年发布的黄金输出禁令，宣布回归金本位制，以期改善日本的国际收支，进入"世界经济常道"，以财政紧缩控制时

---

① 《首相遭難と財界》，《大阪每日新聞》1921 年 11 月 6 日。

② 筒井清忠：《昭和戦前期の政黨政治——二大政黨制はなぜ挫折したのか》，東京：築摩書房，2012 年，第 3—10 頁。

③ 某銀行家：《時局と財界：慎重の態度を要す》，《時事新報》1918 年 2 月 17 日。

④ 岩男生：《過渡期財界と將來（一·七）》，《大阪每日新聞》1919 年 2 月 18 日—25 日。

⑤ 《金融恐慌前後の明流と暗流（一·六）：財界挿話》，《時事新報》1927 年 5 月 7 日—15 日。

⑥ 堀江帰一：《金融界不安の諸相とこれに處する對策は（一·三·完）》，《大阪每日新聞》1927 年 6 月 7 日—12 日。

⑦ 《中小工業家に貸出を緩和：興銀勸誘狀を發す》，《大阪每日新聞》1927 年 7 月 22 日。

昭和初期元老与军部势力消长——以日本退出国联为中心

局,经济渐得恢复。① 然而,1929年10月24日,纽约华尔街股市大崩盘,再度掀起席卷世界的经济衰退大潮,金解禁政策下的日本受到猛烈的金融冲击,② "在一些中心城市,上百万的男人和女人加入了失业大军的行列",且"农业整体收入指数从1926年的100下降为1931年的33"③,农产品价格暴跌,工业受冲击而返乡的人又造成了农村人口过剩,生计堪忧,出现了"农村问题"。农村里徘徊的恐慌增加了社会不安的因子。此时的失业者不仅有农民与工人,还有许多被裁掉的军人。

一战后日本经济貌似欣欣向荣,实则左支右绌,尤其庞大的军费问题一直存在,单1921年海军预算就占到了国家财政总预算的32%。④ 华盛顿会议前,日本便接连有裁军的提议,1921年2月尾崎行雄提出《限制军备决议案》,3月大日本实业联合会开展限制军备运动,7月犬养毅提出坚持产业立国的裁军构想。⑤ 华盛顿会议后,日本跟随世界裁军大潮,至伦敦军缩会议结束到达顶峰。然而,裁军不意味军费的减少,更新武装,实现了日军的机械化和现代化。陆军三次裁军裁掉了9万多人,精简了4个师团,但带来大量职业军人失业,这酝酿了社会不安的氛围,并引起现役军人的惶恐。随着右翼风潮的刮起,部分军人走向结社组团,出现了樱会、血盟团等,⑥ 提出了"昭和维新"的口号并开展暗杀计划与煽动政变。⑦⑧ 在国内他们暗杀特

---

① 《金解禁と海運界の輿論:一時的打擊はあるが大勢は解禁を希望》,《東京朝日新聞》1928年10月11日。
② 《昭和五年度上期貿易予想:輸出入共に減退し入超額二億一千三百萬円》,《中外商業新報》1929年12月4日。
③ 詹姆斯·L.麦克莱恩著,王翔、朱慧颖译:《日本史(1600—2000)》,海口:海南出版社,2009年,第328页。
④ 藤原彰著,张冬等译:《日本军事史》,北京:解放军出版社,2015年,第112页。
⑤ 信夫清三郎著,天津社科院日本问题研究所译:《日本外交史》下册,北京:商务印书馆,1992年,第480页。
⑥ 警察思潮社编:《五·一五事件の真相:附·血盟団の全貌》,警察思潮社,1933年,第201—205页。
⑦ 《血盟団の判決理由書:日召の性格思想を解剖:十三被告は殺人罪適用》,《大阪朝日新聞》1934年11月22日。
⑧ 《二·二六事件関係者田中大尉自決す:僅に"皇軍萬歲"の遺書》,《大阪每日新聞》1936年10月19日。

权集团——元老、首相、财阀等，① 对海外侵略则将目光投向了"满蒙"。

二、前兆：皇姑屯事件的处理问题

1926年10月下旬，驻北京日本公使馆武官候补佐官佐佐木到一中佐，赴中国南方考察时，发现中国形势将因北伐大变。1928年4月27日，关东军参谋河本大作寄给参谋本部的荒木贞夫和松井石根的信称，在中国南方势力的北伐挫折期间，开拓"满蒙"正是千载良机，不可坐失良机。同年6月4日，奉天郊外的京奉线和满铁交叉点上，从京归奉的张作霖所乘列车发生爆炸，② 即皇姑屯事件。该事件是日本下克上风气的缩影，③ 此时关东军已认为张作霖不配合日本的"满蒙政策"，可实际上不久之前，张作霖与"满铁"社长山本条太郎刚刚达成《满蒙新五路协约》。张作霖之死直接影响日本对华的外交政策并引发了国际舆论的关注。

此事一经报道，元老西园寺公望便称"真是愚不可及！虽不能与人言说，但日本的陆军怎会不是元凶呢"。田中义一造访西园寺公望时，则暧昧地称，"可能是日本军人所为"，对此西园寺公望坚称："万一查明确实是日本军人所为，必须断然处罚以维持军队纲纪。日本陆军的信义自不必说，便是从国家脸面而言，应当正大处罚，即便一时与中国的情感恶化了，也要维持国际的信用……"身为首相和陆军大将的田中义一对此则表示"等陛下的大典完事便做"，交谈结束前西园寺公望再次强调"让陛下早做处理"。④ 自从日本出兵山东后，元老西园寺公望已经察觉日本国际信用日渐丧失，因此，希望田中义一以处理关东军为契机，及时作出外交调整。然而，关东军并非田中义一首相所能辖制。

同年11月，昭和天皇即位大典后，元帅、闲院宫、陆相、参谋总长、

---

① 《昭和維新の斷行に"暗殺血誓隊"の兇惡：元老重臣の一人一殺企つ：福岡で一味檢舉：〔昨二十九日記事解禁〕》，《神戸又新日報》1934年12月30日。
② 北岡伸一：《日本の近代 5 政黨から軍部へ1924—1941》，東京：中央公論新社，1999年，第84—85頁。
③ 横井清：《下剋上の文化》，東京：東京大學出版會，1980年，第3—5頁。
④ 原田熊雄：《西園寺公と政局》第1卷，東京：岩波書店，1950年，第3—4頁。

教育总监等相继表态，反对将皇姑屯事件的调查真相公布。12月11日阁议，内阁成员大都反对田中义一"真相公布与严重处分"的构想。同时，元老支持的首相亦没有能够压制军部的权力。

12月24日，田中义一曾未与内阁商议便上奏称，日本军人与皇姑屯事件难脱干系，应进行调查，① 希望获得天皇支持，但昭和天皇并未表态，此种擅自上奏的行为，也引起其内阁成员的不满。② 此时，牧野伸显则声援田中称："西公（西园寺公望）及珍田伯（珍田捨己）、小生（牧野伸显）期待首相的魄力，及时处理矫枉过正。事实明确，材料齐备。调查终了，就应召开军事会议，整肃军纪，并恢复陆军的名誉……"③ 可见当时内大臣、宫内大臣集团都没充分认识到，自身与元老都无"整肃军纪"的实力。

1929年3月，事件调查完成随即制定处罚方针时，白川陆相认为此事不宜对外披露，以免对日本造成不良的国际声誉及国内对陆军的舆论指责。军法会议也一致认为不应公开处罚。明治宪法规定，内阁负责行政，不能参与军队内部军法会议，④ 因此，田中义一又企图让宇垣一成从中斡旋处置，但被其拒绝，并称"草率与元老等夸口，又当如何处置此事，恐怕要沦为笑柄"⑤。至此，内阁只能给河本大作以停职的行政处分而收场。

田中义一虽有元老和宫中势力支持，但无法改变军部态度。5月20日，牧野伸显曾和西园寺公望谈过"事关满蒙问题，若陆相或首相向天皇上奏，把此事作为行政事务，只做内部的处分而不公开真相，天皇诘问'卿当责否'时，还请事先思虑清楚"⑥。6月27日，田中第二次上奏昭和天皇，称事件与日本军人无关。果然，这两次上奏的前后不一，引起天皇震怒，终致田中内阁垮台。

作为平衡政局的元老无法与陆军正面交涉，且就明治宪法体制，名义上

---

① 立命館大學編：《西園寺公望伝》第4卷，東京：岩波書店，1996年，第163頁。
② 原田熊雄：《西園寺公と政局》第1卷，東京：岩波書店，1950年，第7頁。
③ 牧野伸顯：《牧野伸顯日記》，東京：中央公論社，1990年，第350頁。
④ 鈴木壯一：《陸軍の横暴と闘った西園寺公望の失意》，東京：勉誠出版，2019年，第82—83頁。
⑤ 宇垣一成：《宇垣一成日記》，東京：朝日新聞社，1956年，第101頁。
⑥ 牧野伸顯：《牧野伸顯日記》，東京：中央公論社，1990年，第359頁。

只有天皇有权处置军队。由于天皇的支持,军部高层才能实际处置军队问题。又随着"下克上"思潮的兴起,军队内部的这种"理性"也渐渐失效。事实而言,元老荐奏的首相,即便是陆军大将仍对关东军束手无策。此前,藩阀出身的元老山县有朋一直掌控军部,当山县有朋故去之后①,元老西园寺公望专注营建政党政治的秩序②,始终未与军部建立直接联系,军中更无威望可言。皇姑屯事件的处理,可视为元老势力衰退,渐渐无力压制军部的前兆。

三、困局:九一八事变的应对

1931年夏,西园寺通过宫中侧近及若槻礼次郎内阁发现军部的异动。数次裁军而失业的军人、苏联的五年计划与中国民主主义运动的开展,以及旅大问题的重提,酝酿在日本朝野的不安因子急剧膨胀,此时"满蒙是日本的生命线"的声音在日朝野高唱,随后,八九月份日本将出兵中国东北的消息也在日本国内广泛传开。③

同年9月11日,南次郎陆相就曾被天皇问询传言真实性。南次郎决定紧急派建川美次少将前往中国东北察查。巧合的是,建川美次支持对中国东北侵略,故通过桥本欣五郎给板垣征四郎传信劝其及早行动。9月18日晚9时建川到达奉天,接受板垣款待,晚10时左右,九一八事变拉开序幕。④ 这次事变拉开了日本企图武力侵吞中国的序幕,同时也有对苏作战的考虑。

9月20日,西园寺公望派秘书原田熊雄转告内府秘书长木户幸一,"当陆相或参谋总长将未经天皇许可擅动军队时,不可予以宽恕,不可漠然置之,或再考虑,或保留意见。今后如何处理,这有必要注意"⑤。西园寺寄希

---

① 《山県公薨去》,《大阪朝日新闻》1922年2月2日。
② 《元老としての園公:〈奏薦〉の新方法も確立:元老制五十年最後の人》,《大阪朝日新聞》1940年11月24日。
③ 立命館大學編:《西園寺公望伝》第4卷,第231頁。
④ 升味準之輔:《日本政治史3 政黨の凋落,総力戰體制》,東京:東京大學出版會,1988年,第186頁。
⑤ 原田熊雄:《西園寺公と政局》第2卷,東京:岩波書店,1950年,第69頁。

昭和初期元老与军部势力消长——以日本退出国联为中心

望于天皇对该事件追责,这是西园寺公望吸取了上次处理失败经验的尝试。

同时,若槻礼次郎内阁"马上召开临时阁议,确定不扩大的方略,让陆相将此方针告知在满洲部队。因我国已入九国公约及不战条约,此次事变,有必要确认是否违约,其间防止事态扩大。后每日召开阁议,督促陆相执行"①。

但军部内部并不打算让步。杉山元陆军次长与荒木真夫教育总监、二宫治重参谋次长此时已商定"即使政府垮台也毫不在意"的"满蒙"解决方案。永田铁山等制定的时局对策即不反对内阁决议,但要关东军审时度势,"行动不受中央的'拘束';只要不消除满蒙问题的'根本祸根''断然不可让军队恢复原状';出动关东军出于'发动帝国自卫权',应当以'最后的决心'迫使内阁一并解决满蒙各种问题"②。很快这一方案在三长官会议上通过。

据明治宪法规定"天皇统帅陆海军","军权与君权直接结合在一起,使军权在权力的层次上,上升为一种至高无上的和绝对的权力",并且"军权置于议会、内阁、司法机构等等所共同组成的权力制衡系统之外,使军权成为一种不受监督和制约的特殊权力"③。只有天皇能对其制约和制裁,陆军扩大事态而不受政府控制。在立宪体制下天皇还要保持"神格",即不插手世俗事务,行政通过内阁完成,元老和宫中集团则起到沟通作用,但元老西园寺公望没有控制军部的威信,也无法依靠内阁规约军部,这就酿成了军部管理失控的局面。故而,参谋总长上奏昭和天皇,关涉朝鲜派兵支取军费问题时,天皇只言"将来一定要慎重"④,但随即内阁拨予经费便显示了其妥协之意,关东军继续行动并未受到遏制。

此时中国向国联提起诉讼。9月24日,国联和美国分别向日本发出警告,其中美国称"自(若槻礼次郎)总理以降,或币原外相之时,期待日本

---

① 若槻禮次郎:《明治大正昭和秘史——古風庵回顧錄》,東京:講壇社,1983年,第334—335頁。

② 川田稔著,韦平和译:《日本陆军的轨迹(1931—1945)——永田铁山的构想及其支脉》,北京:社会科学文献出版社,2015年,第44页。

③ 武寅:《近代日本政治体制研究》,北京:中国社会科学院出版社,1997年,第238页。

④ 若槻禮次郎:《明治大正昭和秘史——古風庵回顧錄》,第336頁。

为世界和平尽最大努力。现某国想派遣武官赴满调查，美国拒绝此提议"①，但日本显未听出言外之意。日军参谋本部评估国际形势，甚至认为美英等国都是观望状态，这是"经营满蒙的绝佳良机"。内阁的判断则与之相反并不乐观，阁议期间，陆相就表示"对待国际联盟也没什么办法了，接下来不会退出吧"②。受军部行为影响，内阁无力践行国际协调主义，日本与欧美之间的裂痕也逐渐明显。

元老西园寺公望所寄望的天皇与内阁都无法处置军部，加之"在乡军人的宣传，种种策应陆军的行为的出现，感到极左风潮的异动"③。西园寺只好含糊其词地对待九一八事变，选择不了了之。

四、浮冰：日本退出国联的政治决策

1932年3月1日，伪满洲国的成立是日本退出国联的直接导火索。关东军发动九一八事变，初衷系企图把中国东北变成日本领土，但参谋本部则考虑不可一蹴而就，应当分三个阶段实施，其中第一阶段建立亲日政权，而第三阶段时再实现统治中国东北，④ 作为过渡的第二阶段——建立伪满洲国亦十分必要。由此双方沟通后决定先挑起上海事变，然后暗度陈仓建立一个伪政权，推戴清废帝溥仪为傀儡政权执政。

日本内阁对伪满洲国的态度变化，则经历了犬养毅和斋藤实内阁时代这两个阶段。犬养毅首相对伪满洲国秉持未承认态度。西园寺公望对国联及美国的态度很关注，虽未明确表态，但通过犬养毅内阁可察蛛丝马迹：

（1932年）3月12日的阁议，通过了《处理满蒙问题方针要纲》，声称要"对满蒙……应逐步诱导，使它具有作为一个国家的实质"而"并加以扩充，应以新国家为对手，谋求我国在满蒙权益之恢复与扩

---

① 原田熊雄：《西園寺公と政局》第2卷，第74页。
② 原田熊雄：《西園寺公と政局》第2卷，第105页。
③ 原田熊雄：《西園寺公と政局》第2卷，第88页。
④ 复旦大学历史系日本史组编译：《形势判断》，载《日本帝国主义对外侵略史料选编》，上海：上海人民出版社，1975年，第36页。

昭和初期元老与军部势力消长——以日本退出国联为中心

充"。……阁议所决定的《满蒙新国家成立后对外关系处理要纲》并确认：为求"对外关系尽可能不发生障碍"，对（伪）满洲国暂不给予国际法上的承认，而尽量以非正式的方法，与（伪）满洲国之间结成事实上的关系，以此来"努力实现并扩充帝国之权益，造成既成事实"。①

1932年4月26日，原本支持政党内阁的三井、三菱两大财阀，同伪满洲国签署了两千万日元的贷款合同。政党政治的"合伙人"已表态向军部靠拢。随后"五一五事件"爆发，犬养毅遇刺与其对伪满洲国态度有关。

此后，西园寺荐奏海军大将斋藤实，企图力挽狂澜，将举国一致内阁看作政党政治运行不畅时的"紧急备用手段"。而斋藤实组阁后，也需直面伪满洲国承认问题。伪满洲国的承认事关九一八事变的正当化，这也是对中国东北的张学良势力和国民政府主权的彻底否定。而事实上日本政府对九一八事变的军费支出予以承认时，已经表明对既成事实的默认。② 1932年6月14日，众议院便全体一致通过了承认伪满洲国的决议，同年7月，内田康哉就任外相并断言"举国一致，即使化为焦土，此主张也寸步不让"。因此，斋藤实为了稳定政局与保住内阁也无从选择，唯有和外相统一口径，9月即签订《日满议定书》，表示日本政府正式承认伪满洲国。

在外交方面，松冈洋右作为全权代表在国联上两次提出"国联退出论"，其真实意图并非要退出国联，而在于逼迫欧美对日妥协。但松冈洋右算计失误，其误以为英法德态度暧昧即意味着"满洲问题"已无人置喙。③ 事实上，李顿调查团已经声明，"吾等调查团屡承（日方）见告，满洲乃日本之'生命线'……故责任上应提醒日本外交部长：有一事焉，他国曾受更大之牺牲以求，而为彼等所同样尊重，所同样决心以卫护之者，即共负维持和平责任之机关是也。自欧战中损失最烈之人民观之，国联即为近代文明之'生命线'也"④。因此，国联对日本的最大让步也不过是国际托管，而无法容忍日

---

① 信夫清三郎著，天津社科院日本问题研究所译：《日本外交史》下册，北京：商务印书馆，1992年，第573页。

② 立命館大學编：《西園寺公望伝》第4卷，第278—279页。

③ 武寅：《从日本退出国联看日本外交的失败》，《世界历史》1992年第4期，第38—41页。

④ 韦罗贝著，邵挺等译：《中日纠纷与国联》，北京：商务印书馆，1937年，第417页。

本成立伪满洲国。这种"生命线"的对立注定了日本与国联终将分道扬镳。

西园寺公望对松冈洋右的叮嘱显然无济于事，由于根本利益的对立以及日本军部的态度，最终西园寺公望亦只能承认这一既定事实。此后，西园寺公望年事愈高，更加有心无力，唯有祈盼"汝等之子孙，莫与安格鲁撒克逊人相争，相争徒令日本陷入危险之境地"①。退出国联的政治决策是军部势力暴走从量的积累所引发的质变的重要见证。元老势力衰退与军部势力暴走既是时代造就，也是政体问题。

结　语

一战并没有助力日本从根本上解决任何深层的政治体制问题，相反，战争拖住了欧洲列强，使日本在亚洲扩张侵略的野心更无忌惮地实施，乘机攫取了青岛并迫使欧美列强及中国承认，以试探欧美就中国问题的让步限度。同时，战争景气也是日本社会矛盾的催化剂，饮鸩止渴式地畸形发展军工、改良装备与裁军备战，只能锋利了日本"豺狼"的爪牙。一旦遇到经济动荡，先天不足的军政体制等问题接踵爆发，军部势力迅速抬头。明治宪法外的元老依靠调节政党维稳政局，明治宪法体制内的军部却凭借宪法的漏洞疯狂冲击着政党政治。在此消彼长的情况下，最终军部"脱缰"暴走，西园寺公望无力引导日本政治走向，元老势力逐渐式微并凋零弥散。

退出国联只是军部暴走时露出的冰山一角，日本暴力抢占了垂涎已久的"满蒙"，但其国内社会危机并没有得到实际解决，军部势力压倒政党并掌控政局，其贪婪的侵略扩张欲望仍继续膨胀。日本政局内部缺乏元老及政党的掣肘，外部缺乏国际联盟的制约，"征服满蒙"之后的第二步"征服支那"，即向华北伸出魔掌的计划已然酝酿，尔后走向"征服世界"，实现"世界最终战争论"的构想。然而，无道的侵略战争终将迎来失败的结局，这也必然导致日本将明治以来积累的遗产全部输光。

（作者：张小健　魏仕俊　单位：湖北师范大学历史文化学院）

---

① 驹井德三：《大陸への悲願》，東京：大日本雄辯會講壇社，1952年，第269页。